错位的本能
古老的大脑是如何愚弄我们的

[荷] 罗纳德·吉法特（Ronald Giphart） / 著
马克·范·沃格特（Mark van Vugt）

刘聪慧　王芸萍 / 译

本书结合前沿的科研成果和古今各地的生活经验，阐明了现代生活的方方面面都存在着本能和环境的错位，或者说失配。我们在约200万年前的石器时代形成的原始本能和古老大脑，无法适应农业革命、工业革命和数字革命下飞速变化的生存环境。本书对身体、爱情、工作、领导力、宗教、战争、环保和媒体等方面进行了深刻有趣的分析，运用进化心理学的智慧，帮助我们寻找更匹配、更自然、更幸福的生活方式。

Copyright © 2016 by Ronald Giphart and Mark van Vugt Published by arrangement with Uitgeverij De Bezige Bij B. V., through The Grayhawk Agency Ltd.

经光磊国际版权经纪有限公司，由 Uitgeverij De Bezige Bij B. V. 安排出版。

北京市版权局著作权合同登记　图字：01-2021-5632号。

图书在版编目（CIP）数据

错位的本能：古老的大脑是如何愚弄我们的/（荷）罗纳德·吉法特（Ronald Giphart），（荷）马克·范·沃格特（Mark van Vugt）著；刘聪慧，王芸萍译. —北京：机械工业出版社，2022.5
书名原文：Mismatch: How Our Stone Age Brain Deceives Us Every Day
ISBN 978-7-111-70462-1

Ⅰ. ①错… Ⅱ. ①罗… ②马… ③刘… ④王… Ⅲ. ①心理学-研究 Ⅳ. ①B84

中国版本图书馆CIP数据核字（2022）第058470号

机械工业出版社（北京市百万庄大街22号　邮政编码100037）
策划编辑：廖　岩　责任编辑：廖　岩
责任校对：李　伟　责任印制：刘　媛
盛通（廊坊）出版物印刷有限公司印刷
2022年7月第1版第1次印刷
145mm×210mm·10.625印张·3插页·216千字
标准书号：ISBN 978-7-111-70462-1
定价：69.00元

电话服务　　　　　　　网络服务
客服电话：010-88361066　机　工　官　网：www.cmpbook.com
　　　　　010-88379833　机　工　官　博：weibo.com/cmp1952
　　　　　010-68326294　金　书　网：www.golden-book.com
封底无防伪标均为盗版　机工教育服务网：www.cmpedu.com

译者序

本书 2016 年用荷兰语出版，2018 年被翻译成英文。第一作者罗纳德·吉法特是荷兰畅销书作家，他有多部畅销书被搬上大银幕，对心理学和人类行为有着浓厚的兴趣。本书的第二作者马克·范·沃格特目前为阿姆斯特丹自由大学的进化、工作和组织心理学教授，同时也是英国牛津大学政治和国际关系学系的副研究员。沃格特生于荷兰的阿姆斯特丹，1996 年在马斯特里赫特大学的健康教育与心理学系获得博士学位，毕业后一直到 2004 年在南安普顿大学工作，2004—2009 年在肯特大学工作，2009 年进入阿姆斯特丹自由大学工作至今。他的研究主题集中在：进化视角下的人类社会行为，进化心理学在领导力、商业、管理学、经济学、健康、政治、战争和和平等领域的应用。沃格特教授在这些领域已经发表的专业学术论文超过 200 篇，已经出版了 10 本著作，是进化心理学的理论和应用领域中非常有影响力的学者。

吉法特在阿姆斯特丹自由大学担任创意写作教师时认识了沃格特，两个人，一个是畅销书作家，一个是进化心理学教授，把进化心理学领域中严谨、学术化的系统知识以一种优雅、清新的文笔表达出来，这种融合为我们提供了一个非常有启发意义的视

错位的本能
古老的大脑是如何愚弄我们的

角来审视当下的人类行为。

本书的主题词为失配，何为失配？我们的大脑是进化的产物，在史前时代会促使我们形成有益的行为模式，但在现代环境中，这种有益的行为模式可能会损害我们的福祉，这种人类行为与环境、文化等因素的不一致或冲突即为失配。为了全面论述失配的观点，本书几乎穷尽了各个领域，例如医疗保健、爱情、性、领导力、宗教、环保和媒体等领域，并对各个领域失配的后果和应对进行了深入的刻画。本书所涉猎的领域之广，案例之丰富，一定会给您留下深刻的印象，不仅体现了作者在该领域知识的广博性，也反映了两位作者的阅历和深厚的写作功底。另外，虽然本书是一本通俗的科普读物，但其中所引用的数据和范例大多经得起推敲；虽然本书不一定能够获得所有读者的认可，但是其立论和观点都具备逻辑和实证的基础。最后，贯穿全书的一个重要特征是故事性强，这保证了本书的易读性和趣味性，不管书中的观点您是否认同，至少您看到了作者的观点，并且进行了思考，我认为本书的目的就已经达到了。

在本书的翻译过程中，我的几个研究生（王芸萍、王瑞冰和徐楚言）和本科生（卢悦辰、王若璇、刘熙来、霍莉媛和刘俊冶）都参与了初稿的翻译工作，最后由我和王芸萍进行了统稿，感谢他们为此付出的时间和劳动。在翻译和统稿过程中，我们对文本进行了反复的推敲和修改，虽已尽力但难免会有纰漏，恳望读者批评指正。

在本书翻译过程中，感激廖岩老师的支持，在时间上给了我们很大的空间，得以让我们完成译稿；也感谢廖老师的严谨，让我们有机会共同提升本书的质量。

刘聪慧
2022 年 2 月于中国人民大学

前　言

冲　突

一位小说家在一位进化心理学家所在的大学担任驻校作家时，产生了写本书的想法。他们两个当时正在准备一个心理学和文学的联合主题讲座，在此过程中提到了"失配"一词，而这个词点燃了他们的想象力。这个词还引发了他们之间的争吵，这一争吵持续了几个小时，而后又延续了几天，直至几周后他们开始意识到，应该用这些知识和获得的见解做些什么。

你现在正在阅读的内容是一位科学家和一位作家共同的劳动成果，他们构成了一个不太典型的组合。科学处理的问题是：宇宙的状态是如何形成的？为什么形成这样的状态？也许世上有许多创世神话，但只有事实可以解释整个宇宙、地球、动物、人类和周围一切事物的起源。

科学的任务就是摸清这一事实基础。当一切按计划进行时，科学家只以学术事实，或者所谓的"硬事实"为指导。在科学家们对科学问题进行研究的过程中，会犯一些可爱的错误，偶尔会陷入激烈的争吵和争执不下的辩论，然而所有的科学家都有一个最高的愿望，那就是了解真相、证实一切存在的真实状况。

相反，几千年来，作家们的任务是创造他们自己奇妙的、引人注目的真理。对作家来说,"软事实"是起点,借此他们发明了自己的创世故事,讲述世界形成的方式和原因。作家们不需要证明什么,只是描述一个可能存在的宇宙。一些人,尤其是作家自己表示,有时他们比许多学者都更接近真相。

在本书中,科学家和作家开始对我们这个时代最令人回味的故事进行探索:人类的故事,我们对地球的影响及我们与地球其他居住者之间的冲突。我们将通过有趣的轶事和故事来呈现一些确凿的事实和理论。

不可否认,我们的祖先在非洲大草原上游荡了数百万年。他们以可管理的群体规模为生存单位,每个群体大约有100~150个人。200万年来,我们的两足祖先猎取猎物,收集坚果、种子、水果和蜂蜜。这一切持续着,直到……事情发生了变化。

在文学中,这一变化被称为"转变",一个改变了一切的转折。人类生活中的转变来源于农业的出现。在过去的1.2万年里,人们学会了耕种以生产食物,人类耕种的规模越来越大。农业产生的剩余热量使我们的祖先能够生育更多的后代,这也导致了全球人口出现大幅增长。人们在定居点扎根,定居点逐渐形成村庄,后来又成为城镇和城市,而城市又发展为巨大的城市,这比人们曾经在草原上游荡的150人规模的聚集群体大了许多倍。在农业之后,又出现了进一步的转变:18世纪出现了工业革命,而后在第二次世界大战后出现的数字革命又迭代了工业革命,这为人类和地球的发展锦上添花。

从那时起,一切都变了:我们吃什么?住在哪里?如何生活？如何穿着？我们如何生育我们的孩子？我们的领导人是谁？我们如何与环境打交道？如何旅行？如何沟通？如何努力从疾病中痊愈？在当今世界，人们在数不清的领域和方面与原始人类和类人猿存在差异。又或许，这些差异真的存在吗？

本书讲述的是人类历史上最初的几百万年——被称为更新世时代，或者用通俗的话说，是石器时代——与农业出现之后的1.2万年发生的戏剧性冲突。或者，如果我们把人类的进化进程浓缩为一个小时，那本书关注的就是其中前59分43秒和最后17秒之间的冲突。这是人类生物进化和文化进化之间的冲突。

我们的思想和身体都适应了在开阔的大草原上作为狩猎采集者的生活，但现在我们却生活在完全不同的社会背景下，居住在分层的小楼里，这意味着什么？这种迅速的进步对我们有好处吗？在现代信息社会，每十年就会发生一次根本性改变，在这种情况下，用石器时代形成的原始大脑，我们如何生存？换句话说：如今我们住在城市中有空调的房子里，使用着面包机和烘干机，周围住着大量我们不认识的人，同时我们的生活和饮食模式完全不同于我们的祖先，这对我们有什么影响？

在自然界中，生物体适应环境，这一过程是通过自然选择发生的（在第一章的后半部分，我们将解释这是如何进行的）。人类逐渐获得了改变环境来适应自身的能力。文化创新使我们能够根据我们对食物、安全和繁衍的进化需求来塑造我们的生活环境。我们通过建造小屋和缝制衣物来抵御寒冷；通过戴上镜片眼镜和隐形眼镜来矫正视力；使用夹板来帮助愈合骨折创伤，用药物预防感染；利用试管婴儿和剖腹产技术来生产那些本不能出生的孩子。让我们为自己欢呼！

人类善于使用文化来掩盖和弥补自己天生的缺陷，这是其他物种无法做到的。文化的进化比生物的进化要快得多。一个优秀的想法可以以极快的速度在全球人口中传播——例如智能手机、网飞（Netflix）和法瑞尔·威廉姆斯（Pharrell Williams）的最新作品，而一个基因变化嵌入到人类的 DNA 中则可能需要经历很多代人，需要成百上千年才行。面对棘手的、不可预见的生活条件，我们有能力快速找到改善的方案以塑造我们的环境，这一能力使得我们能够在地球上的任何地方生存和生活。从挪威荒凉的峡湾到炙热的沙漠，再到怀特岛，这都难不倒我们。借助文化，人类统治了这个星球。让我们为此喝彩！

但是，为了不至于听起来太自以为是，我们也需要看看这一现象的另一面。我们对环境施加的变化不是都能够给我们带来好处，从短期来看是这样，从长期来看也是如此。有时会出现"失配"的情况，字面意思即发生了"错误的组合"。"匹配"和"失配"这两个概念是重要的进化概念。生物学家在 20 世纪 60 年代开始使用这些术语，以便他们能在气候发生变化时对捕食者和猎物之间的关系进行分类。以候鸟为例，它们春天从非洲飞回欧洲，此时正好是毛毛虫出现的时候，候鸟便有很多东西可以吃。而当全球变暖，毛毛虫便会孵化得更早，鸟类则相对到达得晚了，使得它们无法享受美食。如此一来，鸟类的迁徙本能不再与毛毛虫的出现相匹配，这导致鸟类数量急剧下降。

错位的本能
古老的大脑是如何愚弄我们的

由于生存环境发生变化，某个物种的个体生存和繁衍的机会减少，我们称这一现象为失配。或者换句话说：当物种不再适应它们的环境，从而使它们生存和繁殖的机会受损时，就会出现失配。一次突发的自然灾害，如地震或火山爆发，就会对自然环境造成深刻的改变，从而使得相关物种不能再在其中生存。大约6500万年前，恐龙这一物种就面临了这样的困境。一次陨石撞击（至少目前科学界是这么认为的）使得地球不再宜居，以至于当时活着的动物物种中有大约一半灭绝。当尘云散去，似乎在这次星际碰撞的余波中，任何一个体重超过五公斤的陆地动物都没能幸存。它们无法承受环境的突变。换句话说，这一类物种与其生存的环境是失配的。相反，小型动物（如哺乳动物、爬行动物和一小群兽脚亚目的小型恐龙）由于其大型竞争对手的消失得以蓬勃发展。换句话说，它们与环境之间是匹配的关系。小型哺乳动物最终进化为大象、狮子、黑猩猩、鲸鱼和人类，而存活的兽脚亚目恐龙则进化为鸟类。因此，实际上，恐龙这一族群并没有消亡（至少盛行的理论是支持这一论断的）。

当物种主动改变了环境，导致它们——也许还有受到波及的其他物种——不再能适应他们自己创造的这个新环境时，也会出现失配。在本书中，我们将论证，人类由于其进化的特征，已经能够对环境实施干预，这种干预使得人类自己和其他物种都陷入了无数的失配境况，而失配造成的后果正越发明晰，也越发惨痛。在现代社会，由于我们对自然界的干预，我们不得不与一系列西方疾病㊀做斗争,而与此同时,地球上的生物多样性受到严重威胁——这都是失配的后果。

尽管失配最终会对整个物种的命运产生影响,但在本书中,我们主要关注的是它对个体福祉(尤其是对人类福祉)的影响。这是进化心理学关注的领域,因为进化心理学是一门关注我们大脑和行为进化的科学。稍后本书会有更多关于这方面的介绍。在进化心理学中,当一个人展现出的行为是为其进化需求而服务的,或者说,有利于他(或她)的生存和繁衍时,匹配就出现了。收集高热量的食物和逃离真实的危险就展现了个体的进化需求,而找到一个合适的伴侣与其组建家庭又是另一个例子。

当人类表现出的行为不符合其进化需求,甚至对其生存造成伤害时,失配就产生了。这方面的例子有:个体摄入过多的高热量食物,对并不存在的威胁持有恐惧心理,或者爱上了错误的人。在本书中,我们将展示,在农业出现之后的短短 17 秒内,以及在工业革命之后更短的 0.3 秒和数字革命后的 0.03 秒内,人类已经从根本上对环境做出了改变。这也增加了不同领域出现失配的可能性,例如,营养、教育、性、工作、政治、战争和自然等方面。我们需要做些什么?我们对此存在一些见解,希望能够与你们分享。

首先,失配会造成各种科学上的后果。从失配的角度来看,各种社会和技术上的发展趋势都更加容易理解了,从脸书(Fa-

㊀ 乳腺癌、前列腺癌、冠心病和结肠癌属于所谓的西方疾病。人们普遍认为,饮食是增加这些疾病发病率和死亡率的重要甚至主要因素。

cebook）的流行，到整容手术的风靡，再到我们对难民的态度，都是如此。其次，失配在许多方面影响着我们的身心健康和幸福。了解失配理论使我们有能力为此做些什么，无论是多锻炼，更明智地选择我们的领导者，还是在工作或空闲时间感觉更好。最后，失配意味着我们可能需要重新思考我们的政治和政策。只有对失配有更多的了解，我们的当局、机构和公司才更有能力来创造一个符合人性（及其能力和局限性）的环境。例如，当科学研究表明，在总体上贴合自然特征的环境中——人类进化所处的环境——人们的感觉会更良好时，我们不应该让工作场所、学校操场、医院等环境变得绿意盎然吗？

要了解失配的根源并认识到其影响，首先我们要对这种名为**智人**的双足灵长类动物的演化有更多了解。让我们收拾行囊，穿越回几百万年前的时代。

目　录

译者序
前言　冲突
第一章　来自石器时代的大脑　1
第二章　古老的身体，现代的毛病　47
第三章　爱情，一件疯狂的小事　92
第四章　怎样的工作适合我们　127
第五章　追随领袖　155
第六章　神的悖论　189
第七章　战争到底哪里好了？　205
第八章　人与自然　239
第九章　虚拟现实　273
第十章　失配测试　314
致谢　324

第一章 来自石器时代的大脑

800万年前，由于全球气候的变化，在地球上的几个地方出现了一种景观，科学家称之为"开放的草原"或大草原。当时，许多哺乳动物，例如羚羊、鬣狗、野猪、马和一些灵长类动物，都适应了这种新环境。可以说，没有这开阔的草原，就没有你我。

大约600万年前，在某个地方，即我们现在所说的非洲，在森林边缘游荡的一个猿类物种分裂成两个亚种，可能是由于地质环境，一个群体被（暂时）与另一个群体隔离开来。两个群体中的一个变成了现在的黑猩猩和倭黑猩猩，而另一个最终变成了人类。前者留在了森林里，后者则去了大草原。这提供了新的机会，但也带来了困境。

生物学家和人类学家提出了这样一个问题：什么样的地貌创造出了我们这个物种？非洲大草原在很大程度上与托尔金（Tolkien）创作的《指环王》（*The Lord of the Rings*）中的虚构景观夏尔类似。当时的环境比现在更加青翠，河流更多，平均气温在20摄氏度。我们家里理想的恒温器温度是有其设置依据的，这是原始环境的温度，而我们的身体已经适应了这个温度。当时也存在与当今一样的环境因素：连绵起伏的、有溪流和池塘的绿色景观。如今我们去英国或法国露营度假时仍然能够欣赏这些景观。

但是，在我们进一步讨论之前，请坚持住！多年来，人类的起源一直是研究者们激烈辩论的主题。没有哪个领域能像这个领域一样，由来自不同学科的同事们在理论和见解上相互挑战，且战况如此激烈。我们不会在这方面自讨苦吃。但有一件事似乎是每个人都同意的：随着时间的推移，人类之树长出了许多枝丫，其中一些枝丫在这期间折断了。考古学家、古生物学家、生物学家和人类学家都知道，"人类祖先"有着美丽的拉丁文名字，如**始祖地猿**（Ardipithecus ramidus）、**非洲南方古猿**（Australopithecus africanus）**扁脸肯尼亚人**（Kenyanthropus platyops）和**粗壮傍人**（Paranthropus robustus）。

这本书首先会将我们带回 250 万年前，当时我们的猿类祖先在脊柱下部形成了一个独特的曲线，这使他们能够完全直立行走，同时他们的大脑也随之得到了很大拓展。从那时起，科学家们将我们的祖先称为"人类"或"智人"，叫法五花八门：**能人**（Homo habilis）、**直立人**（Homo erectus）、**匠人**（Homo ergaster）、**海德堡人**（Homo heidelbergensis）、**尼安德特人**（Homo neanderthalensis）和**纳莱迪人**（Homo naledi）。

10 万年前，可能有多达六个不同种类的人类在活动，但他们并不总是善待彼此。有什么值得一提的新鲜话题吗？早在三万年前，在印度尼西亚的弗洛勒斯岛，**智人**就与一类被称为**弗洛勒斯人**（Homo floresiensis）的**直立人**一起生活，而**弗洛勒斯人**因其身材矮小而被称为"霍比特人"。

我们知道：最终只有一种智人幸存了下来，那就是我们！**智人**这个物种大约出现在20万到10万年前，并最终成为人类世界锦标赛的赢家！点亮灯笼，打开瓶塞，庆祝一下！

无论如何，有迹象表明，在近200万年前，**匠人**就能使用明火了。也许早期的智人生火是为了抵御捕食者或准备食物。后来，人类的另一个远亲——**直立人**发现了如何用火狩猎，即在夜间用火将兽群赶到悬崖边。到了晚上，火彻夜通明。

火的发现是引发许多争论的科学主题。一些研究人员认为它是在石器时代中期以后才被发现的。但是无论它是在什么时候被发现的，火都不仅仅是一个用来烹饪或保护人类免受捕食者攻击的工具，更重要的是，它使人类能够通过烘烤的方式更有效地吸收食物中的营养，而不必像马一样长时间地咀嚼食物。这反过来又促使我们的肠道体积缩小，也使我们的身体能获得更多的能量来扩大我们大脑的体积。在过去的250万年里，智人的大脑体积增加了两倍。更重要的是，从那时起，就有了一个供群体聚集和社交的中心场所：篝火。难怪在冬夜里，再没有比一堆柴火更令人舒适的了。让我们再往火里添些木柴吧……

史前时代的人类生活

1.2万年前的人类生活是什么样子的？让我们自由发挥我们在科学上合理的想象力，利用全球科学家们通过考古学、遗传学、心理学、神经学、跨文化学和人类学对狩猎采集者进行的研究吧。这些采集者包括纳米比亚和博茨瓦纳的 Kung 人、坦桑尼亚的哈扎人、玻利维亚的提斯曼人和巴布亚新几内亚的恩加人。

我们像大多数灵长类物种一样，生活在群体中。例如，大猩猩（它与我们共同的祖先生存在大约 900 万年前）生活在大约有 10 个个体的群体中。黑猩猩（如前所述，它与我们共同的祖先生存在 600 万年前）生活在包含有 30~50 个个体的群体中。我们是灵长类动物中的佼佼者：智人是所有灵长类动物中社会性最强的物种，而且生活的群体最大。

原始人类的社会网络可能由约 150 个个体组成，包括家人、朋友和熟人，这就构成了部落。显然，部落成员不是整天都在对方的视线范围内，他们分散在一个大栖息地内的许多不同的营地中。每个营地由一些大家庭组成，每个大家庭由小家庭组成，男人、女人和几个孩子，再加上祖父母、堂兄弟姐妹、叔叔和婶婶。大家庭成员会从一个营地搬到另一个营地，有时一年要搬八次。他们每次都几乎会遵循相同的路线，到一个泉水附近或其他家庭成员居住的地方。部落成员每年都会聚在一起闲聊、聚会、寻找伴侣，就像那些在夜晚的聚会上发生的事情一样，或者在格拉斯顿伯里音乐节或雷丁音乐节上。

从出生到死亡，在他们的一生中，我们的祖先几乎每时每刻都被近亲和远亲包围着。他们在一起打猎、吃饭和睡觉；作为游牧民族，他们一生都结伴而行。群体提供保护，允许人们在狩猎、采摘和采集时进行合作。分享食物是最成功的生存策略之

第一章
来自石器时代的大脑

一。一起外出和分享是现代人寿保险的一种原始变体,但这种保险在你的一生中会让你直接得到回报。我们天生是分享者。

社会关系极其重要,以至于我们拥有了其他灵长类动物所没有的东西:**巩膜**,也就是我们眼睛的白色部分。按比例来说,我们的眼睛被范围广大的巩膜所包围。这样做的好处是,在一个群体中,你可以立即看到其他人正在看什么。其他灵长类动物更关注头部转向的方向,而我们则关注眼睛聚焦的方向。

眼球运动可以揭示我们群体内部的社会关系状态。在一个群体中,人们更关注领导者而非追随者。领导者的目光在哪里,其他人也会跟随他的目光,因为那个方向可能存在着危险。人类婴儿大约三个月大就会跟随父母进行眼球运动。如果他们的母亲向右看,他们也会这样做。这是最早的无声交流形式。语言可能是在 30 万年前才演变出来的。大约一岁的时候,婴儿进行社会"协调"。母亲看一个物体,婴儿也会看这个物体,然后把目光转向母亲,以确认他们都看到了同样的东西。这种通过眼球运动进行的共同定位是其他灵长类动物无法比拟的。我们是注重使用眼睛观察的猿。

如前所述,我们的祖先生活在由大约 150 人组成的小型、紧凑的社会中。一个大家庭会在大草原上来回穿梭,寻找有丰富食物、水源和露营地的地方,并就下一步去哪里达成共识。与历史书告诉我们的相反,我们的民主并非起源于雅典或罗马,而是起源于非洲大草原。这些群体社会是平等的,这意味着没有等级制度。财产很少,食物是共享的。

但请注意：原始社会绝不是可以"随心所欲"的嬉皮士文化。为了给一个群体生存的机会，平等主义的精神必须受到严格保护。如果有人试图诈骗、欺骗或支配他人，他可能会被毫不留情地打倒（在当今的狩猎采集者中进行的人类学研究和考古发掘发现，在乱葬岗存在大量被击碎的头骨，这证实了这一点）。共同的利益和共同接受的非正式领导将这个群体凝聚在一起。如果你不同意某件事情，你会自己或和你的家人一起搬到另一个营地。

科学家们认为，每个部落都有不同类型的非正式领导人，但没有任何一个人是真正的老大。因此，大草原上没有总统、董事或经理，但是有一些基于天赋、年龄和性别等方面进行的角色划分，有猎人（获取食物）、战士（抵御外部威胁）、外交官（与其他群体保持良好关系）、和平缔造者（确保群体不破裂，冲突得到解决）、组织者（食物来源的分配者和群体活动的主持者）和教师（向群体中的其他人，特别是年轻人，教授知识、价值观和标准）。但这些专业分工并非绝对的，每个人必须各方面都会一点。

日常生活主要包括狩猎、采集和分享食物。这个群体中最重要的劳动分工是在男人和女人之间进行的，这种分工在我们的表亲黑猩猩、大猩猩和倭黑猩猩中也能看到。一般来说，群体中的男性忙于打猎，女性忙于采摘和收集浆果、水果和坚果。我们特意在这里写上"一般来说"，因为很显然在有些情况下，妇女负责狩猎，而男子则驻守后方。不过，这确实表明性别角色分工是

第一章
来自石器时代的大脑

古老的,这也解释了为什么男人和女人的大脑,尽管有大量的相似之处,但在某些方面的构成和功能是不同的(我们希望我们的表述足够仔细,以避免被人用焦油和羽毛赶出群落)。

在大多数时期,大草原上的食物是稀缺的。当然,也有丰收的时候,但随之而来的往往是干旱和食物短缺。在这些时期,人类的进化速度会非常快。我们的饮食习惯和我们祖先的饮食习惯一样,有鱼、肉、生蔬菜、水果、根茎、种子、坚果和蜂蜜,而不是在洒满薯片的床上吃巨无霸和士力架。从我们的生物进化中可以看到,在"丰饶时期",人们试图吸收尽可能多的糖分、脂肪和其他高热量的食物,以作为短缺时期的自我保护。

我们的祖先依靠猎杀野生动物和采集坚果、种子、蜂蜜和浆果来摄取热量。获得这些食物需要大量的能量。追踪一只羚羊可能需要几个小时,而且不保证一定能成功。更重要的是,一旦收集到肉,收集者就会与每个想吃肉的人分享。由于当时没有冰箱,肉是无法保存的。"容忍偷窃假说"(tolerated theft hypothesis)认为,肉类的分享是在胁迫下发生的:如果有人找到了食物,他就有义务与其他人分享它。如果他不这样做,那么他的同伴就会用武力把它抢走。在史前时代,如果以牺牲群体利益为代价,那么,节俭和吝啬是不被欣赏的。这就是为何我们得出这样一个主张:就对财产的态度而言,人性更倾向于政治左派而非右派。这与大多数经济学家、银行家和政治评论家的想法相反。

错位的本能
古老的大脑是如何愚弄我们的

史前时代的家庭生活

进化人类学家认为，与现在的西方社会相比，在史前时代人们会多生几个孩子：大约每个成年妇女生四到五个孩子。但婴儿死亡率很高，最后每对夫妇平均只能抚养两个健康的孩子长大成人，这导致许多代人的人口相当稳定。由于没有足够的食物，所以没有空间容纳更多的孩子。母亲用母乳喂养孩子四到六年，在此期间她们不可能受孕。此外，当家庭从一个营地跋涉到另一个营地时，父母只能携带两个孩子。因此，在很长一段时间内，人口增长受到了限制。农业革命后，每户人家的未夭折儿童数量可能超过十个，这导致了人口的巨大爆炸，以及由此带来的所有问题。

不言而喻，在史前时代，儿童是不在学校接受教育的。一旦儿童能够行走，他们就被纳入"儿童组"。这个小组是由非常年幼的和接近成年的孩子组成的。由于这个小组的规模相对较小，所以同龄的孩子很少。而将相当多的同龄儿童组合在一起，就像现在学校中和运动队中经常见到的那样，从进化的角度来看，是一种新奇的做法。它会导致过度竞争，不利于孩子们相互学习。

孩子们由父母抚养，但也有相当多的时间是由群体中的其他成年人抚养，因此，在抚养孩子上每个人一般都不如后世那样严格。在人类学中，这种共同照顾孩子的方式被称为"合作育儿"。在现今的狩猎采集者社区中，父母几乎不参与子女的抚养。

第一章
来自石器时代的大脑

他们不阻止孩子犯错误,也不能保护他们免受一系列的危险,因为孩子们必须靠自己去发现这些危险。重要的是,儿童要学会独自识别危险情况,以便在恶劣的环境中生存。

对我们的祖先来说,这些危险是什么?威胁来自于群体的外部和内部。人们永远都在寻找嗜血的食肉动物和有毒的爬行动物。有时不同的人群会追随捕猎同一牛群,有时他们会在同一地区觅食。在水和食物稀缺的地区,群体之间存在着明确的领土划分,但这些领土并不总是属于同一群人。边境冲突接踵而至,造成大量流血事件:据估计,在史前时代,多达30%的成年男子死于暴力。但是,在联合成一个大部落的群体之间也存在着和平关系,他们彼此分享水源和营地。

群体的内部也总是存在着威胁,如靠他人的努力和贡献维生的行乞者,或者试图控制群体的强势个体的存在,最后还有竞争性家族之间经常出现的暴力威胁。"黑手党"电影如《教父》和《好家伙》中描述的家族争斗就起源于非洲大草原。

人类大爆炸

人类的硬件(我们的身体和大脑)是经过数百万年,在一个相对有序的自然和社会环境中形成的。大约1.2万年前的一场根本性的变化,使世界发生了翻天覆地的变化。在地球上的几个地方,人们开始永久定居。他们不再是流浪的游牧民族,而是成为农民,他们耕种自己的土地、驯养动物,这也许是因为他们的

错位的本能
古老的大脑是如何愚弄我们的

狩猎采集祖先已经耗尽了他们周围的动植物资源。

再坚持一下！关于农业最早在哪里及如何产生的问题，在科学界引起了激烈的争议。最有可能的情况是在几个地方（中东、中美洲和东亚）同时发生的，狩猎采集者群体开始养牛和种植农作物。问题是为什么这种发展出现得如此突然。一个可能的解释是，大约1.2万年前，地球的气候发生了变化，平均温度上升，变化后的环境对作物的生存更加有利。与之前相比，土地的耕种更加容易了，事情就是这样。人们开始在他们耕种的农作物旁定居，并饲养他们驯化的动物，而不是在它们后面奔跑觅食。农业的形成导致"人类大爆炸"，从那时起，生活就像被重新塑造了一样。多年来四处奔波的人们在某个地方定居，以便耕种土地，这样的做法永远改变了他们的生存环境。

然而，农业的形成也带来了风险。考古学家在考察了人类骨骼后发现，人类历史初期，农民不如周围的狩猎采集者健康。平均而言，农民的身材比他的狩猎和采集同伴要小。显然，农业并没有带来多少收益，至少一开始没有。然而，在某些时候，耕种比追捕动物更有利可图。人类开始建设食物仓库，可以抵御危险的仓库。狩猎采集者总是要面对这样一个问题：当他们穿越土地时，他们不能携带很多东西，更不用说冰箱或宜家橱柜了。有些人可能会囤积一些东西，但不是大规模的。一旦人类学会了种植作物和养牛，就没有回头路可走了。大多数人成了农民，而狩猎采集者群体则要么消失，要么被边缘化了。

食物存储的机会创造了一个与漫长的游牧时期截然不同的社

第一章
来自石器时代的大脑

会,其影响不可低估。由于可以储存谷物,并且一年四季都可以获得食物,这就能养活更多的人。妇女可以生更多的孩子,而且生育间隔也更短。孩子们不再需要被拖来拖去地旅行。家庭越来越多。

从美索不达米亚到墨西哥,这种转变几乎同时发生,就好像人们都突然问彼此,如果可以直接把家畜围在栅栏后面,为什么还需要他们去追逐有腿的牛排呢?农业和畜牧业的出现催生了大规模贸易,因为农民的生产所得远远超过了他们自己的需求。人们开始生活在更大的群体中,并在一个地方定居。仓库必须得到保护,以抵御盗贼和其他部落的袭击,这就导致防线和军队的出现。

领导关系发生了变化。从非正式的领导转变为正式任命的领导制度,其职责是储存粮食并在食物短缺时分配粮食。外交方式发生了变化。首领、国王和皇帝的职责是保证部落与其他定居点和平共处,但空间的扩张也发生了,这引发了冲突和战争。人们结婚了。男人和女人正式结为夫妻,在一些地方,一个男人可以同时娶几个女人。

这场农业革命从根本上改变了我们的物质环境和社会环境。在许多情况下,这些影响对我们的后代是积极的:全球人口爆炸性增长就是一个证据。据估计,在农业革命初期,地球上可能有500万到800万人。在1.2万年的发展过程中,这个数字增加了1000倍。从这个意义上,你可以说这种变化是一种匹配:人类创造了一个环境,在这个环境中他们能够有越来越多的孩子。但

错位的本能
古老的大脑是如何愚弄我们的

这些变化也引起了失配：我们的身体和大脑一直在不断适应新环境，而有时它们面对新的环境会不知所措。

起初，有查尔斯·达尔文

当物种面临快速变化的环境，而它们的硬件和软件（身体和思想）不能很好地适应这种环境时，进化失配就会发生。为了理解失配，在我们继续研究进化心理学之前，我们需要更深入地研究进化理论和自然选择原则。

查尔斯·达尔文（Charles Darwin）于1859年出版了《物种起源》一书，并为进化论打响头炮。在这之前，人们认为是上帝创造了世界，并将生命与环境完美地"匹配"在一起：长颈鹿生活在高大的树木周围，而仙人掌则生存在干旱的地区。但自达尔文开始，我们就知道这种观念是无稽之谈。植物和动物物种对环境的适应是通过自然选择的长期进化过程做到的。达尔文如何解释这一现象？他的理论（他在一生中对其进行了相当大的修正）其实非常简单，尽管这些理论附带着深远的后果。达尔文从三个假设出发（这三个假设变成了三个科学事实），得出了物种适应环境的结论。

事实一：每个个体都是独特的。无论一个物种中的个体多么相似，每个个体在天赋、外观或行为上都存在不同。让我们举一个经典的例子，首先介绍一只生活在很久以前的长颈鹿，名叫杰拉尔德。它碰巧生来就有一个特别长的脖子（这在当时的长颈鹿

第一章
来自石器时代的大脑

中并不常见)。而出生在同一群体的拉斐尔,和其他所有的长颈鹿幼崽一样,有一个普通的、平均长度的脖子。换句话说,一个物种内的个体之间是有差异的。

事实二:达尔文假设,在对基因进化背后的机制一无所知的情况下,个体之间的差异是遗传的,至少在某种程度上是这样的。这意味着杰拉尔德的孩子比拉斐尔的孩子更有机会拥有长脖子。

事实三:一个物种内的个体之间总是存在竞争,例如在寻找食物或合适的性伴侣时。有些个体在这种竞争中具有更好的表现,因为它们具有可以提供优势的特定外部特征或行为特征。因此,杰拉尔德由于脖子较长,能够比拉斐尔更容易够到树上的叶子,这意味着他能获得更多的食物,也能够给他的孩子们多吃一点。

根据达尔文的观点,这三个假设/事实(变异、遗传、选择)导致某些个体比其他个体更有能力繁殖后代,因为它们具有特定的特征。它们的后代继承了父母的特征,因此,遗传变化在种群中传播,自然选择发生了。通过这个缓慢的、具有黏性的过程,物种最终适应了环境。这种能够确保一个特定物种的个体更好地生存、繁殖和照顾后代的调整机制被称为"适应"。

适应的目的不是让整个物种生存下来,这是对进化论的一个重大误解。植物和动物做特定的事情不是因为它们有利于物种的生存,而是因为它们增加了自己作为一个个体的生存机会。在思考进化问题时,人们曾一度认为,一只母狼养育另一只母狼的幼

错位的本能
古老的大脑是如何愚弄我们的

崽的做法是为了确保有足够的狼幼崽存活下来以延续这个物种。但我们现在知道，这种想法并不正确（直言不讳的科学家甚至会说这完全是胡说八道）。一个物种在数量上的增长是自然选择的一个偶然结果，而不是一个目标。自然选择处理的是个体之间的竞争，有时是一个物种内部群体之间的竞争，而其中最好的适应性特征最终会被保留下来。这就是"适者生存"背后的思想，这个术语是与达尔文同一时代的赫伯特·斯宾塞（Herbert Spencer）在阅读了《物种起源》后提出的。

回到杰拉尔德和他的表弟拉斐尔。拥有长脖子给杰拉尔德带来了许多好处，以至于他后代的数量比拉斐尔更多。杰拉尔德的孩子们和曾孙们也都有长脖子，这意味着到后来出生的长颈鹿都只有长脖子。因此，长脖子是长颈鹿对非洲大草原环境的一种生理调整（适应）。现在，一些科学家认为，长颈鹿的长脖子也可能源于性动机，因为长颈鹿的雄性会用它们的脖子与其他雄性争夺雌性。脖子较长、较强壮的那只通常会获胜。或者说，长脖子的长颈鹿更容易吸引雌性。在动物王国中，体型的重要性已经不止一次显现了。

达尔文将此称为性选择。值得考虑的是，自然选择包括生物体对自然环境（例如，树叶在树枝的高处）的适应和"社会选择"，即对社会环境的适应。对于群居动物来说，后者可能更为重要。达尔文 1871 年出版的《人类的由来及性选择》（*The Descent of Man, and Selection in Relation to Sex*）专门论述了这个问题。性选择是社会选择的一种特殊形式。它是关于使个体在异

第一章
来自石器时代的大脑

性面前更有吸引力的适应性，这样他们就可以保证有后代。

女性乳房就是一个例子。它们并没有真正的生存功能（如果真要对此评价，它们在游牧生活中反而是一个劣势）。为了产奶，一个乳头和内部储奶器就足够了，我们可以从许多其他动物物种身上看到这一点。然而，人类女性优雅的圆形乳房具有性功能，它使女性对男性更具吸引力。也许这并不奇怪，在直立的灵长类动物中，女性的乳房成为重要的特征，因为男性可以由此看到女性有多么年轻和健康。挺直意味着"年轻"，下垂则意味着"衰老"，充足的脂肪储备意味着一个人有足够的热量可以支配，能够生育和喂养孩子。圆润的乳房象征着饱满、新鲜的贮藏室！丰胸手术（通常会增大或紧实乳房）的费用约为 5000 美元，这个价格会让你破费，但结果它除了吸引男人外，没有任何用处。目前存在的失配是，圆润的乳房让人兴奋（我们也承认这一点），尽管现在看来，它和生育能力之间并不总是存在关系。

进化科学家区分了两种类型的性选择：性间选择（一种性状的传播是因为它使某人对异性更具吸引力）和性内选择（一种性状的传播是由于其有助于个体在与同性个体的竞争中获胜）。红鹿的鹿角就是一个性内选择的例子。红鹿的鹿角可长达 70 厘米，可在与其他雄鹿的搏斗中作为武器使用。鹿角越大，赢得战斗的机会就越大，而获胜者将获得独占雌鹿的机会。

简而言之，有各种进化途径可以促进个人和物种对其环境的生物适应。我们必须仔细研究每个特征是如何形成的。长颈鹿的脖子可能是"纯自然"选择的结果，也可能是性选择的结果。

错位的本能
古老的大脑是如何愚弄我们的

同样两者的结合也是可能的，而这在自然界中也经常出现。首先，脖子更长的长颈鹿可以接触到更多多汁的树叶，这是雌性长颈鹿十分赞赏的，因为这意味着它们的幼崽能有充足的食物。结果是：它们全都爱上了像杰拉尔德这样的长颈鹿（性间）。雄性长颈鹿的脖子很长，也可以很容易地消灭争夺雌性的竞争者（性内）。虽然杰拉尔德早已死亡，但它的一部分还活了下来：它的基因。从长远来看，进化不是关乎个体的生存，而是关乎构成我们的基因物质的生存。个人出生又死亡，但他们的基因物质在他们的孩子和孙子（等等）身上继续存活。自从理查德·道金斯（Richard Dawkins）出版《自私的基因》(*The Selfish Gene*, 1976)一书以来，我们就知道我们必须关注基因。借用比尔·克林顿（Bill Clinton）关于经济的一句话，那就是**"基因，傻瓜"**！

机遇在进化中起着重要作用。杰拉尔德出生时带有一种新的或异常的基因（所谓的突变），或者一个新的基因组合，这恰好使它的脖子比它的表弟拉斐尔长。杰拉尔德因此表现得更好，这也意味着它的长颈基因能够得到传播。最后，长颈基因在整个长颈鹿群体中传播开来，因为它提供了显著的生殖优势。这就是为什么现在只有长脖子的个体才会出生。进化论科学家强调，自然选择不是一个有目的的过程，没有事先想好了一切的设计者或上帝在其中起作用，进化完全是偶然的。

杰拉尔德很幸运，它的长颈基因提供了一个优势。另一方面，有些突变是非适应性的，那么我们就面临着"负选择"，适应不良的性状往往会很快从种群中消失。假设杰拉尔德的基因突

第一章
来自石器时代的大脑

变不仅使它的脖子变长,而且使它的脖子更加松弛。而对于杰拉尔德来说,尽管它的肚子很圆,但在争夺雌性动物的过程中,它会一败涂地,不会有任何后代,长颈基因也就无法传播。

有时会出现"中性选择",即某一性状没有明显的优点或缺点,比如眼睛的颜色。蓝色眼睛的人和棕色眼睛的人生存情况一样好,至少在繁殖方面是这样的:他们生育的孩子数量大致相同,因此两种变体继续在人口中共存。因此,眼睛的颜色被称为"中立的选择性状"。这同样适用于身体上小的不适,如扁平足或突出的耳朵。由于这些特征没有给生育提供任何优势或劣势,它们继续存在于人类的基因库中。就像身体高度一样:有矮小的人也有高大的人。这意味着,身高的增加有好处也有坏处。研究表明,具有平均身高的男性和女性被认为是最有吸引力的,而且也会有最多的后代。

要最终在整个物种中进化一个特征,需要经过多代人的努力。如果杰拉尔德和拉斐尔生活在一片到处是多汁树叶的森林里,而不是住在大草原上,那么与拉斐尔的脖子相比,杰拉尔德的长脖子就不会有多大的优势。这种情况下,这一特征的自然选择会进化得更慢,或者很可能根本就不会发生。

一个特定的性状所提供的优势与它在人群中传播的速度之间显然存在着明显的联系。优势越大,自然选择的过程就越快。像"照顾你的孩子"而不是"他们一出生就肆无忌惮地抛弃他们"这样的特征为哺乳动物提供了巨大的优势,这就是为什么"母性关怀"在刚出现时就能传播得如此迅速。

错位的本能
古老的大脑是如何愚弄我们的

达尔文的进化论表明,在很长一段时间内,一个物种可以完美地适应当时的环境,从而使其身体和行为能够在那段时间存在。动物或植物的外观往往也能告诉我们它所处的环境是怎样的。食蚁兽非常适应某种环境,在这种环境中,它可以从白蚁丘和蚁巢中获取食物。它的长鼻子正好可以插在这些山丘的洞里,它又长又卷的舌头黏糊糊的,可以一次吞下成千上万的昆虫,而且足够迅速,可以避免被叮咬。企鹅则完全适应了南极的环境,它的翅膀原本是用来飞行的,但在遥远的、捕食者稀少的南极地区,飞行这件事不再具有紧迫性。因此,企鹅现在可以用翅膀做其他事情:在海里游泳和捕鱼。从翅膀到鳍的转变:一种为了生存而进化的适应。

这两个例子表明,适应性是历史特征。它们能告诉我们该物种的过去,但不一定能告诉我们该物种的现在或未来。就像食蚁兽在动物园里不再需要它的长鼻子和长舌头一样,一旦生物体的环境发生变化,过去有益的特征不一定能发挥作用了。生物进化几乎总是被新的发展所取代,所以事实上,当我们想了解为什么人类和动物具有特定的特征时,我们就不断地在过去寻找答案。当现今的环境与这一特征首次出现的时期相比没有明显的变化时,我们称其为匹配。例如,杰拉尔德生活的非洲大草原,数百万年来都是一样的。对它的后代来说,它们的长脖子和大草原是匹配的。

本书感兴趣的是那些过去曾经有用,但目前已经失去功能的特征:失配特征。进化失配是一个重要的概念,因为它清楚地表明进化是滞后的。环境的快速变化会使物种陷入困境，有时甚至到了灭绝性的地步。物种个体做出的决定最终会损害其进化的利益。希望我们还不会走到这一步。

金蟾蜍

很久很久以前，有一只金蟾蜍。1966 年，一位生物学家发现了这种哥斯达黎加蛙类。在一年的大部分时间里，这只蟾蜍都生活在森林的地下。为了交配，它每年只会出来几天，而且是在有雾的时候，这样它的金色皮肤就不会直接暴露在烈日之下。感谢大自然的奇迹，从此它可以幸福地繁衍后代，直到……伐木工穿着他那双超大的靴子闯进这里。

自 20 世纪中叶以来，由于当地的森林砍伐和全球气候变化，整个雨林的雾气都消失了。这样一来，当金蟾蜍爬出地面寻找伴侣时，就会被太阳活活烤死。该物种很快就灭绝了，部分是由于我们渴望拥有精美的硬木庭院家具和豪华假期。当你下次躺在露台上的柚木躺椅上放松时，请提醒自己这一点。

一种特定的进化特征（使生活于地下的生命得以生存的"呼吸"皮肤）在不断变化的自然环境中会失去优势，金蟾蜍的灭绝就说明了这一点。这种失配会影响雌蟾蜍和雄蟾蜍，最终对整个物种产生毁灭性的后果。如果一个偶然的基因发生突变，使哥斯达黎加金蟾蜍拥有更厚的皮肤，能够抵御阳光的照射，当这种突变扩散至整个种群时，可能会产生积极的结果。它们的皮肤会比同类更细腻,在历经足够多的世代后,这个物种将能适应不断变化的环境。不幸的是,如前所述,自然选择依赖于偶然性。最后一只金蟾蜍是在1989年被发现的。1994年,金蟾蜍被列入灭绝动物名单,从此它退出了历史舞台。

  导致这一后果的罪魁祸首是**智人**,他们对地球进行的改造使得其他动植物物种经历了种种失配。渡渡鸟也找到了它的克星。17世纪,饥饿的荷兰水手来到了毛里求斯岛,这是唯一存在这种鸟类的岛屿。不曾面对过天敌的渡渡鸟并没有对猎人产生恐惧,因此它们与最可怕的猎手(人类)展开了面对面的较量。水手们的船上还携带了老鼠,这在毛里求斯是不存在的。老鼠吃渡渡鸟的蛋,这就夺走了小渡渡鸟生存的机会。这一双重打击使渡渡鸟(详细情况见第八章)从此被载入史册。

进化心理学

  当我们观察人体的解剖结构时,我们是在看我们的过去。我们有肛门(始于5.7亿年前),我们有眼睛(始于4.5亿年前),我们能够区分颜色(始于6000万年前)。显然,与我们有遗传关系的许多其他动物物种或多或少都有这些特征。自从人类的祖先发现大草原以来,我们行走的姿态越来越直立(这一变化经历了300万年左右),我们的嘴巴变得更小(经历了200万年),我们的体毛在退化(经历了10万年左右)。这些不断进化的特征帮助我们的祖先在自然环境中生存。但是,在一个已经被完全改变的

第一章
来自石器时代的大脑

环境中,它们对我们的帮助有多大呢?

人们可能会产生这样的印象:失配的概念仅限于身体特征,但事实绝非如此。进化心理学是心理学中一个相对较新的分支,它基于进化生物学。进化心理学假设大脑是在自然选择过程中进化出来的,大脑必须依赖自然环境以发挥自己的作用,而自然环境的适应性同样也会变得更好或更差。在过去的几十年里,动物研究、大脑研究、遗传学和认知科学的发展从根本上改变了我们对大脑及其软件(心灵)的理解。这些发展支持进化心理学的核心观念:行为是大脑的产物,而大脑又是生物进化的产物。长期以来,人们一直认为我们的大脑只是一台聪明的计算机,出生时携带空的硬盘。但我们现在知道,基因、DNA 和遗传在大脑的运作和学习方面发挥着重要作用。

进化心理学的一个核心术语是进化适应性环境(EEA,environment of evolutionary adaptedness),让我们慢慢弄清楚这个问题。进化适应性环境指的是我们祖先生活的环境。经过很长的时间,他们的身体和大脑适应了这种环境。**智人**的进化适应性环境主要是非洲大陆上的大草原。在这个广阔的栖息地中,我们的祖先作为一个物种,越来越适应他们的环境,也包括环境中的动植物。简而言之:我们的大脑具备了在野外生活和生存的能力。人类"直立行走"特征的进化适应性环境大约出现于 300 万到 400 万年前,当时人类祖先已经在大草原上定居。我们的身体结构最能适应这种环境。因此,直到今天,久坐仍是个非适应性问题。我们人类大脑的进化适应性环境在很大程度上也是一样的。因此，我们可以理直气壮地说，在现代数字社会中，我们必须尝试依靠石器时代的大脑生存。

石器时代大脑的特质

我们石器时代的大脑是什么样的？我们稍后会详细说明，现在只对其进行概述。简单地说，我们史前大脑的主要功能在于帮助我们的祖先在一个充满危险的自然环境中，在包括亲朋好友的小群体中生存和生活。在现代大脑的功能中，这些痕迹依旧可循。第一，我们的大脑对能用感官（包括眼睛、鼻子、耳朵或身体）感知到的危险很敏感，相对而言，对于感官无法感知的危险（如气候变化），我们的警觉性会延迟。面对存在利益冲突的问题时，我们的史前大脑倾向于让我们的自我利益凌驾于他人或大众的利益之上。

第二，与我们有遗传关系的家庭成员比陌生人更重要，这就是为什么我们很难像同情陷入困境的家庭成员一样同情难民。

第三，我们的史前大脑十分缺乏远见。在过去，未来其实并不重要，因为你必须设法一天天地活下去。食物不能储存，所以如果你有一块肉，你会自己吃，并且将所有剩下的东西和你的家人分享。如果你看到树上有一个蜂巢，你会在另一个人或动物爬上树之前取一点蜂蜜。这种短视思维再次在现代西方疾病中得到反映，如肥胖症，它的产生是因为人们更喜欢在短期内奖励自己（一袋美味的薯片），而不愿意获取长期的奖励（一个健康的身体)。

第四,人类的大脑是一个出色的"模仿者"。对我们的祖先来说,生活在群体中的好处是,他们不必总是靠自己去发现一切危险;他们可以模仿别人的行为,例如如何捕猎或生火。如果有人逃跑了,你最好跟着跑,而不是站着不动。这种从众倾向在史前时代是有益的,但在一个不断变化的环境中,这最终可能会导致我们采取不符合进化利益的行为,例如,你模仿你时髦的朋友推迟生孩子。

第五,我们的史前大脑是以地位为导向的,因为在史前时代,地位意味着有更大的机会拥有后代。所做的工作越多,我们在社会中的地位越高,但我们却忘记了将其转化以获取更大的幸福、更好的人际关系和更多的后代。

心理机制

为了更好地理解我们的行为,我们需要了解一些有关进化的事情。幸运的是,我们可以求助于进化心理学。我们的思维、感觉是由史前时代发生的自然选择所塑造的。我们已经进化出心理机制,帮助我们应对环境中的挑战,这些挑战直接或间接地对我们的生存和繁殖发挥重要的作用。进化心理学家对行为的进化功能和产生行为的机制进行了区分。人类和其他物种行为的最终功能是繁殖,或者更准确地说,是拥有尽可能多的后代,而这些后代又能生产下一代。但为了实现这一进化目标,人类首先要实现

错位的本能
古老的大脑是如何愚弄我们的

顺利成家的其他目标：找到一种谋生方式，获得社会地位，找到一个生育能力强的伴侣；需要有能力养活和抚养孩子。

为了实现这些目标，进化为我们的大脑配备了大量的心理机制。这些机制决定了我们喜欢吃什么，哪些伙伴能在性方面吸引我们，也决定了我们想追随哪种类型的领导，以及我们可以信任谁。进化心理学家认为，自然选择是在心理机制层面上发生的，使得剩余人口中的最佳机制（即最终导致最多婴儿的机制）得以保留。这些机制也被称为"本能"，因为它们通常在潜意识水平上影响着我们的感知、思想、感觉和行动。这些本能会对环境线索做出反应，而环境线索又影响我们的行为。因此，我们的心理已经进化到可以帮助我们选择一个生育孩子的伴侣，而这反过来又决定了我们认为谁是有吸引力的床伴。为了增加后代出生的概率，男人选择更能生孩子的女性，也就是年轻且生育能力强的女人。研究表明，年轻的女性被认为是最有性吸引力的！

这些进化的心理机制可被视为简单的启发式或"如果—那么"的决策规则。例如，"如果你想要孩子，那么就选择一个有生育能力的女人做爱"听起来简明扼要。从进化的角度来看，"如果你想要孩子，那么就选择一个女人，无论她是年轻还是年老"的决策规则并不那么精明。在我们的进化史上，采用这一规则的男人后代更少，可以肯定的是，他们的基因慢慢从基因库中消失了。而那些采用的决策规则更符合其进化利益的人，会拥有更多的后代。他们的儿子也会采用同样的规则，因为这些规则具有遗传性，因此对年轻女性的性偏好在男性群体中传播开来。利用博弈论的逻辑，我们可以说明这些心理机制的进化是如何进行的。

博弈论

根据所谓的博弈论（一个在第二次世界大战期间发展起来的数学模型，现在被应用于许多科学领域），当做决定时，人们会对什么是最佳选择形成闪电般的自动判断。例如，大多数人在繁忙的干道上遇到红灯时，都不会试图无视这一禁令，因为可能会导致交通事故，或者遇到交通警察抽查。然而，总有一些傻瓜对交通信号灯不屑一顾。在晚上，当环境更安静时，故意闯红灯的人会更多，因为此时发生事故的概率更小，被警察抓住的机会也更小。博弈论是一种用来找出人们战略性决策的模型。这些决策往往不是特别理性的，而进化已经保证这些决策往往能够导致理想的（即进化上最有利的）行为。

博弈论的应用有许多，我们稍后会提到其中的一些（囚徒困境、"公地悲剧"和政治谈判）。就进化而言，博弈论假设个体使用各种策略（决策规则）以确保自己的生存和繁衍。在基因的引导下，这些策略相互竞争，获胜的策略通过打败劣势策略在种群中传播。

从进化的角度来看，"只信任你熟悉的人"的决策规则可能比"信任任何人，不管你对他们有多了解"更成功。采用后一

| 错位的本能
| 古老的大脑是如何愚弄我们的

种决策规则的个体有被欺骗的风险,如果这种情况经常发生,他们的基因将从基因库中消失。我们将通过博弈论的见解来解释为什么现代人类主要遵循(但并非都是)一夫一妻制;为什么有些人是领导者,而另一些人是追随者;为什么我们发现保持地球清洁很困难。

人类的大脑中充满了决策规则,这些规则在我们进化时期的环境(进化适应性环境)中对我们有好处。这些"如果—那么"的规则涉及伴侣和食物的选择,如何应对危险,如何获得地位,选择谁作为领导者或合作者,谈论什么,等等。但是,我们不知道这些心理机制和决策规则在现在或将来是否仍会导致适应性选择。我们的行为或多或少已经使我们生存的环境发生了根本性的改变,因此,祖先时代对我们有用的决策规则,在现在可能会导致错误的选择。

例如,我们现在生活的世界里,通过化妆和整形手术,女性可能显得比她们的生理年龄更年轻,这可能会导致男性(他们的决策规则是"如果你想要孩子,那么就选择年轻且生育能力强的女性")被欺骗,爱上那些生育能力较差甚至不孕的女性,使得这些男人获得后代的机会降低。这是祖先环境中起作用的史前本能出现失配的一个很明显的例子。当时对女性年龄的评估是容易且可靠的,而在当今时代,情况并非总是如此。由于失配,我们的史前本能并不总是对我们的环境做出同样有效的反应。

第一章
来自石器时代的大脑

无法抗拒的诱惑

我们大脑中的决策规则由周围的环境线索激活。例如,清凉的果汁可能会诱使你喝上一杯;饥饿的感觉是进食的信号,而对一些人来说,是去超市购物的信号。失配的教训是:永远不要在你饿的时候去超市,因为你会买得太多!研究表明,人类的大脑会只根据一个(顶多几个)吸引眼球的线索做出行为选择,我们把这些称为"不可抗拒的线索"。当我们的大脑对不可抗拒的线索做出反应时,或者当正确线索缺失时,失配就可能出现。以下是四种最醒目的失配线索:

1. 夸张的线索
2. 虚假的线索
3. 过时的线索
4. 缺失的线索

我们将从"夸张的"线索讲起。哲学家柏拉图断言,"美"是"善"的表现,但目前情况仍然这样吗?强化了我们基本本能的线索最终可能对我们不利。我们的身体系统对甜的食物存在偏好,这一系统的进化是为了鼓励我们多吃不太常见的蜂蜜和成熟的水果,这些食物含有基本的糖类。现代糖果要甜得多,因此它们具有"夸张的"诱惑力。彩色的糖果是一种夸张的线索。我们渴望它,大量地吃它,但它会让我们蛀牙。在生物学上,这也被称为"超常的"线索。

错位的本能
古老的大脑是如何愚弄我们的

这个术语由一位荷兰的诺贝尔生理学或医学奖得主尼科·廷伯根(Niko Tinbergen)提出。他发现,如果向动物提供一个其大脑本能接受的线索,它就会沉迷其中。在一次实验中,廷伯根在一只鸟的巢中放置了一颗假蛋。这颗假蛋比这只鸟的蛋更大,颜色更鲜艳。这只鸟把所有的注意力都集中在这颗蛋上,而忘记了孵化自己的蛋。在一个夸张的线索中,本能指向的对象原型的最重要特征被放大了。

除此之外,还存在"虚假的"线索,这些线索看起来像来自我们祖先的环境,但它们只是现实的模仿者,捉弄了我们的大脑。这些线索操纵我们做出适应现实世界的选择,但其最终可能不利于进化。网络色情就是一个例子。当人们看色情片的时候,他们的大脑和身体做出反应,就像看到真实人的动作一样,其结果是男人把他们宝贵的种子洒在地上(或旧袜子里)。大约10%的人沉迷于网络色情。从生物学角度来看,沉迷于色情的男人或女人其实可以更好地利用他们的时间和精力,在现实生活中寻找一个性伴侣(更多内容见第三章,关于爱和性的内容)。

还有一些线索对我们的祖先很重要,但在现代就没那么有用了。一个"过时的"线索的例子是选择一个高大的、有攻击性的领导者来保护你的群体。在史前时代,跟随一个身体强壮的领导者是很重要的,他可以保护你免受捕食者和敌对群体的攻击,但是现在,领导者的体力已经不那么重要了,因为领导者必须能够坐在办公桌后为复杂的问题做出正确的决定。因此,在我们的

第一章
来自石器时代的大脑

新环境中，选择一个强大、无情的领导者已经变得不那么重要了，有时这种选择甚至会违背我们的进化利益。

最后，在我们的现代环境中，一些在史前时代就存在的线索完全"缺失"了，这可能导致失配。一个例子是当代社会中存在过多的弱社会结构，我们周围都是我们不熟悉的人。我们的祖先生活在小型、紧密的且大多是家庭式的群体中，成员之间十分熟悉，在必要时相互依赖、给予帮助。而现代城市情况往往相反。城市居民对自己的邻居知之甚少，甚至根本不认识。如今，你可能横尸家中几个星期（或几个月，有时甚至几年），邻居都不会注意到。我们在街上或工作中遇到的大多数人都是遗传上的陌生人。缺乏亲密的社会网络会给人类带来许多负面影响，如社会孤立、健康风险、成瘾风险的增加和幸福感的降低。孤独的人血压更高，皮质醇（一种损害健康的应激激素）水平也更高。孤独的人寿命更短。

换句话说，夸张的、虚假的、过时的和缺失的线索都会造成失配。稍后，我们将试图在健康、教育、工作、宗教、政治和环保等领域尽可能准确地描绘这些潜在的失配，以便给出一些提示，看我们是否能够及如何对此做些什么。我们能否以某一种方式组织社会，使我们对正确的线索做出反应，而不让自己受到这些线索的误导？我们怎样才能把失配变成匹配……而不一定要再回到山洞里，或者在没有卫生纸的情况下解手？

错位的本能
古老的大脑是如何愚弄我们的

生活中的失配

既然我们对进化心理学有了一些了解，那么匹配和失配这两个术语就很容易解释了。假设你有两个选择，其中一个给你带来进化优势（A），另一个没有（B）。如果你觉得 A 比 B 更有吸引力，这就是"匹配"。但是，如果你生存的环境或你的内心发生了一些变化，使你更喜欢 B 而不是 A，那么就出现了失配。

在本书中，我们主要关注的是进化上的失配，也就是说，在不断变化的环境条件的影响下，我们做出的决定损害了自身的繁殖利益。然而，我们也同样可能面临文化失配。因为一种文化在规范、习惯和传统方面不太可能与另一种文化相同，人们可能会表现出与他们所迁入的文化不相称的行为。例如，移民到英国的西班牙人或意大利人可能会发现，他们的新雇主不喜欢花长达两个小时的时间吃一顿热乎乎的午餐。或者，一个来自南方的家庭可能在文化上与北方的生活不匹配。在本书中，我们关注的文化上的失配，是那些可能会对相关个体的生存和繁殖机会产生影响的部分。

例如，一个孩子喜欢一袋五颜六色的糖果，而不是苹果（这可能会影响他们的健康）；一个成年人认为赚钱比成家更重要；一只飞蛾飞向暖炉，因为它认为这是月亮；一只蜻蜓在挡风玻璃上产卵，因为它认为这是一个能反射的水面。

第一章
来自石器时代的大脑

同样地，我们天生就会追着食物跑，但与此同时，我们能够开着家庭用车去超市买碳酸饮料和即食食品。全球性的"营养失配"产生了严重的后果，如糖尿病和心血管疾病等。但我们无法在一夕之间就成功改变我们的口味。无论初衷是什么，得承认我们碰巧对甜食和高脂肪食品存在进化上的偏好。

另一个失配是我们与当今领导层的斗争。如今我们组织和管理的方式与250万年前我们的祖先在大草原上以小群体漫游时期的方式截然不同。我们生活在拥有数百万名居民的国家，在大公司工作，其中许多公司有成千上万名员工，而我们甚至常常不认识自己的老板。我们中的很多人生活在一个民主国家，在这个国家中，数百万名公民可以参与决定谁代表我们的利益。我们是否选择了具有正确品质的正确领导人？这种新的环境对我们领导人提出的要求是否与十万年前一样？

失配的第三个例子与祖先时代我们遭遇的真正危险有关。我们仍然害怕蜘蛛，尽管欧洲和美国的城市化环境已经不再是有害蜘蛛的家园。例如，荷兰就没有有毒蜘蛛。然而，当我们在浴室里看到一只蜘蛛时，许多人都会感到恐慌，甚至有些人在电视上看到蜘蛛也会尖叫。这种恐惧本能起源于一个时代，当时在热带气候下，例如在非洲或澳大利亚，蜘蛛确实对我们的祖先构成了重大威胁。直到今天，有毒蜘蛛咬人都是致命的。但这种恐惧反应在伯明翰的浴室里是没有任何作用的。我们应该用对枪支、汽车、园艺工具、不规则的肥皂条、鸡蛋沙拉和难以理解的现代厨房设备的恐惧来取代我们对蜘蛛和蛇的天生恐惧。

错位的本能
古老的大脑是如何愚弄我们的

加和减

到此为止,我们已经讨论了环境变化导致物种表现出与其遗传利益相悖的行为的例子,但为了完整起见,我们也应该关注相反的现象:变化深远的环境可能给某一动物物种带来极大的遗传动力,使其繁殖大量的后代。我们希望将损害繁殖利益的失配(减配)和有利于繁殖利益的失配(加配)区分开来。例如,澳大利亚的兔子瘟疫就是当一种新的动物来到一个没有天敌的新环境中时发生的。对兔子来说,这导致了几乎无法想象的加配;而这对许多澳大利亚植物和袋鼠来说,则是减配。让我们更深入地了解一下这个例子。

这是一个关于托马斯·奥斯汀(Thomas Austin)的故事,他是澳大利亚维多利亚州温切尔西的一位英国地主。1859年,他进口了24只英国兔子和几只野兔,他认为他可以享受射杀它们的乐趣。他想,这将使他在澳大利亚的庄园看起来更像英国庄园。但是,兔子也带有性色彩,这种说法并不是没有道理的。

在它们迁徙后的最初几年里,这24只兔子成功繁殖了多达100万个后代。在它们到来65年后,这种生物数量已经达到了100亿只,每只雌兔每年生育18~30只个体(雌兔在四个月大时就可以生育后代)。这些动物能够不受干扰地持续繁殖的原因之一是,在澳大利亚没有天敌会来破坏它们的生活。

这些新来者严重破坏了澳大利亚的自然景观,这一点也不奇

第一章
来自石器时代的大脑

怪。一切都受到了影响。兔子掏空了田地，啃食它们遇到的任何种子，破坏已经维持多个世纪的绿色区域。由于这个动物物种，澳大利亚的原始动植物物种陷入了进化陷阱。澳大利亚政府想出了各种措施来阻止这场瘟疫，比如建造篱笆，即著名的"防兔篱笆"（Rabbit-Proof Fence），但事实证明，它远远不能阻拦兔子。更多的篱笆被竖起来，最终长度达到3200公里，但效果并不好。兔子的天敌被引入（如狐狸），但它们也会袭击本地物种，而这违背起初的目的。第一次成功的实践来自于引起兔子黏液瘤病的黏液瘤病毒的传播。在两年内，兔子的数量几乎下降了90%。但很快，自然选择的作用又开始显现：带有新基因突变的兔子不受病毒的影响，并且再次以惊人的速度繁殖。因此，24只可爱的进口动物造成了很大的麻烦。英国地主托马斯·奥斯汀由于其目光短浅，造成了整个大陆的永久性变化。

还有一些动物物种，人类的干预促成它们有更多繁殖的机会。宠物就是最著名的例子。如果没有我们，哪里会有猫和狗？家养动物（植物）通常看起来与原生动物（植物）很不一样。大约1.5万年前，一些狼开始在人类周边游荡，其中最友好的品种或个体被捕获并接受人类的驯养。经过几代人的努力，这些动物适应了人类，它们的基因得以传播。饲养这些被驯服的狼的人确保了它们有利的特性得到延续。狼"人性化"后，变成了我们现在所知的狗。从进化的角度来看，这一切都发生在一瞬间。俄罗斯遗传学家德米特里·康斯坦丁诺维奇·贝利亚耶夫（Dmitry Konstantinovich Belyayev）在短短40年内成功地将野生狐

错位的本能
古老的大脑是如何愚弄我们的

狸驯化成温顺可爱的动物,这一成就被《纽约时报》(*New York Times*)描述为"可以说是有史以来最非凡的育种实验"。许多人认为贝利亚耶夫是洞见如何在短时间内将狼转变为忠诚的四足动物的人。我们的家里就有这种四足动物,从大丹犬到吉娃娃,外表多种多样。

本书的重点是负面失配(或减配),因为这些对我们来说是最重要的。我们乐于认同这样的主张:农业革命之后的文化变革为我们的物种带来了许多加配。毕竟,我们的数量比以往任何时候都多。我们有更多的食物、更好的卫生和更高的预期寿命。但这是否意味着地球上的每个人都能过上更好、更健康、更幸福的生活呢?以色列作家和历史学家尤瓦尔·诺亚·赫拉利(Yuval Noah Harari)在其著作《人类简史》(*Sapiens*)中称农业革命是"历史上最大的骗局",并指出,自农业革命以来,普通人的生活未必得到了改善。我们把这归咎于我们的原始思维,它在一个充满匿名化城市、社会不平等和工作压力的新世界里迷失了方向。此外,匹配也有风险,因为我们拥有古老的大脑和思想,我们往往不知道如何应对一个豪华、舒适和富足的世界。

如果我们假定,改造环境会带来各种风险和危险,那么最好的办法是将我们的注意力集中在减配上,并且尝试将这些变成"匹配"。在匹配的情况下,我们的大脑做出的选择是正确的,最终会服务于我们的遗传利益。

第一章
来自石器时代的大脑

文化革命

我们目前的生活环境与我们的大脑处于进化时的环境完全不同，然而这并没有导致人类灭亡。与大多数动植物物种相比，我们具有优势，这意味着我们可能能够逃脱哥斯达黎加金蟾蜍和毛里求斯渡渡鸟的命运：人类拥有文化。我们所说的"文化"并不是指威尔第（Verdi）的歌剧、凡·高（Van Gogh）的绘画或我们书架上尚未读过的詹姆斯·乔伊斯（James Joyce）的小说，这些仅仅是文化的冰山一角。更详细地说，文化与思想、规范和价值观有关，它们在一个人的大脑中形成，然后通过人的观察、学习行为和社会互动等过程传递给其他大脑。

正如我们前面所看到的，基因传递进化信息。还有一种非物质基因：文化基因。文化基因和一般基因的区别在于，文化基因的遗传不是由父母通过DNA传递给孩子，而是通过社会互动在大脑间进行传递。当我们讲文化由人传递给人时，用的是一种相当模糊的说法。通过交谈和观察，父母可以向他们的孩子介绍他们所生活的世界。在科学语言中，这被称为"垂直传播"。当朋友和恋人相互传递文化实体时，科学家们称之为"横向传播"；从老师到学生的传递被称为"对角传播"。

这不仅仅是一场语言游戏。文化传递已被证明是决定性的。就拿你正在阅读本书这一事实来说吧。我们住的房子、开的车、吃的东西都充满了文化的色彩，甚至我们做爱的方式都受文化影响。

文化通过变异、选择和遗传的原则进化,就像生物进化一样,只是文化的进化比生物进化快得多。一个文化基因可以在群体中以令人难以置信的速度迅速传播,幸好它们消失的速度也同样迅速。想想那些抢眼的新闻故事、丸子头和疯狂青蛙(Crazy Frog)。

文化能够在人们之间发展,因为人类有两项独特的技能。一项技能是语言。通过相互交谈,人们能够瞬间在一个群体中传播文化创新。当语言缺失时,人们就会像遗传表亲黑猩猩那样,几乎无法提取和传播任何相关信息。

另一项技能是模仿。我们是超级模仿者,我们过度模仿。我们不断地观察对方(很大程度上是下意识地观察),看发生了什么事,谁风行一时,谁想出了什么新主意,每个人都在说什么、想什么,什么是好的餐桌礼仪,其他人的行为举止如何。由于我们是如此优秀的模仿者,所以很容易适应新的文化现象。当我们从加莱的渡轮上下来,看到人们靠右行驶时,我们也会自然而然地照做(如果我们随后在路上看到"靠右行驶"的标志,我们就知道我们做了正确的事情)。黑猩猩无法与我们媲美:若它们驶入车流中,它们无疑会被撞死(如果黑猩猩想变得和它们的遗传表亲一样聪明,就应该在"人性化"方面做得更好)。

日本研究人员曾经观察到一只雌性猕猴在吃土豆之前清洗土豆,其他猴子对这一行为投以短暂的一瞥,但群体中只有年轻的猴子模仿了这一行为。年长的猕猴看了一眼,但它们的饮食习惯

第一章
来自石器时代的大脑

太固定了,以至于它们没有采取任何行动。它们根本无法想象清洗土豆和享受美味之间有什么联系。只有年轻的猴子饶有兴趣地看着,有些还模仿了这种行为,但并没有完全理解其中的含义(在水中清洗相当于清洁)。

这正是人类与其他类人猿物种之间的区别。我们通过看到行为的潜在目的来学习。洗土豆等同于更多的享受。许多猿猴看着土豆清洗的行为,也许能够模仿,但它们缺乏将其与预期结果联系起来的能力。在科学上,这被称为"线索强化"(在没有看到其目的的情况下模仿行为),它被认为是模仿行为的一种低级形式。

在高等动物物种中,由于学习行为的存在,群体之间存在小的文化差异。在黑猩猩和海豚群体中存在遗传关系,但生活在不同地区的群体会有不同的狩猎行为和食物采集技术。例如,一些黑猩猩会"浸蚁",即在白蚁丘或蚁穴里戳一根棍子,把白蚁舔掉,就像舔棒棒糖一样,而其他黑猩猩群体则不这样做。群体内部似乎发生了一些模仿行为,但这些行为并不总是导致大的变化。

带有明确目的和益处的复制行为要强大得多。似乎只有人类能够做到这一点。当母亲对婴儿微笑时,婴儿也会对母亲微笑,这是一种模仿行为,也是文化最初的表现之一,因为母亲通过面部表情向孩子传递信息。在模仿行为方面,四岁儿童的水平与成年黑猩猩相当。利用语言和模仿,人类可以避免大量失配的出现。一个例子是保暖衣物制作,这使得没有毛皮的人类能够在寒冷地区生存。

为什么我们有这些能力，而其他聪明的动物没有，或者至少它们的能力没有达到与我们一致的水平？一种可能的解释是，模仿他人的行为使早期人类能够在具有不同危险和机遇的自然环境中生存和生活。例如，对最优秀的猎人和觅食者的技能的模仿将确保人们能够在不同的气候环境（从赤道到北极）中找到食物。此外，模仿会使群体内部更容易获得某种程度的一致性，而这种一致性在将该群体与其他群体进行区分时是必要的。例如，共同的服装可以帮助人们把彼此识别为同一群体的成员，这就是我们现在所说的时尚。我们的语言强化了这种能力，让我们即使不在对方视野中时，也可以从彼此身上学到东西。在过去和现在，我们都能够通过强调不同的地区性口音，将我们的群体与其他群体区分开来（就这一点而言，虎鲸、海豚和乌鸦也有方言，它们可以互相识别）。我们的语言也使我们知道我们的社会网络中发生了什么，谁和谁有关系，谁不守信用，等等。语言和文化是密不可分的，这就是为什么时至今日，我们仍然喜欢哲学家、喜剧演员、演说家和作家等语言大师。

基因和文化基因

基因和文化基因的关系如何？在进化科学中，研究者们对生理和文化之间复杂的相互作用有不同的看法。首先，有一种观点认为，"生理总是把文化束之高阁"［参照进化生物学家爱德华·威尔逊（Edward Wilson）的著名声明："基因总是把文化束之高阁"］。换句话说，生理是决定因素。最终，不利于繁殖的文化变革不会得到发展，因为表现出这种行为的个体会死亡，他们的基因物质也会随之消亡。

自杀行为是一种不会在我们的基因物质中迅速流行的文化基因。地球上的许多地方都受到了所谓"自杀邪教"的影响，在这些地方，几个人通常是在小的、封闭的社区选择自杀。2007年至2009年期间，在威尔士的一个小社区布里真德，至少有25名年龄在13岁至17岁之间的年轻人自杀（大部分是上吊自杀）。模仿行为是最具可能性的解释（见第九章）。很明显，这种文化基因（"自杀是个好主意"）不利于个人繁殖，为此它不会在整个人群中传播。根据这一理论，文化基因不能导致基因的灭绝。

其次，有些理论假设生理和文化可以相对独立地运作。一个例子是我们的饮食。我们对脂肪和甜食的偏爱是天生的。这是毋庸置疑的：世界上所有地方的孩子都具有同样的偏好。从进化的角度来看，这是有利的。但是文化基因也决定了我们喜欢吃什么。我们是否喜欢辛辣的食物，取决于我们年轻时的饮食经验，而这又是由我们成长的地方决定的。另一个例子是语言：人类生来就有学习说话的能力。我们的语言能力是由生理决定的，但一个人是说德语、英语还是印地语，完全取决于他们生活在地球的哪个地方。从本质上讲，这两个问题之间没有任何关系。

研究人员表明，文化和生理的运作是相互独立的，特别是当思想和观点在朋友和同龄人之间传递时。父母确保他们传递给孩子的文化观念有利于其后代的繁衍，这就是为什么许多父母以一种性别刻板印象抚养他们的孩子（女孩穿粉红色衣服，男孩穿蓝色衣服），因为这在将来会呈现最大的优势，并且带来最多的后代。

但当文化信息在同龄人之间传递时（通过"横向传播"），产生的影响往往有限。掌握最新的音乐潮流和时尚小玩意儿并不能确保繁衍。年轻人可能会对彼此产生不利影响，如模仿吸烟、危险驾驶、无保护措施的性行为，而更严重的是在威尔士自杀。

最后，还有一些模型和理论假设基因和文化基因是相互依存的，能够相互影响。如果文化强化了生理，那么我们就谈不上失配；如果文化因素削弱了特定的生物特征，那么就会出现失配。众所周知，在男性出生率相对较高的文化中，这是父母对男孩的偏好，再加上能够怀上男孩的父母的遗传优势的结果。因此，生理（增加生男孩的机会）与文化偏好（对男孩的偏好）的结合，可以导致人口中男女比例出现急剧的进化改变，其结果是出现失配。科学家们推测这种男女数量不匹配将导致一场巨大的地位之争，许多男人将相互竞争，用他们的财富取悦有限的女人。另一个推测是，无法找到妻子的男人最终会到国外去寻找新娘。在早期狩猎采集社会中，绑架新娘是发动战争的主要动机之一。第三种预测是，男性将适应女性对体贴的和支持一夫一妻制的男性的偏爱，毕竟众多的男人需要争夺一个女人的宠爱。

生理和文化相互影响的概念也在一个名为 DRD4 的 DNA 片

段中得到了支持。这个基因有一组短和长的 DNA 变体（技术术语为等位基因）。拥有短 DRD4 变体的人表现出与拥有长变体的人不同的行为。短变体与利他主义、正义和自觉性有关。在一项研究中，人们将与一个匿名的人分享金钱，短 DRD4 变体携带者分享得更多。长变体预示着冲动、冒险行为、好奇心和对冒险的渴望，有这种基因的人在游戏中给他人的钱更少，并且分配时更不公平。长变体在新移民文化中更为普遍。而且离我们的发源地非洲越远，这种变体就越普遍。因此，该变体有"冒险基因"一说。冒险基因在移民文化中更为普遍，这可能是对冒险和风险行为的自然选择的结果。在人类长期生活且自给自足的地区，冒险行为带来的好处较少。研究人员认为，冒险基因产生于大约 6 万年前，当时我们的祖先开始从非洲迁移到中东、亚洲，以及后来的欧洲和美洲北部。

最近在肯尼亚进行的一项研究表明，（就健康和营养而言）具有冒险基因的人在游牧群体中生活得更好，而没有这种基因变体的人在农业群体中生活得更好。作为一个流浪的游牧者，你需要不断地寻找食物及睡觉的地方，这就是为什么拥有好奇的个性更有意义。相反，在有充足食物的农业群体中，社交性和分享能力是很重要的。对冒险基因的研究表明，文化的变化（在这种情况下是迁移到一个新的地区）会影响我们的生理和特定基因的选择。如果你将具有冒险基因的人置于一个缺乏变化、挑战和流动性的环境中，那么你就会遇到失配的问题。

错位的本能
古老的大脑是如何愚弄我们的

匹配和失配

　　文化可以有两种情况。有的文化发展促进了我们的繁殖，或者"抵消"了"失配"，并提供了匹配。早期的一个例子与服装有关。在俄罗斯，考古学家发现了3万年前用骨头和象牙制成的针，针的用途为缝合兽皮。能够用动物皮毛制作衣服是一种文化创新，使我们在欧洲、亚洲和美洲北部地区的祖先得以生存。文化为个人及其后代创造了许多优势，它消除了我们的身体（适应了大草原上20摄氏度或更高的温度）与低于冰点的环境之间的失配。另一个匹配是乳糖耐受性。野生动物的驯化使牛奶成为史前人类的食物。事实证明，牛奶有益于个体的生长，因此对个体的生存是有利的。问题在于，成年原始人没法分解牛奶中的乳糖（体内缺乏乳糖酶或该酶活性不高），这一点目前仍然适用于全球75%的人口。在某些时候，一些个体的DNA发生了随机突变，使成年人具有产生乳糖酶的能力。在亚洲和美洲，这种突变没有得到（文化）支持，但在欧洲和非洲北部（那里饲养骆驼和奶牛），这种基因最终进入了基因库。这种突变基因在人群中迅速传播，特别是在食物短缺的时候，喝牛和骆驼的奶变得非常有益。

　　也有很多文化传统造成失配的例子。例如，在刚果的一个地区存在吃特定类型的食物（如肉类）的戒律，这就是一种经科学证明的失配。这意味着一些群体所摄入的能量不足以养活自己

第一章
来自石器时代的大脑

和孩子,对女性来说更加明显。造成这种情况的原因之一是,当妇女结婚时,她们会离开自己的家庭群体,加入丈夫所在的环境和他的部族。在那里,她们保持着在童年时期学到的饮食习惯,即使现在的饮食中缺少了特定的成分。然后,她们将这种食物偏好传给自己的孩子。这些妇女没有融入新的群体,导致她们自己和孩子营养不良。"入乡随俗"这一格言传递的文化对她们来说会更有利。另一个失配的例子在贾雷德·戴蒙德(Jared Diamond)的《崩溃》(*Collapse*)一书中有所描述。一个来自斯堪的纳维亚半岛的维京殖民团体在格陵兰岛定居。该殖民团体繁荣发展了400年,直到15世纪时,他们在一个小冰河期中消失了。骨骼检查表明他们经受了营养不良。他们死亡的原因与他们曾经是斯堪的纳维亚半岛的农民有关,他们在格陵兰岛延续了这种生活方式,直到天气变冷。这批以农业为生的维京人从未学会适应因纽特人的狩猎采集文化,他们认为因纽特人是野蛮人,因为他们有奇怪的、非基督教的习惯。由于他们没有模仿因纽特人的行为(尽管这样做会更好),他们就灭绝了。

第三个失配的例子是产后抑郁症。需要考虑的是现代历史上发生的巨大文化变革是否使得这种情况的风险增加。首先,我们可以确定,全球有13%的妇女在分娩后三个月内出现抑郁症状。我们显然不知道这个比例在史前时代是多少,但在西方社会明显高于传统社会。这些症状对母子关系的质量有负面影响,可能导致健康问题,甚至增加孩子的死亡风险。据研究人员称,导致产后抑郁症的部分原因在于气候、营养、体质和父母照顾方面的失配。首先，由于日照时间有限，许多年轻母亲缺乏维生素 D。例如，在荷兰，60%~84%的孕妇存在这种情况。缺乏维生素 D 会增加感染和患抑郁症等疾病的风险。

其次是营养。原始人的饮食主要由野生动物和鱼类的（红）肉组成，其中含有大量的脂肪酸。这些脂肪酸在今天的谷物和农场饲养动物的肉类中往往是缺乏的。另一个风险因素是用瓶子而非母乳的喂养方式。例如，在美国，只有49%的儿童在出生后的前 6 个月是母乳喂养的。母乳喂养会使母亲体内释放激素（如催产素和催乳素），对她们的精神状况有积极影响，并且提高她们管理压力的能力。

文化因素也起到了一定的作用。在传统社会中，临近的家庭成员会分担对孩子的照顾。而在现代西方世界，年轻的母亲往往需要独自应对，因为她的家人住得比较远。科学家把这称为"拉丁悖论"（因为在美国，年轻的墨西哥母亲比白人母亲患产后抑郁症的概率小得多；墨西哥母亲可能更穷，但她们的家庭在照顾婴儿方面参与得更多）。

小概念，大影响

我们的失配理论假设，环境变化过于迅速，以至于当物种个体的身体和大脑不再适应新的、得到改变的环境时，就会发生失配。在一个变化很大的环境中，生物体对那些不利于其进化的线索做出不由自主的反应。在本书中，我们将看到农业革命（以及

第一章
来自石器时代的大脑

随后的数字革命）已经改变了我们的环境，以至于一系列夸张的、虚假的、过时的和缺失的线索误导了我们的大脑。通过对环境的干预，人类为自己（常常还有其他动植物物种）创造了一个失配的环境。文化可以抵消或强化失配，因为我们并不总是清楚是否所有的文化创新都对我们有好处。有些文化的结果很好（衣服、医疗），有些则很糟（汽车、超市、办公室、核武器、口服避孕药）。

失配是一个很小的概念，却包含了数量惊人的后果。不言而喻，本书无法涵盖所有可能的失配，包括教育、健康、领导力、宗教、工作、媒体和可持续性等不同领域，但它可以讨论最重要的失配，虽然偶尔会出现科学证据不足的情况，我们就不得不对其进行推测。

对失配的认识可以帮助我们获得更多幸福的感受。当我们知道我们的大脑是如何工作的，以及它的局限性是什么时，我们可以采取行动做出正确的选择，做出符合我们进化利益的选择。多做一些运动或改变我们的饮食习惯来过健康的生活不是更好吗？我们是不是应该在我们的友谊而不是事业上多下点功夫？我们是否应在现实中而非虚拟世界中多花一些时间？失配理论为我们提供了洞见，提示我们应该如何组织我们的社会以抵制所有这些从四面八方袭来的不可抗拒的线索。

我们是否应该利用这些知识做一些事情？自然谬误理论指出，即使有些东西是存在的，它也不一定非得是存在的。这是本书提供的重要一课。我们可能天生对陌生人持怀疑态度，但这并

错位的本能
古老的大脑是如何愚弄我们的

不意味着这在道德上是正确的，也不意味着我们应该接受这一态度。在本书中，我们可以只是简单地描述失配的情况，然后就此打住，但这是不可能的。如果我们不采取任何行动，事情就会顺其自然。许多人会继续遭受西方疾病之苦并因此丧命，憎恨工作和老板，生育过少的孩子以致无法阻止人口老化的趋势，而我们只能袖手旁观。

但我们也可以使用失配理论来引导人们的行为，以产生匹配。这可以通过改变环境和对技术、心理学、经济和法律的应用来实现，也可以通过"劝导"来实现。确保人们在工作场所得到充分的锻炼并不需要那么多努力；我们可以以一种方式组织公司，使它们更像过去的平等主义部落；我们可以对如何戒除网络色情成瘾给出建议；我们可以禁止发放奖金或拥有核武器，并使汽车噪声大到每个人都能从远处听到它们；我们可以根据政客的立场而非他们的外表来做出选举决策。

失配理论让我们能够对人类行为和人脑的奥秘提供新的见解。我们应该回归自然吗？技术的快速进步是否正常？为什么我们现在要追求更高的地位，而不是想要更多的孩子？色情作品是否会导致真实的性爱减少？我们是否因为追求自身的繁荣而在进化上走向悲哀的未来？避孕药会让我们无法选择合适的伴侣吗？为什么我们会有一种武器，可以在一次袭击中消灭全球人口？广告是浪费吗？为什么我们更害怕蛇而非巡航导弹？脸书是否让我们更不快乐？简而言之，我们如何用石器时代的大脑在现代信息社会中生存？

第二章　古老的身体，现代的毛病

法国船长德·布干维尔（De Bougainville）1768 年一定看到过堪称地球上的天堂的景色：湛蓝的天空万里无云，海水在珊瑚白的海滩上轻轻荡漾，郁郁葱葱的棕榈树在热带的微风中摇曳。在背景中，我们看到一个典型的法鲁曼（Faarumai）瀑布。在塔希提岛（Tahiti）度过晚年的保罗·高更（Paul Gauguin）可能可以描绘出这样的画面：在近景中，站着两个异常美丽的少女，她们面带微笑、光着胸膛、穿着草裙、头发上挂着五颜六色的鲜花。这就是詹姆斯·库克（James Cook）津津乐道的岛屿，岛屿上居住着高尚的野蛮人，还有迷人而又乐于助人的女人。查尔斯·达尔文在 1835 年乘坐小猎犬号（Beagle）到访塔希提岛时，评价那里的人"身材匀称"。

西方游客在把明信片放回自己的行李架之前，会用几分钟品味这一奇观。他们在岛上待了很长时间，知道卡片上的照片根本不符合现实。塔希提岛的珊瑚海滩实际上是黑色的，而不是白色的，但这并没有使他们感到困扰，因为岛上已经有供游客游览的人造白色海滩。最令他们震惊的是，塔希提岛的居民一点也不像照片和传说中描绘的那样。他们在岛上看到的女人比旅游指南上理想化图片中的女人至少重 40 磅（1 磅 = 0.45 千克）。

错位的本能
古老的大脑是如何愚弄我们的

一位当地摄影师告诉游客,他拍摄"典型的塔希提岛风景"中所用的模特不是来自塔希提岛,因为塔希提人信奉正统的基督教。詹姆斯·库克提到过的那种众所周知的自由之爱早已消失。如今塔希提岛上的女性不可能愿意半裸着站在镜头前。居民的标准已经改变了,可能与发现这些岛屿的水手有关。当时,岛屿上性自由是道德的,但水手们带去了梅毒。这对岛民造成了一场名副其实的屠杀,因为他们对这种外来疾病并不熟悉。

游客们站在纪念品商店里,欣赏着田园诗般的明信片,上面的裸体女孩头戴花环,这家纪念品商店位于帕皮提(Papeete)的三大麦当劳之一的旁边。这座小城市只有26000人,但许多汉堡店每天都挤满了人,而且并不全是游客。到岛上游览的游客被诱惑到有着本地菜肴——例如椰奶生鱼(poison cru)和火炉烤乳猪(pua)——的餐馆中,但当地居民却在大吃特吃 Croque McDos(法国 croque-monsier 的麦当劳变体)、双层吉士汉堡、炸薯条和奶昔。

快餐连锁店的食物比岛上其他饮食场所的食物便宜。在西方人到来之前,几乎所有的食物都是在家里做的,用的油只有椰子油。塔希提人捕捉奇怪的鱼,耕种自己的土地,这就是他们所需要的一切。那里没有商店或市场。村庄和社区需要保证捕到鱼、采摘到水果,以及完成耕种土地。家庭和部落一起工作,共享食物。据科学家称,像肥胖、糖尿病、心血管疾病和高血压这样的西方疾病在岛上几乎不存在。

人类早期的饮食热量不是特别高,这可能就是为什么我们现

第二章
古老的身体，现代的毛病

在所说的"丰满"或"丰盈"在那时是年轻男女心目中的理想美。在塔希提岛的男孩和女孩成年之前，他们（或他们中的一些）会遵循一种古老的习俗，叫作"ha'apori"，字面意思是"变胖"。来自更高社会阶层的年轻人会被关在专门的增肥屋中，在那里他们吃着美味的食物，为了最终变得尽可能的肥胖、健康和迷人。由于当时的食物供应受到限制，因此这种做法并没有造成破坏性影响。

但可惜的是，英国探险家塞缪尔·沃利斯（Samuel Wallis，1767年）、詹姆斯·库克（1769年）和法国探险家路易斯·安东尼·德·布干维尔（1768年）相继抵达，随后是一群西班牙人。这标志着岛民告别了和平和自给自足的生活。在法国人的带领下，西方人把自己的烹饪习惯带到了岛上。他们的饮食变得越来越油腻，热量也越来越高，味蕾受到了强大的刺激。西方疾病出现了。法国人带来了蜗牛，它们在当地的农产品中肆意横行，岛上的很多东西都改变了。两个世纪后，当国际机场开放、食品从海外进口时，事态不可挽回地失控了。

然而，年轻的塔希提人对丰满美的古老理想并没有改变。如今，塔希提女孩是世界上第三重的女孩，伴随而来的是各种健康问题（糖尿病、心血管疾病、肥胖）。岛上有相当多的年轻人都胖得要命。西方游客漫步走过麦当劳的分店，会看到塔希提人的胖脖子、大肚子和双下巴。岛民们已经从史前时代直接进入了快餐和大众消费的世界。

错位的本能
古老的大脑是如何愚弄我们的

史前身体

现在我们已经对失配的概念有了一些了解,我们将把它应用到外部最可见的东西上:我们的身体。我们的身体提供了关于我们是谁、我们如何进化、我们在哪里进化的信息。和其他猿类物种一样,我们的眼睛位于前额下方,而不是头部的某一侧。我们有手,但作为类人猿俱乐部中独一无二的成员,我们可以用手做一些特别的事情。我们有"对生拇指",也就是可以独立于其他手指旋转和移动的拇指。这种进化对我们人类非常重要,因为它使我们能够扔东西、抓东西和握住东西。在进化中,没有拇指,我们永远不会成为现在的我们:为我们的拇指竖起大拇指!

我们也可以用两条腿前进。当然,其他一些动物(鸵鸟、袋鼠、企鹅)和其他猿类物种也都是"两足动物",但人类尤其擅长。两足行走是指"两腿运动",这与偶尔直立行走完全不同。我们的一些祖先,比如南方古猿,能够两足行走,但这并不意味着他们像智人一样抬着头直立行走。我们之所以能如此骄傲地大步前进,是因为我们适应了大草原的生活,而不是丛林生活。用两条腿站立,我们不仅能走更远的距离,还能更好地了解周围的环境,还能腾出手来抓住物体和做手势(这可能是我们语言能力进化的开端)。

同样值得注意的是,我们的身体大部分都是无毛的。在

第二章
古老的身体，现代的毛病

5000多种拥有皮毛的哺乳动物中，这是相当惊人的。不用说，科学家们一如既往地探索造成这一现象的原因。一种经典的理论认为，我们褪去体毛是为了调节体温和湿度。大草原上的树荫比我们的猿类同胞所居住的丛林中的树荫要少。我们的毛发在阳光下会保留太多的热量，所以我们放弃了它。由于我们全身都有汗腺，因此即使是微风吹过平原也会使我们感到凉爽。据说我们留着头发是为了防止中暑。然而一个伴随而来的问题是——至少根据这个理论——我们在晚上会太冷了。

在20世纪中叶，一种水猿假说很流行。根据这一假说，800万到600万年前，我们的类人猿祖先不得不从死水中收集食物，而死水保护他们免受像猫一样的捕食者的侵害。就像河马没有毛发是因为毛发在水中不是很好的隔热体一样，我们的祖先也是出于同样的原因而失去他们的毛发。此外，就像其他在水中觅食的哺乳动物一样，我们还有一层皮下脂肪。然而到目前为止，这一假说还没有找到令人信服的古生物学证据。

十年前，进化生物学家提出了第三种假说：我们的祖先失去毛发是为了对抗寄生虫。毛皮是虱子、跳蚤、扁虱的理想生活环境及其他昆虫渣滓的易堆积地。当我们的祖先发现了火，并且开始穿衣服来抵御夜间的寒冷时，他们就不再需要毛发了。这样伴随而来的好处是，由寄生虫引起的问题（包括瘙痒、疟疾、失眠和莱姆病）减少了。

无论脱毛的原因是什么，另一种理论认为，性选择开始发挥作用，这意味着身体光滑无毛成了一种性信号。男人（和女人）

错位的本能
古老的大脑是如何愚弄我们的

发现没有毛发的女人（和男人）更有吸引力，因为没有毛发意味着没有寄生虫，因此更健康。我们保留头发是因为前面提到的预防中暑，保留阴毛可能是因为它有信息素和其他扩散性的具有性吸引力的芳香物质。长胡须被认为是有男子气概的表现。研究表明，长着浓密胡须的男性不仅表现得更有男子气概，而且在女性眼中也更有阳刚之气。女性身体上的毛发通常比男性少，这可能是因为男性对年轻和强壮的强烈偏好。

人们常问的一个问题是：远古人类是什么时候开始穿衣服、盖毯子睡觉的？科学家最初估计这大约是在 10 万年前，但随着之后对虱子进化的研究，他们修正了这一估计。对人类来说，虱子是非常恼人的，但对科学来说，它们是非常有用的，因为它们非常适合基因研究。大约 17 万年前，一部分人类的头虱发生了变化，在那之前，头虱只存在于人类的头发中。

一群虱子从人类的头发上迁移到了身体上。由于人类的身体是光秃秃的，这种令人毛骨悚然的爬行动物就没有必要出现在那里，但当人类开始用皮革和其他形式的衣服覆盖自己时，虱子的生存范围就扩大了。佛罗里达大学（University of Florida）的分子生物学家发现，虱子的 DNA 发生了变化，这一变化与上一个冰河时期相吻合，当时地球变冷，对我们的许多同类生物来说都太冷了。衣服的发明让人类能够在以前无法生存的地方探索，而研究衣服上的虱子帮助我们大致确定衣服是何时出现在人类历史上。

当我们研究 10 万年前的狩猎采集者时，突出的一点是，如

第二章
古老的身体，现代的毛病

今的我们往往体型更小，体重更轻，身体更弱。4 万年前，远在农业革命之前，欧洲人的平均身高是 1.83 米。随着农业的出现，欧洲人的平均身高变成了 1.62 米，科学家认为这个数字的下降是由于气候变化和农业生活的转变。第一批农民试验的是一些尚不能提供人体所需热量的新作物。600 年前，欧洲人的平均身高是 1.65 米，而今天这个数字是 1.75 米，而且还在上升。据称，身高增长的原因是医疗保健和营养的改善，也可能与城市化和全球化导致的近亲繁殖减少有关。

与 10 万年前相比，我们的大脑缩小了（10 万年前人类的平均脑容量是 1500 毫升，1.2 万年前是 1450 毫升，如今是 1350 毫升），我们的下巴也缩小了。这就是为什么现在我们的孩子都要去看牙齿矫正医生。因为他们的嘴和下颚太小，无法容纳许多曾在历史上有用的牙齿。所以，他们需要戴上牙套并拔掉智齿来平衡这种失配。

最后，再谈谈我们的史前身体：我们祖先的死亡年龄比我们低的想法是不正确的。或者更确切地说，这只是部分正确。由于婴儿死亡率的原因，生活在 10 万到 1.5 万年前的狩猎采集者，其平均寿命比现在要低得多，但在一个部落中也有七八十岁的人，就像我们今天一样。原始人类必须与饥荒、蜘蛛和昆虫叮咬、大型食肉动物、大量内部暴力和高婴幼儿死亡率等种种问题做斗争。这降低了平均预期寿命。但是能够从中幸存的祖先无疑有望活到 80 岁。

错位的本能
古老的大脑是如何愚弄我们的

史前生育

妇女们远离营地独自分娩。孩子出生后，妇女可以自己决定是否把孩子带回营地。在史前时期，把不健康的婴儿留在森林里是很正常的事情。养育一个不健康的孩子需要付出太多的进化代价，所以当时的群体接受了这个做法。"杀婴"在现代社会是一个禁忌的话题，但是当我们看到我们的祖先不得不在困难的环境中抚养孩子时，这是完全可以理解的。在一些特定的情况下，例如当幼崽生病时，或者当母亲觉得在身体上或精神上不能给自己的后代一个体面的未来时，许多动物会选择杀死自己的后代。

2009年，美国人类学家和灵长类动物学家莎拉·布拉弗·赫迪（Sarah Blaffer Hrdy）在她的《母亲与其他人》（*Mothers and Others*）一书中提出了到如今被广泛应用的"合作繁殖"假说：该假说认为，与其他猿类的后代相反，人类的孩子不是由他们的母亲独自抚养，而是由社会群体中的几个成年人共同抚育。赫迪在她的书中指出，这个共同养育的过程在婴儿出生时就开始了。人们会在新生儿出生后轮番抱孩子，这种情况在许多当代狩猎采集群体中仍然存在。这样，婴儿就可以和每个抱着他的人进行眼神交流，这是一种生存策略，因为眼神的交流极大地加强了孩子和成人之间的联系（眼神交流是进化上遗留的结果，今天我们能够从人们充满爱意的凝视对方的方式中来识别相爱的人）。在很多世代中，那些能够与成年人建立紧密关系的婴儿拥有一个领先

第二章
古老的身体，现代的毛病

的人生起点，因为他们会得到更好的照顾、保护和喂养。这就是为什么小婴儿会让我们如此怜爱，即使他们是别人的孩子。一个成年人的脸部拥有越多婴儿的特征，我们就越容易觉得他惹人喜爱。想想那些有着典型娃娃脸的名人，比如赛琳娜·戈麦斯（Selena Gomez）、阿里安娜·格兰德（Ariana Grande）或《生活大爆炸》中的吉姆·帕森斯（Jim Parsons）。

在祖先的部落中，每个人都参与到孩子们的成长和幸福中。学习是在玩耍的过程中进行的。人们对孩子很宽容，很少有"不可以做"的规定。在当今的狩猎采集者中，有一些例子记录了孩子们做出危险的动作（比如在营火旁玩刀子），但没有人阻止他们。他们会自己发现不应该碰仙人掌。在一个充满危险的世界里，这种育儿方式是相当有效的；在这个世界里，他们倾向于放任自流。进化心理学家彼得·格雷（Peter Gray）在"今日心理学"（Psychology Today）网站上发表的博客"自由学习"（Freedom to Learn）指出，狩猎采集者的语言中没有任何农业方面的比喻。"在他们的世界里，"格雷写道，"所有的动植物都是野生的、自由的。幼小的植物和动物在内部力量的引导下，自己成长，自己做决定……这也是狩猎采集者照顾和教育孩子的一般方法。"

史前的成年人创造了一个让孩子能够学习的环境，但他们觉得没有必要管理或激励这种学习。他们像对待大人一样对待孩子。格雷认为，人类儿童最清楚自己需要什么。孩子们得到了极大的信任，所以大人和孩子之间没有或很少发生冲突。巴西心理

错位的本能
古老的大脑是如何愚弄我们的

学家尤米·戈索（Yumi Gosso）认为，成年狩猎采集者"不会干涉孩子的生活。他们从不打人、骂人，不表现出身体或语言上的攻击性，也不表扬或记录孩子的成长"。

母亲把婴儿裹起来随处背着，这样当母亲采集坚果和水果时，婴儿也能够陪伴在母亲身边。当时的孩子们可以在母亲的背带中看到广阔的世界，而今天的大多数婴儿只能躺在婴儿车里，只与父母进行眼神交流。母亲和婴儿从不会分开很长时间，一部分原因是婴儿在五岁之前都是母乳喂养的。如果婴儿哭了，母亲能够立即做出反应。直到最近，现代教育家建议母亲放任孩子哭泣，否则孩子只会需要越来越多的关注（德国研究表明，有一些孩子哭泣时会被他们的父母忽视，但是还没有任何证据表明在孩子哭泣时给予安抚会让孩子之后变得依赖或情绪受损）。在原始世代，哭闹的婴儿不太可能被忽视。如果一个孩子哭了，这可能意味着真的有什么事情发生了。目前的婴儿手册建议父母在孩子出生后的最初的几个月里尽可能多地去抱他们的孩子，因为在这个早期阶段，婴儿不能被过度放任。

人类生物学最大的谜团是，为什么女性基本在45岁左右就不能生育了，但我们却能活到如此高龄。其他哺乳动物一旦繁殖能力下降就会死亡，但我们能继续活几十年。对此问题的解释，首先有一个母亲假说，该假说认为我们的长寿是有利的，因为母亲能够更长时间地照顾自己的孩子。母亲寿命较长的孩子比母亲寿命较短的孩子更有优势。长寿母亲的基因贡献略大于不长寿母亲。在进化过程中，事情是这样发展的：无论多么小的一个特征,只要它具有优势,最终都会扩散到整个基因库。

除了母亲假说,还有一种祖母假说。过了更年期的妇女虽然自己不能再生育孩子,但可以通过帮助照顾孙辈间接促进生育的成功。"祖母效应"在各种文化中都得到了证实。研究表明,有母亲在身边的女性生育更频繁、更成功。有祖母在附近的家庭会有更多的孩子,而且如果祖母相对年轻,这种影响似乎会增强。加拿大、芬兰和加纳的一项研究显示,祖母年龄在60岁或60岁以下的孙辈比没有祖母的孙辈活下来的概率高12%,而祖母年龄在60岁及以上的孙辈比没有祖母的孙辈活下来的概率仅高出3%。

史前饮食

在过去的几年里,书店里充斥着所谓的"旧石器饮食法"的书籍,例如《旧石器饮食》(*The Paleo Diet*)、《旧石器革命》(*The Paleo Revolution*)、《旧石器饮食烹饪书》(*The Paleo Diet Cook Book*)、《101旧石器饮食食谱》(*101 Paleo Diet Recipes*)、《新进化饮食》(*The New Evolution Diet*)、《穴居人饮食》(*Cavemen Cuisine*)、《尼安德特人饮食》(*Neander Thin*)、《原始饮食》(*The Primeval Diet*)和《原始身体,原始心灵》(*Primal Body, Primal Mind*)。1975年胃肠病学家沃特尔·L. 沃格林(Walter L. Voegtlin)写的《石器时代的饮食》(*The Stone Age Diet*)是一部经典之作。他的观点是,现在的人类应该像以前的

错位的本能
古老的大脑是如何愚弄我们的

狩猎采集者那样吃东西。根据著名食物考古学家克里斯蒂娜·沃内尔（Christina Warinner）的说法，这是在美国增速最快的饮食模式。

要想确定我们的祖先在250万到1万年前之间的更新世的旧石器时代吃什么，是一项相当艰巨的工作，需要假设食物在这么长的时间之后能够被发掘出来。现代人类所谓的旧石器饮食法排除了农业革命之后的食物，因此磨碎的谷物和豆类、加工过的糖和油、乳制品和食品工业制造的产品是完全不可能属于旧石器时代饮食的。还剩下的就是肉、鱼、水果、蔬菜、种子、坚果和蜂蜜。没有人知道我们的祖先用哪些东西组成他们的菜单，也没有人知道各种配料之间的比例。旧石器时代的饮食可能听起来有科学依据，但基本上是无稽之谈。

原始人绝不是纯粹的食肉动物。一些研究旧石器时代的营养学家希望我们相信，我们的祖先主要以肉类为食，沃内尔称之为"肉类神话"。不仅如此，根据沃内尔的说法，现在的人类在解剖学、生理或基因上都无法适应纯吃肉的生活。另一方面，我们确实适应了吃素食。食肉动物，即只吃肉不吃植物的动物物种，能够自己生产维生素C，但人类不能。我们总是需要从植物（或者如今的药物）中获取维生素C。同样，我们的臼齿和其他牙齿似乎更适应带有植物和水果的饮食，而不是只吃肉。科学家们怀疑肉类食物最多占原始人类总热量摄入的30%。

另一种说法是我们的祖先不吃任何谷物。许多支持旧石器饮食法的人认为，人们是在农业革命之后才开始吃谷物的，但人们

第二章
古老的身体，现代的毛病

发现了有3万年历史的磨盘和杵，换句话说，磨盘和杵比农业的出现要早得多。最近对原始人的牙菌斑化石的检查表明，我们的祖先牙齿上粘有植物和谷物的微化石残留物——尤其是大麦。旧石器时代的研究者有一个观点：富含面包、牛奶和奶酪的饮食，类似荷兰的早餐，在史前时代并不存在。

但值得注意的是，进化并没有停止。在过去的1.2万年里，一些种族群体的遗传发生了显著的变化，这些变化确保了——正如我们所看到的——欧洲人和北非人能够分解牛奶中的乳糖，从而使乳制品能够成为我们饮食中受欢迎的添加物。这种变化也同样适用于我们吃的动物、蔬菜、种子和坚果。这些东西看起来也与史前时代的完全不同，这就引出了一个问题：在史前时代有什么东西是我们可以吃的吗？沃内尔以香蕉为例，香蕉在早期是一种以种子进行繁殖的水果。而我们现在吃的所有香蕉都是没有种子的克隆水果。现代的香蕉是人类选择的，而不是自然选择的——就像我们在蔬菜水果店买到的所有其他蔬菜和水果一样。数十亿帮助我们消化食物的细菌与帮助我们祖先消化食物的细菌在基因上是不同的。

最后，让我们来看看我们的祖先是用什么来养活自己的。这个问题没有简单的答案，因为食物总是与时间和地点联系在一起。在填饱肚子方面，原始人类是具有灵活性的大师。不用说，他们只吃当地的产品，并且适应季节和环境的变化。如果某个地区的食物吃完了，他们就会转移到另一个地区。如果他们在一个植物很少的地区，他们就会吃更多的肉，反之亦然。假设在祖先

> **错位的本能**
> 古老的大脑是如何愚弄我们的

的篝火旁有一家餐馆，那么这家餐馆的菜单上会有小型猎物的肉，也会有大型猎物的肉，尤其是骨髓和内脏会被津津有味地吃光。人们经常吃草，有时去钓鱼，经常从水中捕到甲壳类动物，经常采摘原始的水果和蔬菜，从土地里拔出原始植物的根，收集坚果。如果一个部落发现了一个蜂巢，那就可以开派对了。

史前时代是如何继续影响我们的？

在我们的身体里，我们仍然可以看到史前时代的痕迹。以我们移动的方式为例，这种方式显然适应草原环境，而不适应以火车、汽车和自行车为中心的城市环境。完全适应现代生活的身体看起来会大不相同。互联网上流传着人们想象人类各种可能进化出的适应能力的有趣文章。比如说，为什么我们不像有蹄的动物一样，生来就有鞋穿呢？为什么我们仍然有小脚趾，却不能用它抓住任何东西，它除了撞到桌腿和门槛之外似乎没有任何用途。

我们还可以从自己孩子玩耍的方式中看到史前时代的痕迹。他们喜欢玩捉迷藏、跳沟渠、牛仔与印第安人的游戏。潜意识里他们还在为生活在大草原进行练习，积累经验（"不发出任何声音地躲避捕食者"）。

男孩和女孩

在本书中，我们将无法逃避男孩和女孩的话题。尽管男孩和

第二章
古老的身体，现代的毛病

女孩有很多相似之处，但有研究表明，由于男性和女性在史前社会中扮演着不同的角色，因而他们之间有着显著的差异。受英国进化生物学家海伦娜·克罗宁（Helena Cronin）的启发，我们可以用四种特征来总结这些差异。这四个特征是天赋、品味、气质和尾部。

一般来说，男孩在测试空间视觉能力的任务中得分更高，例如将一个物体在三维空间中旋转（或者把一辆汽车停进一个狭窄的位置）。女生在言语的任务中得分更高（比如"给出尽可能多的以字母G开头的单词"）。这些差异在世界各地都存在，但在不同国家程度不同。差异的多少可能与教育的方式有关，在不同的教育方式下，性别差异可能被扩大，也可能受到抑制。此外，我们研究的是整体平均差异，因为很明显有很多女孩在数学方面取得高分。

一般来说，女孩更关注人，而男孩则更关注物体和抽象的现象。"当我能做让别人开心的事情时，我就很开心"这句话得到了更多女孩的支持。男性对无生命物体的迷恋可以从人类的一个远亲身上看到。当我们让长尾猴在不同类型的玩具中进行选择时，雄性长尾猴更有可能选择汽车，而雌性长尾猴则倾向于选择洋娃娃。

接着是性格上的差异。总体而言，男孩比女孩更有竞争性，更愿意冒险。他们会想出最疯狂的事情来竞争，如果他们输了，他们就会发明一些别的东西来使自己占上风。这个竞争列表很长：从烹饪比赛到世界留胡子锦标赛，或者一项最新的运动——

错位的本能
古老的大脑是如何愚弄我们的

极限熨烫（决出谁能在极具挑战性的环境中最漂亮地熨烫衬衫，例如在高高的悬崖上或在开阔海面的帆船上）。

最后，在正态分布的"尾部"，所有像智力和冒险行为这种特质，存在极端显著的性别差异。虽然在各方面男性和女性的分数有很大的重叠，但令人惊讶的是分数的分布。极端的分布在男孩中比在女孩中更普遍。用智力水平举例，虽然男人和女人的平均智力水平没有差别，但相对来说，你会在男人中发现相当多的天才和同样非常多的傻瓜。而在女性中，这种分布没有那么极端。拥有平均智力水平的女孩比拥有平均智力的男孩多。这最后的一个差异可能源于自然界中性选择的作用，即雄性为了获得雌性的青睐而相互竞争。无论如何，大多数女性总归是能生孩子，而男性则要付出更多的努力。这意味着男性之间的竞争更激烈，这反过来又造成了男性特征的更大差异。

农业革命

当人们开始在固定的地方定居并饲养动物时，人们的饮食和生活方式就在相对较短的时间内发生了变化。这对人口规模（增加）和人类的体型（缩小）产生了影响。在农业革命的最初阶段，可获得的能量减少了，这可能是因为人类的饮食变得不那么多样化，再加上相当多的农作物歉收。

为什么人们继续农耕，而不是简单地回到游牧生活，学者们对此意见不一。前十几代农民吃得不好，所以平均身高很快就下

第二章
古老的身体，现代的毛病

降了（这与潜在的遗传带宽有关：如果你吃得好，你就会长高一点儿；如果你吃得不好，你就会变得更矮一点儿）。然而食物虽然不那么健康，但足够使人们生更多的孩子。游牧的祖先平均会有两个孩子，但农民可以在他们定居的地方安置更多的孩子。随着人口的增长，对更高质量、高效率农业的呼声也越来越高。一些农民想要放弃他们已有的农业生存方式，但其他人已经投资种植谷物作物，并且不想放弃这一切。

自从我们掌握了农业，我们的生活方式就从根本上改变了。一些谷物和乳畜不仅在我们的饮食中，也在我们的生活中开始占据主导地位。它们削弱了我们搬家的意愿，于是我们在它们附近永久定居。结果是，我们的运动量远远少于我们狩猎和采集的祖先。家庭规模的扩大，也对养育子女产生了一些影响。儿童必须在学校和作坊接受更正规的训练，以满足迅速发展的部落更专门化的要求。在很短的时间内，我们的生存发生了180度的变化，而工业革命更是加剧了这种变化。这样，我们身体就吃亏了。

母与婴

在农业艰难的初始阶段之后，我们的出生体重增加了，这带来了很大的痛苦。即使在史前时代，分娩也是一件相当大的事情，因为人类的脑袋很大（人类需要足够大的大脑才能在大群体中生存和繁衍），而女性的产道很紧。这被称为"产科困境"：

错位的本能
古老的大脑是如何愚弄我们的

女性拥有更宽的骨盆,需要以牺牲她们身体的协调性和灵活性为代价。婴儿们通过一条非常狭窄的通道离开他们临时的居住地。农业革命加剧了这种失配。

据一位产科专家说,父亲希望在孩子出生时在场的现象是另一个失配的例子。这是一种进化的新现象,只会增加母亲的压力,不利于分娩。当一个孩子出生时,父亲最好是去酒吧,在那里等着。

人类婴儿很脆弱,他们需要帮助。这就是为什么他们倾向于待在妈妈身边,妈妈可以在他们需要吃东西的时候喂他们。纵观历史和文化,婴儿和他们的母亲一起睡(通常也和他们的父亲一起睡)。这在西方国家也很普遍,直到19世纪,一种认为父母和婴儿一起睡觉是不健康的文化观念才发展起来。它基于最疯狂的理论:和婴儿睡在一起会刺激婴儿的性欲,或者增加婴儿成为同性恋的可能性。还有人担心母亲会压在孩子身上睡着,让孩子窒息而死。这是一个完全的失配。

印第安纳州母婴行为睡眠实验室的人类学家詹姆斯·麦克纳(James McKenna)对婴儿的睡眠行为进行了广泛的研究,并且驳斥了最近有关这一主题的所有文化谬论。他的研究表明,婴儿和父母一起睡觉是安全且有益的。婴儿的神经系统还没有完全发育,这意味着他们有时会"忘记呼吸",在极端情况下会导致婴儿猝死。当婴儿睡在母亲身边,经常醒来吃奶时,就不太可能忘记呼吸。婴儿会模仿他们父母的呼吸模式,这使他们保持警觉。父母翻身还能促进孩子呼吸。

第二章
古老的身体，现代的毛病

婴儿与父母共同睡觉的另一个益处是，由于夜间喂食相对没有问题，这些婴儿摄入的能量比单独睡觉的婴儿多（在许多情况下，单独睡觉的婴儿所用的奶瓶必须用奶瓶加热器加热）。喝母乳摄入的免疫元素比喝瓶装牛奶多得多。在这方面，文化也起了一定作用。在18世纪的西欧，母乳喂养在一些圈子里开始被视为穷人的习惯。人们更喜欢给婴儿喝掺水的牛奶，甚至是糖水。奶瓶喂养是一个会让婴儿大脑做出积极反应的虚假线索，但最终对母亲和孩子都有负面结果。沃尔夫冈·阿玛多伊斯·莫扎特（Wolfgang Amadeus Mozart）的一个故事表明，他是被糖水喂养长大的，因为人们认为糖水比母乳更文明。这也许可以解释为什么他自己英年早逝，以及为什么他的六个孩子中有四个在三岁前就去世了——他采取了同样的喂养习俗。

糖水或稀释的牛奶比不上母乳，因为母乳含有许多对人体有益的物质，包括溶菌酶（抗菌）、脂肪酶（杀死寄生虫）、生长因子（免疫系统编程器）、抗体、表皮生长因子、干扰素（杀死病毒）、白介素和肿瘤坏死因子（抗炎）、乳铁蛋白（吸收铁）、益生元（有益细菌的食物）、核苷酸（促进免疫反应）、牛磺酸（支持脑组织）、乳糖（帮助大脑生长）等。母乳中所含的乳糖是牛奶的两倍。不可否认，奶牛的大脑没有我们大。

所有卫生组织，如世界卫生组织，都建议母亲们母乳喂养孩子，因为母乳中的营养是免费的，容易消化，随时可以获得，温度合适，没有潜在的细菌感染。对于婴儿来说，也有许多已被证实或假定的益处。母乳喂养的婴儿吐得更少，患肠胃

> **错位的本能**
> 古老的大脑是如何愚弄我们的

炎的概率也更小，患糖尿病、肥胖和过敏的风险也更低。在婴儿年龄稍长之后的好处还有，更低的血压、更好的牙齿和更高的智力测验分数。但受益的不仅仅是孩子们，母乳喂养对母亲也有好处：母乳喂养超过六个月的妇女患各种癌症的风险降低。

在荷兰，母乳喂养孩子的女性数量直到最近还在上升。在20世纪70年代，在荷兰只有47%的妇女母乳喂养婴儿，2007年这一比例为81%。然而，三年后，尽管政府和世界卫生组织提出了建议，这一数字依然已缩减至略低于74%。如今，仍旧用母乳喂养的主要是年龄较大和受过高等教育的母亲；在较年轻和受教育程度较低的母亲中，用母乳喂养孩子的女性数量近年来有所下降。

显然，在许多情况下，除了给婴儿喝奶粉，没有其他选择。没有人应该为此感到内疚，因为如今奶瓶喂养是一个非常好的选择。本书的一位作者的母亲健康状况不好（事实上，现在仍然如此），所以他从出生的第三天起就只喝瓶装水。除了患有哮喘、过敏、肩膀松弛、身体退化、无精打采之外，这对他来说没什么影响。尽管如此，我们不应过于轻率地考虑奶瓶喂养。在文化的帮助下，我们适应了现代的生活环境。一种文化创新是给婴儿吃人造婴儿食品。但是，无论这种方式多么方便、实用和先进，当没有令人信服的医学理由证明母乳喂养不好时，奶瓶喂养仍是可以避免的失配。

第二章
古老的身体，现代的毛病

睡眠有什么问题？

在史前时代，人们一晚上睡两个或多个周期，因为必须有人看守火。在中世纪时期，每晚睡几次觉在我们这部分地区也很常见。人们会睡几个小时，醒一会儿，然后再睡。这种"第一次小睡"或"死睡"在拉丁语中被称为"concubia nocte"，在意大利语中被称为"prima sonno"，在法语中被称为"premier sommeil"。人们发现15世纪的祈祷书在两个睡眠时段之间有特别的祈祷词。还有一个来自16世纪医生的迷人建议。他告诉他的已婚病人在两次睡眠之间完成他们的婚姻生活，因为晚上这个时间段不仅乐趣更大，而且怀孕的机会也更大。

上层人士睡在豪华的四柱卧床上，床上还挂着一块布，以确保灰尘和害虫不会落入他们熟睡时张开的嘴里。在许多地区人们是在像箱子的床里直立着睡觉，因为人们担心过多的血液会流向他们平躺着的头，而这会导致脑部出血（这是文化失配的一个很好的例子，因为这种关联从未被证实）。

我们所知道的8小时连续睡眠很可能是近代由于工业革命才出现的。19世纪期间，劳工和其他工作人员的工作时间开始变成每天12小时，有的人甚至工作14小时（这是职业道德的失配，我们会在第四章看到），因为他们非常疲惫，所以他们会一连睡一整夜，而不再是一次睡两个或两个以上的周期。医学建议也表示最好停止两个阶段的睡眠，尤其是对儿童而言。1829年的一份医学杂志建议：如果孩子在第一轮睡眠后，翻身再睡第二轮，父母要严厉地训斥他们。

在原始时代，孩子和父母睡在一起，可能盖着动物皮。母亲们的婴儿就在身边，蹒跚学步的孩子也睡在身边。农业革命之后，这一习俗依然存在。在中世纪，随着住所变得越来越拥挤，家庭成员一起睡在一个空间里，而且经常和动物睡在一起。难怪他们不能一觉睡到天亮：一定是跳蚤把他们逼疯了。

随着19世纪和20世纪的经济繁荣，让孩子们拥有自己的房间开始变成惯例。多年来，医生和心理健康护理专业人士建议孩子们分开睡觉，不应该和父母挤在一起睡。有人认为，睡在父母卧室的孩子有更多的睡眠问题，长大后会变得软弱无能。

这远非事实。强迫孩子单独睡觉是另一种错误的文化创新，一种失配。如果孩子从小就可以选择在父母的卧室过夜——如果他们愿意的话——他们就会变得更自信，行为问题更少，不容易受到同伴压力的影响，感到更快乐，对自己的生活更满意。和不与父母睡在一起的孩子相比，他们更不容易表现出有压力。正如美国儿科医生兼教育家威廉·西尔斯（William Sears）所说："在过去30年的儿科实践中，我们观察了共同睡觉的家庭，发现了一个突出的医疗好处，即这些婴儿茁壮成长。'茁壮成长'不仅意味着体型上越来越大，还意味着在情感、身体和智力上能充分发挥自身的潜力。"

第二章
古老的身体，现代的毛病

青春期

当青少年下次再把一切都怪在父母头上时，这些父母可以争辩说，这不是他们的错，而是农业革命的错。由于更好的教育和医疗保健，我们身体的发育已经与大脑的发育脱节了。我们主要讨论的是青春期及所谓的青少年大脑。相关假说认为，在原始时代，我们的身体和大脑是平衡的：一旦一个人在生理上性成熟，他们的心理也会成熟。当年轻人性活跃时，他们就更愿意要孩子了。农业革命使我们的身体发育得更快，而我们的大脑却落后了。年轻女性会从环境中获得信号，煽动身体变得活跃。比如，因为她吃了高热量的食物，或者其父亲因为离婚而不在身边，而女孩想要尽快和"一个男人"组成家庭。但从心理上来说，这个女孩还没有准备好怀孕（下一章将详细介绍）。

大脑和身体发育之间的差异明显增大了，因为我们生活在一个比原始时代更加复杂的社会环境中。男孩和女孩不仅有一个大家庭，他们也有很多朋友和同事，他们在社交媒体上参与另一种生活，这种生活既生机勃勃又令人窒息，他们必须进行职业规划、挣钱，具备所有成为成功成年人所必要的认知和社会技能。这就是身体发育和大脑发育不同步的原因。用通俗的话来说就是：我们的孩子更少地倾听他们的身体，而他们的身体也更少地倾听他们思想。他们甚至更不听父母的话，这种不友好是失配的。

教养失配

在现代环境中，养育孩子的许多挑战会蒙蔽我们的双眼。首先，我们必须解决大家庭的问题，这个问题在史前时代是不存在的，是在农业革命之后才出现的。有关父母对自己子女的投入，年龄越小投入越少。研究表明，在大家庭中，年龄最小的孩子在事业、健康和长大后生儿育女方面的表现更差。

另一个诱发这种失配的社会问题是不断变化和日益复杂的家庭构成。进化心理学家戴利（Daly）和威尔逊（Wilson）对所谓的"灰姑娘效应"进行了调查：继父母和非亲生的教育者虐待和忽视儿童的概率增加。在虐待儿童和杀害婴儿的案件中，继父母似乎比亲生父母占据更大的比重。研究还表明，在一个家庭中既有亲生子女又有继子女的父母，会优待自己的亲生子女而不是其他子女。

与祖先时代不同的是，如今的孩子们身边更有可能都是他们的同龄人，而不是不同年龄的人。这导致了大量的竞争、压力和斗争，而这些对学习过程有不利的影响。孩子们可以从年长的榜样那里学习东西，特别是从比他们年长的孩子那里。但是在现代社会中，孩子们每天大部分时间都和同龄人在一起，和现在及以后的竞争对手在一起。这使得整个社会更具竞争性和个人主义色彩。伴随而来的一个问题是，孩子们也不能实践他们的"为人父母的能力"（例如，年长的孩子身为榜样照顾群体中年幼的孩子），因此他们成了更糟糕的父母。

教育系统并不总是以一种进化上健全的方式激励孩子，而这就导致了失配。在我们目前的学校体系中，重点是认知能力而不是社会情感的发展。换句话说：我们宁愿孩子们学习知识和相互竞争，也不愿他们学习怎样一起生活和工作。婴儿的大脑也并不总是能很好地适应它必须处理的信息。测试显示，在英国，20%的小学生阅读能力不足；10%的儿童是"功能性文盲"。据估计，多达200万的英国儿童对数字和数字运算有困难。在美国，3200万人（约为美国人口的14%）不识字。阅读困难和计算困难是失配的结果。婴儿的大脑适应的是原始的大草原环境，在那里没有书写和代数。这些都是进化上的新奇事物，我们的大脑仍在努力适应。

注意缺陷与多动障碍

注意缺陷与多动障碍（ADHD）也体现了一种失配。2000年，据估计有3%~5%的儿童出现了这种障碍的症状（极端冲动行为、注意力不集中、烦躁不安和学习困难）；在以后的几年里，这个数字上升到7%~8%，如果我们再等几年，总有一天每个人都会患ADHD。媒体把这种病描述为一种流行疾病。无论是不是自我诊断，总之如果你的孩子中没有一个被诊断患有ADHD，那么你家就不算个现代家庭。

研究告诉我们，这种障碍存在于所有文化中，但男孩比女孩更普遍。进化科学家会自发研究这种行为在祖先环境中的适应性功能。ADHD 的特征是冲动、好奇和过度探索行为。在我们祖先生活的一些环境中，创新可能是有利的：如果你在食物稀缺时期保持沉默，你就不太可能生存下来。在某些情况下，冲动和好奇是保证生存的最有利特征。这可能更适用于男孩，而不是女孩，因为女孩倾向于待在离营地更近的地方。问题是，在我们的社会中（在这个社会中，我们并非都是游牧和爱冒险的），男孩的这种先前被认为正常的行为，现在变成了坏事。ADHD 可能是我们给那些在学校里无法坚持从 9 点到 3 点半安静坐住的男孩贴上的标签，随之而来的是各种诊断问题、冲突和药物治疗。

根据我们的失配理论，没有药物可以治疗 ADHD 这种"新"疾病。然而，有一些药物可以缓解症状。丹麦的一项研究表明，这种药物的使用在 2003 年至 2010 年间急剧上升，主要是在美国，5% 的学龄儿童通过服药来调节自己的行为。据估计，这会产生 3600 万到 5200 万美元的营业额。我们怀疑孩子们还会继续服药很长一段时间。

人老身不老

我们旧石器时代的祖先面临许多困难：他们可能受伤和感染，遭受掠食者的攻击，与邻近部落发生许多暴力冲突。他们的免疫系统正全速运转，非常活跃；他们的食物中含有脂肪酸和碳水化合物，比例均衡。他们吃的野生植物和水果（他们可以从数

第二章
古老的身体，现代的毛病

百种不同的物种中选择）使他们的免疫系统发育得非常好，从而抵御严重的威胁。

在农业革命之后，我们的生活环境在营养、住房和社会凝聚力方面发生了惊人的变化。事实上，这些变化发生得如此之快，以至于我们的免疫系统已经跟不上了，不过由于更好的卫生、永远触手可得的高热量食物和日益先进的医疗保健，我们的平均寿命越来越长。

我们的身体正在变老，但我们的大脑和免疫系统却无法跟上衰老的步伐。在远古时代，当一个人到了某个特定的年龄，大脑就会发出信号，表示他们的工作完成了。他们可以去森林里找个地方，慢慢让生命消失在甜蜜的遗忘中。但在现代，我们的身体完好无损，而我们的大脑却在衰退。阿尔茨海默病、痴呆症和癌症等疾病在史前时代都没有出现过，在今天的狩猎采集群体中也没有出现过。

问题是我们的身体是否有能力活到100岁或100岁以上。我们面临着不断扩散的恶化细胞、功能不良的器官、有缺陷的身体部位、脆弱的免疫系统（不再能够抵御感染）及无法继续处理问题的大脑。卫生服务正在全速运转，为了让老年人能够活动自如，他们正在积极地为老年人提供新髋关节、移植、药物和手术。

享受美食

实验一：当给孩子一碗纯蓝色的 M&M's 巧克力豆时，他们只会吃几颗。如果只给他们绿色的巧克力豆,同样的事情也会发生。但如果给他们提供一碗色彩斑斓的巧克力豆,他们的食量就会激增。甜食是一个夸张的线索。

实验二:当实验室里的老鼠被喂食高脂肪食品时,它们会狼吞虎咽地大吃一顿,直到饱了才停止进食。当同样的老鼠被喂食甜食时,它们会再次狼吞虎咽,直到它们摄入了足够的甜食,然后停止进食。当老鼠吃了足够的脂肪或糖后,它们似乎有一种天然的抑制能力。但是考虑一下,当同样的老鼠面对的是既甜又油腻的东西时的情况。它们贪婪地狼吞虎咽,直到吃下足够的食物——但它们不会停下来。甜味和脂肪的大量结合在自然界中实际上是不存在的。因此,这是一个虚假的线索的例子。老鼠在面对这样的食物时不知道什么时候该停下来,因而会装满自己。人类也一样,不知道什么时候该停下来。而且正是人类发明了这种既含高脂肪又甜的食物。这是一种有着巨大影响的失配。

2013 年,普利策奖得主迈克尔·莫斯(Michael Moss)值得称赞的《盐糖脂肪》(*Salt, Sugar, Fat*)一书问世。它研究了食品工业如何设法说服消费者继续食用和购买明显不健康的甜、咸和高脂肪产品。他的论点中有一个关键术语是所谓的"满足点":盐、糖和脂肪的完美结合会使我们的大脑晕眩,让我们不计后果地吃下去,即使我们不再有丝毫的饥饿。全世界的食品科学家都在努力工作想要创造大量产品的"满足点"(软饮料、休闲食品、谷物、乳制品、冰激凌、即食食品、加工肉类和鱼)。

第二章
古老的身体，现代的毛病

产品中的一切（从包装、刺激唾液分泌的添加剂到熔点和质地）都要有助于消费者持续的狼吞虎咽。谁能打开一包咸味薯片只吃一半呢？更重要的是，食品行业的营销预算令人眼花缭乱：仅在美国，2012年就花费了46亿美元在营销上。

莫斯的书描述了令人震惊的事实——食品行业如何完美地利用"满足点"和营销手段，从而使整整几代人变得更胖、更贪吃、更不健康。我们有必要将其与烟草业进行比较，因为消费者实际上已经对这些令人兴奋的食物上瘾了，而这些食物从长远来看会造成破坏性的后果。一些食品巨头——像烟草业的同行一样害怕法律索赔——试图减少食品中盐、糖和脂肪的含量，但这些"减少后"产品的销售立即下降。毫无疑问，相对健康的产品会从货架上消失，因为如果有什么比道德更重要的话，那就是利润最大化。幸运的是，在政府和消费者组织的压力下，这些健康版本的食品现在越来越多地在超市里出售，这表明人们正在努力解决这些食品失配的问题。

旅行失配

我们的旅行越来越频繁，目的地越来越远，这带来了积极的影响：世界正在开放，我们的视野正在扩大，文化和基因上的近亲繁殖正在消失。然而，与旅行相关的是许多失配的问题，因为我们的身体和大脑并没有很好地适应它。荷兰作家塞斯·诺特博姆（Cees Nooteboom）曾经写过，如果你去一个遥远的地方，你的身体乘飞机旅行,但你的思想却乘着蒸汽船。失配表现在对飞行的恐惧。原始人类不习惯在空中从一个地方飞到另一个地方,这就是为什么许多人不愿意踏入飞机这只铁鸟。此外还有时差问题。如今,我们坐上飞机能在12小时后到达美国西海岸。以色列免疫学家研究了时差对小鼠和人类的影响。时差大的长途飞行会影响我们的肠道微生物。其中一个结果是,我们体内的细菌会在长达两周的时间里完全不健康,从而增加了葡萄糖耐受不良甚至肥胖的概率。根据这项研究,经常乘坐长途飞机的人有慢性健康问题的风险较大。

长途旅行造成的另一个失配是病毒和传染病的传播。自从农业革命以来,我们的人口密度显著增加;接着,自从工业革命以来,我们的流动人口越来越多,特别是在民用航空出现之后。全球禽畜贸易的增加也造成了越来越大的风险。流感、埃博拉(Ebola)、严重急性呼吸综合征(SARS)、猪流感(H1N1)和禽流感等流行病有可能毫不困难地传播到整个地球,过去也确实发生过。从历史上我们知道一些大规模的疾病暴发。在公元165年到180年间肆虐的所谓的安东尼瘟疫,据估计造成了500万人死亡。同样的,黑死病在1347年到1352年之间肆虐,造成了大约2500万人的死亡,占当时欧洲人口的1/3。最有可能领先的是西班牙流感,它在1918年至1920年间造成了2000万至5000万人死亡。还有艾滋病,过去和现在都是一个真正的杀手,迄今估计有4700万受害者。

鼠疫在欧洲大陆造成混乱的时期,疾病传播的方式很明显:

第二章
古老的身体，现代的毛病

旅行者们携带病毒从一个村庄到另一个村庄，从一座城市到另一座城市。如今，机场是最大的配送中心。芝加哥西北大学的研究人员在《科学》(Science)杂志上发表了一种他们开发的用于预测疫情暴发的模拟方法，这种方法不是通过测量距离，而是通过观察国际机场之间的连接方式来达到目的。现在的病毒方便地坐飞机旅行，就像我们一样。

流感、埃博拉和艾滋病等病毒仍在变异，它们利用了失配。科学家们正在对引起疾病的病毒进行基因改造，以便控制它们并找到治疗方法。而有的科学家对此感到担忧，比如斯蒂芬·霍金(Stephen Hawking)，他曾说过，无论是出于意外还是精心设计，人类都可能会被一种破坏性的基因工程病毒毁灭。

健康问题

古生物学家在化石残骸中发现了一小捆药用植物，这表明我们的祖先很早就开始从事医学工作。他们还发现了史前头骨上的钻孔，是用燧石工具钻的。颅骨钻孔是一种古老的习俗，主要用于应对精神错乱和癫狂。人们发现头骨被小心翼翼地切开，这一事实表明了祖先对医学的尝试。

和我们一样，显然我们的祖先也不得不与疾病和身体不适做斗争。我们知道，当生病的动物有特定的身体症状时，它们会本能地吃特定的草药，我们可以有把握地假设我们的祖先也是这样做的。他们知道在数百种植物、草药和水果（非洲至少有1000

错位的本能
古老的大脑是如何愚弄我们的

种）中，哪些是有毒的，哪些对身体疾病有缓解作用。医疗保健工作包括观察和实验，直到每个部落和国家都知道哪些矿物、蔬菜和动物材料具有治疗效果或其他效果。这些信息将代代相传，因而专攻草药、根茎和水果果实知识的个体将获得更高的社会地位——进而他们自己会有更好的生育机会。药师成了人们梦寐以求的职业。草药不仅有治疗效果，它们还可以用来实现幻觉效果，即一种可以与超验进行接触的状态。药师们和他们采摘的草药因此获得了神奇的名声。

在农业革命之后，对神性的信仰也起到了重要的作用（并且在今天对于那些重视灵性、信仰疗法和顺势疗法等自然医学形式的人来说，仍是如此）。然而，在地球上的一些地方，基于我们现在所知的医学的治疗方法出现了：包括临床诊断及关于解剖学和综合征的科学知识。最古老又著名的医生是一个叫赫西郎（Hesy-Ra）的人，他在公元前27世纪为法老左塞（Djoser）工作。

伊斯兰文明推动了中世纪的一大步发展。伊斯兰医生对古希腊和印度的医学进行了详细的阐述，为今天的医学科学奠定了基础。显微镜的发明使人类能够观察到之前肉眼看不到的微生物，从而揭示了疾病和微生物之间的联系。

目前的医学严重依赖药物和对病症的紧急治疗。预防疾病的做法要少得多，即使医生不希望如此。如今，罕见的先天性遗传缺陷占所有疾病的5%以下。根据荷兰进化内科医生雷姆科·凯珀斯（Remko Kuipers）的说法，其他大部分疾病都源于我们的

第二章
古老的身体，现代的毛病

现代生活方式。他估计，如果我们的社会关注我们的营养、超重、不运动和吸烟等问题，大约90%的Ⅱ型糖尿病、80%的心血管疾病、70%的中风和肠癌都是可以预防的。这些都是失配的后果。

坏习惯

在一家咖啡馆的露台上，我们听到两位老人在入口处抽烟时的谈话。

"在澳大利亚一切都好吗？"其中一个问道，喘着粗气。

另一个看着他。

"不。"

他举起烟，沮丧地朝着烟做了个手势。

"这些家伙30年来每天都陪着我，"他说着，吐出了烟，"我再也'举'不起来了。他们说这是吸烟的副作用。"

"我的上帝啊，"另一个人看着自己的香烟说，"他们不能早一点告诉我们吗？"

于是他深深地吸了一口。

吸烟是吸入慢燃的干烟叶。关于这一习俗有多古老的问题，是科学争论的主题。希腊内科医生希波克拉底（Hippocrates，约公元前460—公元前370年）认为特定植物的烟雾对治疗某些疾病有效。美国原住民有着悠久的吸烟传统，不仅因为烟草、蘑菇和其他植物在高剂量服用时有致幻的效果，更重要的是因为他们认为烟草是造物主赐予的礼物，可以用作止痛药和用来治疗流感。

欧洲探险家把烟草带回到欧洲，于是烟草开始了毁灭性的"胜利之旅"。在荷兰，每年约有2万人死于（被动）吸烟，美国超过48万人，全球有400万人。烟草含有或释放焦油、尼古丁、一氧化碳、一氧化氮、砷、氰化物、氨、醋酸、钋等有毒物质。烟草（可能）造成的疾病清单也很长：心血管疾病，呼吸系统疾病，牙周炎，几乎所有形式的癌症，甲状腺疾病，骨骼、关节和肌肉疾病，背部疾病，勃起问题，耳聋，黄斑变性，失明，阿尔茨海默病，等等。简而言之，我们的身体显然不适应吸烟。

尽管如此，仍有28%的荷兰人继续吸烟，这一数字与英国烟民的比例（26%）相当。荷兰电视节目《审计办公室》（*De Rekenkamer*）在2011年计算出，吸烟者可能会给社会造成巨大的损失（约24亿欧元），因为他们更频繁地生病，并且因为吸烟而中断工作，但他们也能帮助充实国库（约23亿欧元）。在英国，吸烟者每年带来的直接税收收入高达120亿英镑。荷兰烟草行业的收入约为2.3亿欧元；一个有关财政的副作用是，吸烟者平均比非吸烟者早死四年，因此花在公共卫生、社会护理和养老金方面的资金少了15亿欧元。愤世嫉俗者可能会说：继续点燃香烟吧！

吸烟被生物学家称为"昂贵的信号"，就像孔雀的尾巴对孔雀的意义一样。一只背后长着疯狂羽毛的孔雀向我们展示：我的基因是如此的强大，以至于我可以沉醉于这些美丽且疯狂的羽毛中，所以选择我作为伴侣吧！吸烟也一样。吸烟者，尤其是年轻的吸烟者，炫耀他们足够坚强和强壮，能够承受所有的有毒物质进入他们的身体；如今，他们还夸耀自己有足够的钱来投资他们这一昂贵的爱好。

不幸的是，新奥尔良大学的研究表明，平均而言，男性吸烟者比男性不吸烟者出现勃起功能障碍的概率高41%，这不利于成功生殖。每天吸烟超过20支的男性有65%的概率在晚年无法勃起。坏消息是，戒烟并不能降低这种可能性。这句话传达的信息很简单：如果你想保持"一切都井井有条"，那么一开始就不要这么做。

日光浴

当我们把皮肤暴露在紫外线下时，不仅会使皮肤老化，还会增加患各种皮肤癌的风险。紫外线不仅存在于阳光中，也存在于日光浴床灯中。研究表明，30岁之前就开始使用日光浴床的人，患黑素瘤（最严重的皮肤癌形式）的风险会增加75%。紫外线会导致皮肤DNA突变，从而破坏细胞周期。

阳光能使人体产生维生素D，而维生素D又对我们的骨骼和免疫系统有好处。除了下午的阳光能大大振作我们的情绪这一事实，阳光也确实是至关重要的。大多数日光浴床所发出的长波紫外线（UVA）并不能刺激身体产生维生素D。这就是一个虚假的线索（人工日光浴床）不能替代缺失的线索（自然阳光太少）的例子。有些灯的中波紫外线（UVB）可以使人体产生维生素

D，但这些灯的 UVB 辐射远比晴天时的自然光要少得多。

荷兰皮肤病和性病学会（NVDV）呼吁禁止使用私人日光浴床。在过去的 20 年里，被诊断为皮肤癌的患者数量增加了两倍，并且每年以 6%~9% 的速度增长。据说，在家进行人工日光浴是造成这一现象的主要原因。这是一种失配，因为我们在人为地寻求阳光，让自己看起来更健康、有古铜色皮肤，从而更有吸引力——但这只是皮肤颜色的问题。

抑郁症

抑郁的感觉是大脑的一种正常功能，是对需要注意的事件的一种警告反应。像离婚或失去所爱的人这样的压力事件可能会引发长期的情绪障碍和活力的丧失。我们现在所知道的"抑郁"很可能以一种非常温和的形式出现在史前时代。和我们一样，我们的祖先也会感到有必要从忙碌的生活中抽身，以应对失落。这在当今的狩猎采集者中也可以观察到，即使他们的社会逃避期没有那么长，也没有出现在目前的精神病分类系统 DSM-5 中（DSM-5 是由美国精神病学协会出版的精神疾病手册）。

当强烈的沮丧没有消失反倒变成自我毁灭的时候，抑郁就会变得病态。在 20 世纪，医生们得出结论，精神疾病位于大脑，由此区分了内部原因（可能是遗传型或非遗传型的劣势脑回路）和外部原因（生活的变迁）。从那时起，一个名副其实的抑郁症产业出现了，一些人认为抑郁症已经成为最常见的疾病。一些研

第二章
古老的身体，现代的毛病

究将荷兰列为"世界上最幸福的国家"，而另一些则声称荷兰有超过 100 万人在服用抗抑郁药物。

对卡卢里人（Kaluli，巴布亚新几内亚的一个狩猎采集群体）精神疾病的研究表明，他们几乎不存在临床抑郁症，尽管这些人和西方人一样，受到疾病和亲人去世等重大挫折的困扰。狩猎采集生活似乎具有很强的抗抑郁作用。用临床心理学家史蒂芬·伊拉迪（Stephen Ilardi）的话来说："在日常生活中，他们很自然地会做一些事情来阻止自己变得抑郁，这些事情比任何药物都更能改变大脑，包括定期锻炼、摄入大量的 ω-3 脂肪酸、参加活跃的社交网络、保证充足的睡眠，等等。"

我们不希望表明，抑郁症能够用跑步、吃鱼、保持友谊和不时地进行恢复性的午睡来轻松解决或预防，而是认为在我们的现代环境中，有一些力量使得我们处理压力事件更加困难。抑郁症最重要的预测因素之一——孤独，并不存在于我们祖先强大的社会结构中。

我们的祖先生活在非洲，那是一个昼夜节律相当稳定的广阔舞台。离开非洲后，人们来到了那些夏天太阳不下山或很少下山，冬天太阳几乎不出现的地方。医生们谈到季节性情绪失调症（或称 SAD，不要与我们将在第九章讨论的 SADD 效应混淆），其主要特征是人们会在白天变短时变得抑郁。在高纬度地区（如挪威、瑞典和加拿大），这是一种相当普遍的现象，而在冰岛却没有发生——可能是因为冰岛人的遗传倾向性。SAD 的症状是过度疲劳、紊乱的饮食模式、易怒和普遍的忧郁。在日本和欧洲，北部的自杀人数比南部多，这可能就有 SAD 的原因。研究表明，抑郁会使自杀的风险增加 15~20 倍。

治疗 SAD 的方法有很多种（人造光和抗抑郁药），但最简单的方法是暂时搬到一个冬天有阳光的地方。为什么不多安排一个去祖先生活环境的假期呢？

自杀

自杀是一个进化之谜。失配理论能解决这个问题吗？根据《柳叶刀》（*The Lancet*）上的一篇文章，平均每 40 秒世界上就有一个人自杀。每年这一数字相当于 100 万人。一项谨慎的估计显示，除此之外，每年还至少有 2000 万人自杀未遂。

1897 年，法国社会学家埃米尔·杜尔凯姆（Émile Durkheim）出版了他的著作《自杀论》（*Suicide*），书中记录了他对自杀的大规模调查。尽管这本书后来受到了严厉的批评，但杜尔凯姆的许多发现仍旧导致了人们对自杀的普遍态度的改变。杜尔凯姆指出，从农村搬到城市的农民死于自杀的风险更高。他认为这是因为这些农民的社会联系会迅速消失的缘故。这与后来由社会学家托尼·沃特斯（Tony Waters）等人进行的对当今狩猎采集群体的自杀行为的人类学研究是一致的。虽然暴力是古代的秩序，但是自杀对于过着传统生活的狩猎采集者来说却是一个未知和不可想象的现象。直到这些部落开始（半）永久定居，现代生活开始控制了他们。多项研究表明，经历了生活方式急剧变化的群体，

第二章
古老的身体，现代的毛病

由于酗酒、离婚、青少年犯罪、精神疾病、非法性行为（也称为"年龄垂直性关系"）及社会关系和社会的彻底解体等问题，他们的自杀率会很高。一个快速变化的社会似乎缺乏许多在传统社会中能够提高社会凝聚力的线索。

杜尔凯姆的著作还表明，自杀的人中，男性比女性多（尽管已婚无子女的女性是一个例外），单身的人比已婚的人多，新教徒比天主教徒和犹太教徒多，士兵比平民多，斯堪的纳维亚人比其他欧洲人多，和平时期自杀的人比战争时期自杀的人更多（例如，1866年奥地利和意大利之间爆发战争时，两国的自杀人数都下降了14%）。阿姆斯特丹自由大学2014年的一项研究也揭示了男性自杀者比女性自杀者多这一现象。2013年，荷兰有1854人结束了自己的生命。而前几年每年的自杀人数在1300至1600之间波动，与此前相比，这是一个相当大的增长。临床心理学家认为，这种增长与经济危机有关。自杀的人大多是中年男性。阿德·克霍夫（Ad Kerkhof）教授在接受荷兰报纸《忠诚报》（*Trouw*）采访时表示，男性不像女性那样深深扎根于生活中，"他们的身份只来源于一件事：他们的工作"。在原始时代，没有工作，男人可以通过各种方式提高自己的地位。

为什么有些人明明能够成功地将自己的基因传递下去，却选择吊在绳子上，让自己失去这种前景呢？从进化的角度来看，这是毫无意义的。跳楼自杀的年轻人不再能有孩子，放弃生命的老年人不再能照顾他们的孩子或孙辈。为什么人类会有这种破坏性的行为呢？

错位的本能
古老的大脑是如何愚弄我们的

弗朗斯·德瓦尔（Frans de Waal）表示，抑郁情绪并不局限于人类。负面情绪可以追溯到很久以前。比如黑猩猩，和我们一样，既能感到快乐和热情，也能感到无聊、悲伤和忧郁。然而，黑猩猩不会自杀，而我们会。

人类学家梅雷迪思·斯莫尔（Meredith Small）提出的一种失配的解释是，自杀尝试的主要目的不是自杀行为本身。企图自杀的人数远远大于成功自杀的人数。斯莫尔说："这些通常被称作求救的行为确实改变了幸存者及他们周围的人的生活。"在最好的情况下，自杀尝试被视为一种警示信号，于是，这就全靠企图自杀者周围那个试图纠正错误想法的爱心人士了。所以说，自杀尝试可以拯救生命。但最坏的情况是有人真的死了。根据这一理论，实现自杀是自杀尝试的一个恼人的副作用。由于我们的文化创新，现在结束生命变得相对容易了——在我们现代的城市环境中有高楼大厦和大量的高速列车——这种影响会比以前更大（更多关于自杀的内容见第九章）。

汽车失配

1869年8月31日，名声很好的北爱尔兰业余画家兼科学家玛丽·沃德（Mary Ward）与她的丈夫和两个堂兄弟（蒸汽技术领域的先驱）出去转了一圈。他们乘坐的是一辆由蒸汽机推动的汽车。蒸汽汽车已经出现好几年了，甚至还引入了最高限速［在乡村是每小时4英里（1英里=1.609千米），在城镇和城市是每

第二章
古老的身体，现代的毛病

小时 2 英里]。当汽车拐弯时，42 岁的玛丽·沃德被甩出了座位，结果被压在了车轮下面。她摔断了脖子，当场死亡。这使她成为第一个因机动车交通事故死亡的人。

140 年后的今天，交通事故死亡已成为一种名副其实的全球流行病。每年都有大量的致命事故发生。2004 年，据估计有 120 万人因交通事故死亡（包括 25 万名儿童），5000 万人受伤（包括 1000 万名儿童）。在 20 世纪，大约有 6000 万人死于交通事故，粗略估计相当于第二次世界大战期间的死亡人数。由于我们渴望能够以越来越快的速度行驶越来越远的距离，因而我们实现了坐车从 A 地到 B 地的可能，这是一种文化创新。交通事故背后有三个因素：司机、车辆和道路。我们的身体已经适应了走在动物后面和采集坚果，但不适应在所有可能的天气条件下，与其他数百名道路使用者一起，坐在汽车里以每小时 75 英里的速度在高速公路上狂飙。

当然，我们已经做了很多工作来调整生物特性和技术发展之间的明显失配（驾驶测试、考试、最大速度限制、安全带、酒精限制、安全规定、盲点镜、测速摄像机、创造"交通安全的主观体验"以刺激道路使用者更集中注意力），但在我们禁止使用汽车之前，还会有更多的玛丽·沃德。

现代的身体

正如人类大脑的创造力是所有失配的原因一样，人类有成百

| 错位的本能
| 古老的大脑是如何愚弄我们的

上千种方式、方法和想法来抵消失配,或者将失配变成匹配。

显然,我们可以选择什么都不做。什么都不做永远是一种选择。如果最终因为没有人会冒着风险和一个爱吃垃圾食品的烟鬼在一起,那么自然选择就会留下那些饮食健康、不吸烟、爱运动的人,这难道不好吗?毕竟,前者拥有后代的机会已经减少了。这对他们来说很糟糕,但对他们之后时代的人却不是。不让有坏习惯的人住院治疗,或者不让他们买保险,这些尝试性建议很快就会带有反社会的达尔文主义味道。

对更高营养的进一步关注可能需要更多的支持。这要从胸部说起——母乳喂养!例如,阿姆斯特丹自由大学医疗中心的产科病房在2015年引入了一种做法,即所有留在医院的婴儿都将获得母乳——要么来自他们的母亲,要么来自代理母亲(使用那个美丽的老式术语:奶妈)。

我们还应该在晚年更加关注营养。我们可以从我们的祖先那里学到:多样的营养是更好的营养。我们指的并不是食品行业提供的多样的产品,因为正如克里斯蒂娜·沃内尔展示的,加工食品(无论是鸡肉汉堡、蛋糕、克鲁兹利奶酪还是蛋奶沙司)在大多数情况下都只使用三种原料:玉米、大豆和小麦。我们早就适应了尽可能多地吃不同的新鲜食材:挂在树上等着我们采摘的成熟水果,或者刚刚发芽的植物的根。我们的祖先吃新鲜的食物,然后把它们全部吃光(不仅是果汁,还有果肉;不仅是糖,还有甜菜)。我们可以通过少吃加工食品,少吃糖、脂肪和盐,多吃新鲜的季节性食物,来解决整个营养失配问题。

第二章
古老的身体，现代的毛病

成千上万的研究告诉我们，我们活动得不够多。每天，我们都需要多走路、骑车、跑步和做其他锻炼。这对身体健康有好处，对预防阿尔茨海默病等疾病有好处，对我们的免疫系统也有好处。罗马人早就知道：健全的精神寓于健全的身体（men sana in corpore sano）。坚持身体运动是有必要的。

研究表明，运动和营养是密切相关的。如果你想减肥，光靠运动是不会成功的。消除这种失配的方法有：不在餐厅吃油炸食品，控制摄入肉类；骑车上班，引入无车日，不在市中心开车；站着办公，边走边开会，而不是围着桌子坐着开会。政府可以建立"全民健身中心"，所有公民都是免费会员（可能由废弃的商业健身中心经营）。

那么教育失配呢？在荷兰，现在有220所Jenaplan学校（以德国小镇耶拿命名，耶拿是这一教学理念的发源地），学校将相邻两个年级的学生安排在一个教室里，希望孩子们能互相学习。例如，五年级的学生向六年级的学生学习，而六年级的学生也同样受益。蒙特梭利学校也基于类似的原则，但是是将三个年级的学生分为一组。当然，这个想法还可以进一步发展。小学也可以创建八个"部落"，而不是八个年级。每年，每个部落会接收一些新的儿童，又会失去一些将要继续接受中等教育的年长学生。

现代人类起源于狩猎采集文化，在这种文化中，男性和女性的角色有明显的区别，这可能解释了空间和语言素质的平均差异。让我们来研究一下，我们如何能让男孩变得不那么吵闹、不那么好胜、更有同情心，以及我们如何能以一种让女孩做得更

| 错位的本能
| 古老的大脑是如何愚弄我们的

好、更享受技术教育的方式来组织技术教育。但是,不管从科学角度还是从社会角度来看,忽视存在的差异都是不负责任的。如果我们想要做一些关于前列腺癌或乳腺癌的事情,不用说,每个人都会认为我们应该专注于一个性别。但当涉及在"天赋、性格、特征和尾部"方面明显的、进化的性别差异时,我们往往视而不见。这可能就是男孩和女孩在我们的社会中不能一直生活舒适的原因。

只有学校更加重视社会行为的发展,孩子们才能更好地为进入我们这个复杂的社会做好准备。给各个年级的孩子读书都是至关重要的。我们拥有一个偏爱叙事的大脑。讲童话和故事的重要性怎么估计都不过分。网上流传的许多文章都颂扬阅读和讲故事的好处,但进化心理学家彼得·格雷认为,其中一个好处非常突出:"故事提供了一个简化的模拟世界,帮助我们理解并学会驾驭复杂的现实世界。在现实世界中,我们理解起来最具挑战性的,同时也最关键的方面,就是社会方面。知道如何处理邪恶和爱、如何认识他人的愿望和需要、如何对待他人以保持友谊及如何赢得社会的尊重,都是我们想要过一个满意的生活所必须培养的最重要的技能。我们喜欢的故事,我们的孩子喜欢的故事,都是关于社会的。这些故事并不会像讲座那样**明确**地告诉你如何在社会中前行。相反,它们是**含蓄**的,所以听众或读者必须以自己的方式构建课程。自己构建的课程远比那些明确传授的课程更有力量。"

另一个提示:儿童不会从太多的限制中受益。试着让他们承

第二章
古老的身体，现代的毛病

担更多的责任。与其他国家相比，荷兰对性的政策较为宽容。然而，尽管我们对性行为的处理很自由，但年轻人失去童贞的年龄绝不比欧洲和世界上的其他国家低。或许是因为这种宽容政策。我们在饮酒方面的问题要比那些有非常严格的反酒精立法的国家（如瑞典）容易处理得多。

在经济上或财政上让家庭成员更容易和祖父母住在一起或住在附近，能够突出大家庭在养育子女方面的优势。应该更多地鼓励家庭假——这在斯堪的纳维亚国家很正常。大家庭应该得到更多的帮助和监督。记住，年龄较小的孩子比他们的哥哥姐姐更难得到父母的全面照顾。英国的一项研究表明，在大家庭中，最小的孩子得到的营养更少，接种的各种传染病疫苗也更少。他们的体型也更小，平均寿命更短。换句话说，要珍惜你最小的孩子。

综上所述，我们建议你经常带你的（刚出生的）宝宝到外面去。我们的身体具备在户外生活的条件。有证据表明，花很多时间在户外的人要比那些不太花时间在户外的人健康得多。在户外散步能让皮肤附着更多的细菌，能使身体产生更多的维生素D，也能让免疫系统更好地工作。在英国的一项研究中，婴儿出生后不久就被带到儿童农场，并且经常被带到森林里散步。这有利于他们的健康。因此，我们的座右铭是（不仅适用于婴儿）：走出去，在泥里打滚，散步，活动起来，玩耍。就这么简单。

第三章　爱情，一件疯狂的小事

当两套细胞质基因融合在一起的时候，我们的生命就开始了。从那时起，你逐渐发展成了一个拥有数千亿个细胞的会呼吸的容器，你的生命就像一本书，最初这两个细胞走到一起的故事便是你生命的故事，是生命源起的故事。这个故事被日复一日地重述着，正如弗雷迪·墨丘里（Freddie Mercury）唱的"一件疯狂的小事"：爱情。此时此刻，到处都在庆祝着爱情：在成千上万的咖啡馆里，在派对上，在音乐会上，在工作场所，在超市的冰柜上，在购物中心，在街角，在教堂唱诗班，在食堂和俱乐部里，甚至在网上的聊天室和约会网站上。故事发生在哪里并不重要，当你读到这里时，有两个人会在地球的某个地方相遇、相爱，最终他们的细胞质基因会融合在一起。我们为他们喝彩。

让我们假设，我们的故事发生在一个娱乐场所，这个娱乐场所开在伦敦、兰开斯特、诺丁汉或纽基，又或者其他任何一个有人类居住的地方。我们会看到一队客人在入口处等待，门口还有一个宽肩膀保镖和一个穿着高跟鞋的"门口女郎"，他们负责筛选出高质量的客人。对于那些太年轻、太老、太邋遢或太不时尚的人，求爱的故事是不会在他们中发生的。在 21 世纪 10 年代中期，俱乐部显然不是唯一一个人们认识潜在伴侣的地方，但它是

第三章
爱情，一件疯狂的小事

一个能诱发无限想象力的地方。让我们借用一个优雅的社会学术语，放心地将它称为"交配市场"。镜头转过衣帽间，我们来到主厅。这里的人们衣着整齐，男人们穿着紧身衬衫和长裤，妆容奢华的女人穿着不给人留一点想象空间的衣服。在长吧台后面，调酒师正调制着看起来很复杂的鸡尾酒，名字像是"激情海岸"和"亚当夏娃"；酒精是优质的社交润滑剂。不同民族的游客友好地相互交融，他们来自四面八方。贵宾区的位置很有战略意义，有钱、有名、喝着昂贵香槟的客人可以在这里进行交谈。值得一提的是，男人逗得女人笑的次数要多于女人让男人笑的次数。

让我们偷偷观察一下女士洗手间，那里有一群女士正在补妆。墙上挂着口香糖、避孕套和卫生棉条贩卖机。她们在讨论着这些男人。一个女人在吃药，又一片口服避孕药，因为她早上忘记吃了。**这是女人的夜晚，美妙的夜晚**。回到舞池中，那里充斥着激动人心的节拍和炫闪的灯光，试图让兴奋的人群进入恍惚状态。在俱乐部里，人们互相发出无数的信号。在他们没有意识到的情况下，今晚这里的一切——或者为了科学的严谨性，大部分——无论高尚与否，都被对性的追求所主导。

Trimbos 研究所 2013 年在荷兰开展的一项关于外出的大型研究显示，22%的男性与他们的固定女友外出，38%的女性与她们的固定男友外出，那些没有伴侣的人基本上都处于寻觅的过程中。英国的一项研究证实：在出入俱乐部和酒吧的单身人士中，80%~90%的人不介意偶遇一个拍档——或者用更粗俗的说法，赢得一夜情。但只有一小部分人成功了，因为追求一个人并俘获芳心是一项充满不确定性的事业。俱乐部的两位成员还要跨越许多障碍才能上床，并且成功地让他们的遗传物质融合在一起。

有关"丘比特之箭"（爱）的研究显示，2/3的人相信"一见钟情"，但他们并不指望这能带来什么。此外，似乎女性多数都不太相信这一浪漫的想法，反而男性倒很愿意相信。"一见钟情"是一个不太明确的概念，不如让我们称之为"一小时内的爱情"。在爱情发生前，免不了有聊天、窥探和谋划这类故事的发生。与此同时，这两个人根据各种特征对对方做出判断，如他们之间的相似性，以及对方的幽默感、可靠性和智慧。潜意识里，她更关注他的口才，从中可以推断出他的智力、社会地位和收入，以及他是否能逗她笑。而他更感兴趣的则是她的长相、年轻与否及她是否被他逗笑。在任何情况下，相比于女人，男人都更容易坠入爱河，更愿意称自己是浪漫的，并且在更短的时间里产生要和女人上床的想法。这在生物学上有一个简单的解释。女性的卵泡（或者说是未成熟的卵子）数量随着月经的到来逐次减少1000多个，等到45岁左右，卵泡就没有了；而男性的遗传物质几乎是取之不尽、用之不竭的，直到他们生命的最后一刻。更重要的是，在两性之间，由怀孕带来的负担是不平等的。当女性承受着九个多月的妊娠，并经历这之后长期的母乳喂养时，男性只要在正确的地方排出精液，就能得到同样的生殖优势。

因此，男人疯狂地热衷于和女人上床。2006年，一项研究调查了这一热衷的程度。科学家要求有吸引力的年轻女性与男学

第三章
爱情，一件疯狂的小事

生们进行一次聊天，在这一聊天过程中相当早的阶段，问他们是否想同对方做爱。3/4 的男学生不需要考虑很久便回答：当然，是的。然后研究者重复这个实验，让有吸引力的男子与女学生交谈，问她们是否想和他们上床。100% 的女性也没有考虑很久：不，当然不是。从字面上看，说愿意的女性为零。这是两性在进化利益上存在根本差异的结果。

经过一个充满舞蹈、谈话、欢笑和炫耀的闪亮夜晚后，俱乐部逐渐空了出来。不管是不是由于酒精的作用，这对奇怪的伴侣已经走到了一起。这是一对特殊的、极其迷人的情侣，尽管他们几个小时前还互不相识。他们打情骂俏、翩翩起舞，彼此吸引。他们接吻，而我们把目光移开了一会儿。他立刻陷入爱河，她则继续保持距离。他们手拉手，在甜蜜的光芒中摇摇晃晃地走出俱乐部。我们最后看了一眼我们的罗密欧和朱丽叶。爱，这件疯狂的小事。

信奉一夫一妻制的人猿

爱是答案吗？爱无所不在吗？爱是分居两个身体的一个灵魂吗？爱是一场战斗吗？爱是一种可以化敌为友的力量吗？爱是对方的幸福比自己的幸福更重要吗？任何人都能拥有爱吗？爱是在一起洗碗吗？爱是不让他的脏袜子影响到你吗？如果你上谷歌搜索"爱是……"，就会得到 2 亿多个结果。

用科学术语来说，爱是一种心理上的自适应。自然界的一切

错位的本能
古老的大脑是如何愚弄我们的

存在都在不断追求更多繁殖上的胜利:具有繁殖优势的性状会战胜没有繁殖优势的性状。当与性拍档的基因互补时,男人和女人会发现彼此更有吸引力,这是进化使然。

孩子需要父母大量的照顾,这个过程一直持续到孩子年龄很大时(特别是与其他灵长类动物相比),然后长大成人的孩子生育自己的孩子。在进化过程中,如果一个特定的性状具有繁殖优势,那么相比于没有这种优势的性状,它会占据优势地位。这就是性状在人群中传播的方式。那些不受父母养育的孩子,其生存机会明显低于受到父母积极照顾的孩子。换句话说,长时间的父母养育会带来进化优势。

有一个明显的问题是:"谁来照顾孩子?"生物学上的解决方案通常是,父母中只有一人负责照顾孩子,而这个人通常是母亲。雄性动物可以通过给雌性动物带来食物来确保其地位:"如果你为我生孩子,我将确保你有足够的食物。"这种求偶仪式,即求偶喂食,在许多动物物种中都能发现。

各种猿类在其群体中积极分享食物(例如,母鹿的肉)。有些个体比其他个体表现得更慷慨,但其中也隐藏着一定的目的。雄性黑猩猩和猕猴会将肉分给排卵期的雌性,其目的是与它们交配。这在科学上被称为"肉食换性理论"。对它们来说,"肉食换性"是一种规划未来的形式。

不同于其他灵长类动物的幼崽,人类幼崽必须得到长时间的保护和喂养,因此,父母双方都有必要承担起这个角色。在我们的进化过程中,存在一个有趣的挑战:在事成之后,如何诱导父

第三章
爱情，一件疯狂的小事

亲对他们的后代进行投资。这可不是儿戏。因为一个男人如何确定他为之付出积蓄和午后自由的基因确实是来自于他的？DNA鉴定已经解决了这种最微妙的父系关系的不确定性问题，但谁会自愿接受这个鉴定呢？

进化问题的解决方案被称为自适应。对父子关系问题的自适应就是专属夫妻制或一夫一妻制的引入。这对男性是有利的，而对女性也是有利的。在过去这就更能保障男性在照顾的是自己的后代，而女性则可以得到一个"雇佣枪手"，一个可以保护她和她的孩子免受其他居心叵测之人伤害的男人。为了使配对永久化，恋爱这一感觉就被引入了，这种感觉使我们在接近伴侣时心跳加快（但这是一个过于浪漫化的表象；事实上，这是我们的大脑在分泌大量的物质，其数量非常多）。恋爱这一感觉之后便是爱，是另一种进化上的自适应。爱是对未来的一种保险。它阻止男人在女性怀孕之后立即另寻新欢，也能够让女人向男人保证，她的孩子也是他的孩子。我们这一物种最终实现了单一配偶制，或者说，一夫一妻制。我们是最拥护一夫一妻制的猿类，这是我们作为一个物种成功包揽的一个头衔！

进化科学家在研究一个特定的特征时会注重三个关键问题：如何、何时和为何。爱是如何在人类中进化的这一问题很有趣，但它对我们的论点没什么特别的意义。母性纽带（亲密关系），换句话说就是母亲和孩子之间的亲密关系（一种确保母亲会照顾和保护她的后代的感觉）涉及了神经过程和一系列的激素，例如"爱"的激素——催产素。两个伴侣之间的爱可能涉及相同的过

错位的本能
古老的大脑是如何愚弄我们的

程和神经递质。当男女之间的结合对人类的繁殖很重要时,就没有必要再想出一个新的机制,因为已经存在一个类似的过程了:母亲对孩子的爱,反之亦然。

在人类的进化过程中,爱是在哪一时间点出现的?这个问题的答案一定是模糊的,因为很明显,爱情不会变成化石。科学界对这个问题的争论太多,甚至差一点导致了流血事件。如果你认为你已经有了答案,那一定是因为你没有听完。在这里,我们可以讨论每一种理论,但简单的事实是,(一夫一妻制的)爱情出现了。无论情况如何,那都是在我们的祖先分裂成我们和黑猩猩之后的某个时间(大约 500 万到 700 万年前)。

黑猩猩对一夫一妻制没有兴趣,那么我们为什么要这样做呢?可能在人类迁徙到大草原并开始直立行走时,一夫一妻制开始变得重要。直立行走导致我们的骨盆变窄。男性可以克服这一改变,但女性不得不与变窄的产道抗争。不同于其他灵长类动物和哺乳类动物,人类的女性生下了可爱无助的小宝宝。羔羊和小牛在出生后一小时就能走路和跳跃,而人类的孩子大约需要 18 个月才能达到这个阶段。在出生时,孩子只有五种功能:哭、喝、睡、成长、排空肠子和膀胱,而人类要照顾自己,100 多个功能都太少了(如今还需要能做饭、开车和使用自动取款机)。由于孩子出生后越来越无助,父母的共同投资变得越来越重要。伴侣之间的爱使这种共同投资更容易,这种爱确保父亲不会在孩子出生后抛弃他的爱人和孩子,让他们自生自灭。而那些抛弃妻子和后代的父亲,其基因逐渐从基因库中消失了。爱成了一种生存机制,"拥有最多爱的人会生存下来"。

爱情和一夫一妻制的出现使男人和女人能够共同为需要照顾的孩子投入时间和精力,直到孩子学会独立生活。然而,这得等18年以后(在祖先的时代要稍早一点)。问题是为什么人类的孩子要学这么多东西。这部分是由于我们面临的生存斗争更加复杂。例如,黑猩猩从三岁起就能独立生存,而人类儿童必须知道更多的东西:如何在群体中狩猎,如何在不同的气候下生存,如何在复杂的社会群体中生存——他们需要了解文化。为了最终成为一个有修养的猿人,我们的孩子不得不经历越来越漫长的成熟过程,而我们的祖先投入的精力则更多,付出的时间也更长。这就部分解释了为什么对人类来说,有一个固定的伴侣更有意义。一夫一妻制不是一种奢侈,而是一种纯粹的需求。

在一夫一妻之外

一夫一妻制只是故事的一个方面。它是男人和女人在各自的遗传利益之争中所做的妥协。一般情况下,对一个男人来说,生好几个孩子对他是有益的,如果是和好几个女人生,那就更好了。因为精子很容易获取,并且数量远远多于女性的卵子。除了一夫一妻制外,还存在一夫多妻制的生活方式(例如,在非洲、中东和严格正统的美国社区中的部分地区仍然可以看到这种生活方式)。除了主要的妻子和孩子之外,一些男人还有能力养活第二个家庭,甚至第三个家庭。对一个男人来说,供养第二个妻子

| 错位的本能
| 古老的大脑是如何愚弄我们的

是一项很大的投资,因为在人类200万年的历史中,(资源)稀缺性往往是不动摇的主题。只有杰出的猎人才能拥有几个家庭。在亚马逊雨林中的战斗民族亚诺马米人中,我们看到只有最优秀、最致命的猎人和战士才能负担得起一个额外的家庭。在史前时期,大概也有移民男子能够负担几个营地里的家庭,但这更可能是一种例外,而不是常规现象。

雌性也存在进化利益的矛盾。一夫一妻制对女人来说可能是一个很好的方式,但这是获得最佳基因材料的最明智的选择吗?在一夫多妻制中,对女人来说,与有了几个女人的男人建立关系可能是有益的;做一个富裕男人的第二个妻子比做一个穷光蛋唯一的妻子更好。获得良好基因的另一种方式是找一个在基因上比自己的伴侣更优秀的男人,背叛自己的丈夫,反正后者也无法确定自己是不是生父。这是黑猩猩比我们更有优势的另一个方面。雌性黑猩猩与大量雄性黑猩猩交配,这样每个雄性黑猩猩都会轻而易举地认为自己是父亲。这是有利的,因为在黑猩猩中几乎不存在杀婴的倾向(与大猩猩相比)。

人类有一夫多妻的倾向,这一点可以从我们男性的睾丸中推断出来。雄性黑猩猩的睾丸非常大,雄性大猩猩的睾丸非常小,而男性人类的睾丸大小则介于两者之间。人们认为雄性黑猩猩为了争夺雌性的卵子,在"愿最好的精子获胜"的口号下,用巨大的侵略性精子细胞给雌性授精,以战胜其他雄性的精子。在一个没有一夫一妻制的世界里,精子之间的生死拼杀是一种自适应,这十分令人信服。但问题是该理论是否也适用于以一夫一妻

第三章
爱情，一件疯狂的小事

制为主的猿类物种**智人**呢。我们的远房表亲大猩猩的睾丸很小，这与其生殖策略相吻合。大猩猩不需要大的睾丸，因为它唯一需要做的是确保它成为群体中的主导者，到那时它就可以得到所有的雌性。大猩猩中的雄性首领拥有对群体中的雌性大猩猩的专属权利。就睾丸的大小而言，人类处于黑猩猩和大猩猩的中间位置。这引出了这样的推测：我们是一夫一妻制，但可能又存在为几个其他伴侣进行性竞争的倾向。在我们这个物种中还没有发现像黑猩猩那样生死拼杀的精子，这引出了这样的推测：女性不允许自己同时被几个男人染指（群交仍然是一种罕见的现象）。

这种"鱼与熊掌兼得"的立场并没有改变人类在性行为方面存在个体差异的事实。很大一部分人，也许多达40%的人，曾经有过一次或两次把我们根深蒂固的一夫一妻制的生活方式抛诸脑后的经历。据估计，一些孩子（一项国际研究表明其比例为4%，在某些文化中高达30%）是"亲子关系欺诈"的结果：他们不是他们口中父亲的亲生孩子。这让我们选择了一夫一妻制。但是可以想象，只要男性有能力，如在他获得了地位或积累了大量的"肉"之后，他就会开始追求一些婚外性行为的机会，从而增加他拥有下一代的机会。女性也可能渴望"婚外性行为"，这可能导致她遇到一个比她现在的伴侣有更好的基因特征的人，而前者将在他不知道的情况下，在巢中养一只布谷鸟。

研究还表明，有的人喜欢短期关系，有的人寻求长期关系，这确实是并存的两种不同类型的人格。在整个地球范围内这两种策略类型都是存在的，这在祖先时代也是一样。在维持一段正式

| **错位的本能**
| 古老的大脑是如何愚弄我们的

关系的同时要维持另一种关系是不容易的,尽管这在男人和女人中都会发生。一些人类学家认为,当男人外出打猎时,部落中的一些妇女会接受其他男人的关注［美国生物学家海伦·费舍尔(Helen Fisher)称之为"特殊朋友",他们会用礼物引诱妇女以换取肉体上的回馈］,而群体中男人们对他们的情人的选择也不会有太多顾虑。但很可能是社会压力阻止了过多此类行为的发生。由大家庭组成的在平原上游荡的群体很小,很容易受到掌控。而且通奸后的公共耻辱往往大到能够决定人的生死,尤其是对女性而言。在进化过程中,"荡妇恐惧症"在女性中是根深蒂固的。

在动物界还有其他生殖策略,可能适用于人类。根据博弈论,当大多数人主要在一夫一妻制的背景下抚养他们的孩子时,就会滋生一些不常见的性策略,这些策略也会促进繁殖。这些属于利基型策略。"偷情"策略就是一个例子,这种策略是指男性试图在女性的伴侣不在时使她们受孕。对红毛猩猩的研究表明,有两种类型的雄性猩猩。第一种是大块头,占主导地位,有自己的领地来吸引雌性。第二种体型较小,没有自己的领地。由于它们在身材上与雌性相似,所以被占主导地位的雄性忽视,允许它们自由地接近与它们擦肩而过的雌性。

通过实例来说明:在人类世界中,一些女人拥有一个所谓的"聊友",一个她们可以倾吐心声的男人,而他们的关系中不一定存在爱情或性吸引,至少从她的角度来看是这样的。而在某个不设防的时刻,女人可能会扑身于那位乐于倾听的朋友(这让他

第三章
爱情，一件疯狂的小事

很高兴，因为这一直是他想要的）。另一个骗到女孩的技巧是使用所谓的"冒充同性恋策略"，即一个男人摆出女性化的姿态，甚至假装是同性恋。本书的第一作者在1995年出版了一本故事集：《爱情盛宴》（*The Feast of Love*，荷兰语为 *Het feest der liefde*），在书中一个高年级学生向一个一年级学生解释说："你想知道什么能骗到女孩吗？同性恋。作为同性恋，你说你从来没有和女孩做过，但是'你也许应该，只是也许'去放手一搏。"

另一种利基生殖策略是我们只能称为强奸的一种策略。在《强奸的自然史》（*A Natural History of Rape*）中，生物学家兰迪·桑希尔（Randy Thornhill）和人类学家克雷格·帕尔默（Craig Palmer）解释说，在许多动物物种中，强奸是一种相当普遍的繁殖方式。公鸭不断地做这种事，每一个向鸭子池塘望去的人都能确定这一令人不适的事实。而人类的情况是怎样的？强奸是男人用于提高生殖成功率的一种根深蒂固的策略吗？还是一种现代文化现象？有一种假设是，由于自己的外表或社会地位，一些特定类型的男性无法与女性建立长期关系，他们便会试图通过强奸这一策略来传播他们的基因。在史前时期，这大概是一种极其罕见且十分危险的生殖策略，那时社会网络非常紧密，因此强奸犯面临着被驱逐或更糟的风险。

假设在早期的狩猎采集者群体中，每一百个孩子中有一个是因强奸而出生的，那就意味着这种策略的传承程度极其有限。当受到制裁的概率降低时，这种策略的遗传优势就会增加（本书后面会详细介绍）。在当今时代，我们的社会举止和人际关系的范围扩大了,这降低了强奸犯暴露的概率。

同性恋

同性恋作为替代的性策略又如何呢?从达尔文的观点来看,绝对同性恋的出现是令人费解的,因为它往往不会导致后代的出现。但与此同时,研究表明,同性恋不仅仅是一种文化生活方式上的选择。跨文化的有关研究表明,大约有5%~8%的人口存在绝对同性恋倾向,其中男性的数量是女性的两倍。来自双生子研究的证据表明,同性恋具有"家族遗传性"。生物学家已经在许多其他的动物物种中发现了同性恋,从狒狒到海豚,从企鹅到蠕虫。有关同性恋,存在各种自适应的解释。其中之一是,由于不需要为自己的后代投资,一个人就有能力帮助抚养兄弟姐妹的孩子。另一个未经检验的理论认为,存在同性恋者的群体会运行得更顺利,因为其内部在潜在的配偶方面产生的冲突更少。有人提出了第三种解释,即女性可能会被男同性恋者吸引,因为他们有更多的同情心和合作精神,与男同性恋者结成伴侣可能会确保对孩子有更好的照顾。虽然这并不能解释绝对同性恋存在的原因,但这提供了一种有趣的可能性。同性恋的存在会不会是一种失配呢?为了证明这一点,我们需要找到数据以表明在某些文化条件下,同性恋者在人口中的比例会上升。这可能是因为男女同性恋者在社会中拥有相对较高的地位(例如,作为艺术家、设计师和体育明星),或者是因为存在有利于同性恋生活方式的社会规范,例如拥有结婚和收养孩子的平等权利。目前,没有证据表明,同性恋取向或更广泛的 LGBT 取向是人类本性与特定文化倾向发生失配的结果。因此,在剩下的部分中,我们着重从失配的角度来解释异性恋的爱情。

祖先时代的爱

让我们看看在祖先时代,爱是什么样子。我们将回到非洲大草原,在坦桑尼亚附近的某个地方,时间大约在公元前 100000 年中期。我们看到来自各个角落的一些部族:宽肩的猎人,进行大部分谈话活动的妇女,年轻的、年老的、邋遢的和亲切的个体,都存在于同一个大混合体中。

掠过大草原,我们看到一大群祖先围坐在篝火旁。每个人都打扮得漂漂亮亮的,尤其是青少年,他们被打扮上了最精美的赭色图案。不同年龄段的人坐在一起,也有一部分按性别分开坐。男人们喝着"酒精饮料",讨论战争与和平。在中央的战略位置,部落的领袖们正在互相商讨。

妇女们也坐在一起。她们正在讨论社会关系及有吸引力的男人。这是石器时代的夜晚,感觉很好。篝火周围烤着肉,火上煨着东西;有笑声、有歌声、有舞声和聊天声。信息来回传递,在场的人不会意识到发生的每一件事,但所有的事(或者为了古生物学上的准确性,让我们说大部分的事)都是为繁衍后代而服务的。

错位的本能
古老的大脑是如何愚弄我们的

"爱"真的会成为一个话题吗,还是说这个概念在祖先的时代还不存在?对于这个问题的答案,我们可以去看看那些没有进行农业革命的文化。西方的人类学家、探险家和冒险家对过去几个世纪的许多所谓的"传统社会"进行了研究和描绘。例如,他们研究了澳大利亚。在18世纪之前,那里的原始狩猎采集者的生存还没有受到阻碍。由于气候干燥,原住民无法发展农业(即使他们曾经想发展)。就像我们的祖先一样,他们在大草原上游荡了200万年。当欧洲人开发澳大利亚时,这个国家的居民仍处于史前时代:他们不冶炼金属,没有文字,也不制作陶器。他们只打猎和采集。

对原始居民来说,欧洲人的到来是末日的开始,但对人种学家和其他科学家来说,澳大利亚人是一份礼物。澳大利亚有无数的部落、部族和种族群体,有许多种语言(有人说不少于250种)。此外,澳大利亚可能还存在许多种文化,而这些文化一定与创造我们的社会的文化相类似。

澳大利亚的大型部落之一叫作阿兰达(Aranda),这个民族生活在澳大利亚的中心爱丽斯泉周围广阔的土地上。这个部落由几千人组成,他们被细分为独立运作的群体。这些群体偶尔会聚集在一起,但通常是由几个家庭组成的小部族,他们在领地上四处移动,就像我们在非洲的祖先几千年来所做的那样。根据我们的标准来看,阿兰达人的生活很简单:他们追逐有袋类动物,挖掘蜥蜴,磨碎野生植物,晚上在火堆旁用舞蹈、歌曲和故事互相取悦。他们没有自己的财产,社会凝聚力也不强,如果某个人作

第三章
爱情，一件疯狂的小事

为猎人、战士或药师的能力受到尊重，其就会被授予领导地位。

在阿兰达人中，唯一真正复杂的事情（比我们当今社会中的事还要复杂得多），就是这个叫作爱情的疯狂的小东西。阿兰达人的婚姻规则是复杂、严格、有约束力的。一见钟情在他们之中不存在，或者至少是被严格禁止的。在小而封闭的群体里，由于隐性基因的融合，总是有近亲繁殖的危险，这可能导致各种疾病，甚至不孕不育。如果人们与合适的伙伴交配，这些问题是可以避免的。

阿兰达人建立了一个包括"亲属系统组"、"区"及"分区"的复杂系统。一个特定亲属系统组的男人的儿子最终会处于一个与他父亲不同的区。在《人类简史》(*A Brief History of the Human Race*) 中，历史学家迈克尔·库克（Michael Cook）描述了这一过程：来自领土北部的阿兰达男性必须与来自南部的另一个亲属系统组的对应区的女性结婚。有时，各部落会聚在一起召开部落会议，在会议期间分配伴侣并举行婚礼。并非所有的澳大利亚狩猎采集者都使用这些复杂的婚姻规则，但他们都存在某种形式的规定。这表明，在人类的进化过程中，自由选择性伙伴这一做法并不是自发形成的。关系的建立往往有家庭的参与并基于一定的考虑，而这些都与这个叫作爱情的疯狂小东西无关。

回到10万年前的坦桑尼亚营火前。经历一个充满了舞蹈、谈话和笑声的激动人心的夜晚之后，几个男孩和女孩被允许进一步了解对方。而某一对在以前的聚会中就已经相互认识的祖先情侣，他们被允许结婚。没有任何亲属关系规则阻挠他们。庆典结

错位的本能
古老的大脑是如何愚弄我们的

束时,我们看到这对夫妇悄悄地溜进了森林。男孩给了女孩一小块他为她藏起来的肉,以证明他是个好猎手。她尝到了肉的味道,感受到了他的肌肉,并与他进行了一次偷偷摸摸的狂欢。他们在甜蜜的旋涡中离开了营地。至于他们是否会在那天晚上进一步深入,以至于将他们的基因融合在一起,我们就不再窥视了,因为我们的祖先也有隐私权。他们会保持谨慎,在森林里或山洞里进行这件事,这也与他们一夫一妻制的物种身份相称。我们向我们原始时代的罗密欧和朱丽叶投去最后的温柔一瞥。没有他们,我们可能不会存在。

永远不分离

《爱能征服一切》(*Love Conquers All*),深紫乐队(The Deep Purple)的歌声响起,许多爱情的机制都成功通过了考验。大草原上的盛宴已经被迪斯科舞厅所取代,一块肉被一杯昂贵的鸡尾酒所取代,但从本质上讲,几个世纪以来,男孩与女孩相遇的故事都是一样的。我们的主要感官是 Von Kopf bis Fuß auf Liebe eingestellt("从头到脚都在为爱做准备")的。我们有数以千计的方式向潜在的伴侣发出信号,包括有意识的和潜意识的信号,从我们飘散的气味到肢体运动,再到我们的语言,这些都是进化的遗产。

在鸟类学中,雄鸟和雌鸟大量聚集在一起互相打探和比较的区域被称为"求偶地"。空气中充满了原始的选择信号。德国伦

第三章
爱情，一件疯狂的小事

理学家伊雷努斯·艾贝尔-艾伯费尔德（Irenäus Eibl-Eibesfeldt）仔细对调情行为进行了大量的研究。在 20 世纪 60 年代，他开发了一种方法，能够在研究对象毫无知觉的情况下研究他们，看他们如何观察对方。从萨摩亚到巴布亚新几内亚，从法国到日本，他一路上拍摄了"调情的女孩"，这使他得出结论，在整个地球上，调情是按照一种固定的模式发生的，包括微笑、扬眉、瞳孔放大、头部和眼部的运动、凝视、弯腰、扭动等。根据艾贝尔-艾伯费尔德的说法，这种行为不是从文化习得的，而是由进化决定的，而且在进化成为人类之前，人类的这种行为就已经成了性兴趣的标志。负鼠、马、乌龟、信天翁和无数其他动物物种，都或多或少有同样的行为，所以动物表现出的行为对我们来说都不会很陌生。

爱可能是盲目的，但它在嗅觉方面的优势是一流的。大自然确保我们寻找的伴侣拥有与我们互补的免疫系统，这样就能为我们的后代提供最大的保护，抵御近亲交配和传染病带来的风险。爱是给婴儿提供的两种细菌抵抗力的最佳结合。嗅觉是这之中的一个重要的指标，因此其在很大程度上决定了我们对伴侣的选择。所谓的 MHC（主要组织相容性复合体）基因，在免疫系统中起着作用，它在皮肤细菌和气味识别之间启动了复杂的交互模式。研究表明，女性更喜欢那些 MHC 基因与她们自身不同的男性，这些男性会带有她们喜欢的气味。如果一个女人不喜欢一个男人的气味，甚至认为他们很臭，这可能表明他们有非常相似的 MHC 基因和免疫系统。

错位的本能
古老的大脑是如何愚弄我们的

通过我们的体格、发型和对服装的选择,我们展示了自己的社会地位,而我们的舞蹈动作就是一种真正意义上的展示。根据达尔文的性选择理论,跳舞是展示你有一个对称的身体的主要方式,换句话说就是有良好的基因。当你的一条腿比另一条腿短几厘米的时候,试着跳得优雅些。同样广为人知的是:参加俱乐部活动的男性会挺起胸膛,这使他们看起来要比实际上更宽阔(海象雄性在为谁得到雌性而发生混战之前也会这样做);女性穿着高跟鞋直立行走,突出她们的第二性征——乳房和臀部。她们的展示可能表明:"我可能是单身的,并且有良好的基因。"她们穿着的高跟鞋在表示:"我跑不掉,所以你要保护我!"如果所有通过眼睛和手势进行的非语言交流都进行得很顺利,那么是时候相识了。即使这样,也会出现很多问题,因为人们可能有迷人的身体和面孔,但社会地位、抱负、语言和教育也是进行是否与某人回家的抉择的重要因素。不过,男人对这些事情的感受一般比女人要少得多。

几千年来,直接接触中的一个重要的破冰手段就是幽默。在性吸引力和男人与女人互相逗笑的程度之间存在着直接的关系。进化心理学家杰弗里·米勒(Geoffrey Miller)将幽默比作孔雀的尾巴。你可以用它向异性展示语言素质、智慧和创造力。此外,它还是一个"昂贵的信号"(正如我们所说的,就像孔雀的尾巴一样),因为不是每个人都有幽默感,因此它很难假装出来。

心理学家大卫·巴斯(David Buss)及其同事在美国进行的一项研究表明,女性发现良好的幽默感在两种不同的关系中——

第三章
爱情,一件疯狂的小事

与她们想要进行短暂性爱的男人之间的关系,以及与她们想要结婚的男人之间的关系——极为重要。许多研究显示,对于想要勾引女人的男人来说,风趣是最有效的手段。自然,女人也会被外表、地位、金钱和气味等东西所吸引,但一个风趣的男人比那些没有幽默感的对手要强得多。欢笑是通往女人心灵的道路。人们需要共度余生,而幽默可以成为在电视前度过沉闷的冬季夜晚的有力武器。顺便说一下,选择哪一种幽默也是很重要的。我们自己进行的研究表明,女性对贬低他人的笑话的欣赏程度远远低于自嘲式和其他自贬式的幽默,除非她们当时正处于排卵期,而那些具有主导性幽默风格且常常贬低竞争对手的男人是排在最后的。

在心理学家辛迪·梅斯顿(Cindy Meston)和大卫·巴斯撰写的《女人为什么要做爱》(*Why Women Have Sex*)中,1006名女性给出了不少于237种不同的理由,说明她们为什么要和男人上床(一个女人感到无聊,另一个女人觉得需要提高她的自我形象,还有一个女人是为了报复她不忠的伴侣)。研究表明,女性认为,有两种特征在性方面是极具吸引力的:幽默和自信。这对那些不能表现出宽阔胸怀的形象,却又不因此而缺乏自信的男人来说是个好消息。你甚至可以说,大量在"身体上存在缺陷的"独角喜剧演员的存在,可以表明幽默是男人争取交配的另一种策略,因为他们不会因为外表或地位得到关注(这可能也适用于作家和科学家,但我们现在不会去讨论这个问题)。

为了加强伴侣之间的亲密关系,自农业革命以来,就出现了

错位的本能
古老的大脑是如何愚弄我们的

与求爱有关的庄严仪式。痴情蜕变为爱情，这需要一个誓言。无论这种痴情的感觉和伴随的情感有多么强大，无可争辩的是，总有那么一刻，恋爱中的人会想要得到一些无足轻重的非承诺性约会之外的东西。而最后，我们想要的是一个承诺。当你进入一段爱情关系后，便总是伴随着被背叛的危险。与你相爱的人可能会表现得好像他陷入了爱情，并称你为"这个世界上最美丽的人"。但我们都知道，他也可以轻易对其他人说出这句话。爱是分享彼此的生活、情感和财产。对爱做出承诺的一种方式是向对方赠送物品——不是廉价的垃圾，也不是可以轻易给其他人的东西。这就是赠送戒指这一行为的由来。人们为一份昂贵的礼物进行投资，这只有在专一的关系中才有意义。戒指的赠送是能确保伴侣不对你软磨硬泡，并且准备对你的后代进行投资的一种方式。但是，现在的人们是如此的富裕，即使是昂贵的结婚戒指也不再能为双方的永不分离做出保证。如果你想离开你的伴侣，你可以直接把你的戒指拿到当铺去！

虽然仪式是公开的，但圆房主要是两个人之间的私事。根据人类学家的研究，公开的性行为属于受到最强烈和最广泛反对的禁忌之一。虽然当今一些自由的社会容许恋人在他人存在的场合互相亲吻，但几乎每个人都会寻找卧室、扫帚柜、汽车或酒店的隐蔽处进行实际的性行为。

一些进化论科学家认为，我们这样做是因为在性爱过程中，我们对捕食者和敌人的攻击毫无抵抗力。在情欲高涨的时候，躺在空旷的田野中间并不是一个好主意。其他研究人员推测，我们

第三章
爱情，一件疯狂的小事

在性爱过程中寻求隐蔽空间与对第三方的嫉妒和攻击的恐惧有关。旁观者可能会想要让自己也受孕，而我们希望性爱最好是一夫一妻制关系中的专属部分——参见欧内斯廷·弗里德尔（Ernestine Friedl）的书《性爱无形》（*Sex the Invisible*）。其他人认为我们在性生活中对隐私的渴望来自于我们的道德大脑。我们意识到自己的存在及我们的行为对他人造成的后果。就像尿尿和排便一样，我们知道性爱可以引起我们自己和观察者的欢笑和厌恶。倭黑猩猩不会在其中一方排便或双方在一起做爱时互相取笑，但我们会，这就是为什么我们要在关上厕所门和窗帘之后才做这些事情。

农业时代的爱情

1.2 万年前，农业革命在爱情领域引起了巨大的变化，其后果之一是我们有了更多的孩子。特别是地位高的男人抓住机会，和多个女人生下许多后代。碰巧的是，更多的物品、商品和装有食物的仓库也出现了。财产出现了，这在以前是不可想象的。人们开始收集商品，久而久之，每个人所获取的能量增加了。这些线索被夸大并煽动我们的大脑，让我们生很多孩子。200 万年前，我们的祖先中平均每对夫妇会有两个孩子能够活到成年，而农业的出现创造了更多的空间以容纳更多的婴儿。一个男人可以和一个女人生多达十个孩子。繁荣催生了规模更大的家庭，其结果是出现了人口爆炸。由于人们不再随着动物和季节迁徙，在有

错位的本能
古老的大脑是如何愚弄我们的

农业的地方出现了村庄及后来的城市。人们所积累的财产必须得到保护。幸运的是，很多人能够做到这一点。

在祖先时代，由于没有财产可以争夺，个人或家庭之间的权力差异很小。然而，到了农业时代，权力关系发生了根本性的变化。农业的出现带来了人类过往数百万年不曾见过的权力关系。大地主、国王、摄政者利用他们的权力获得了更多的孩子和婚外情，但随之也出现了可怜的、被压制的、几乎没有后代的赤贫者。我们的祖先在旅行时所熟悉的群体和紧凑的亲属关系消失了，取而代之的是自上而下的组织关系，以及随之而来的所有的爱情后果。

这对男性和女性的不同角色产生了巨大的影响。更频繁的怀孕和更多的孩子使妇女更加依赖男人，并且依赖的时间更长。男人生产食物和商品，并且提供保护以抵御入侵者。这就成功地重新引出了父系关系的不确定性问题。

在祖先的时代，男人和女人永远都生活在一起，这也是好事，因为男人不需要对进化的重要问题之一提出怀疑：我肯定是我孩子的父亲吗？这种确定性虽然不是完全存在，但也是得到保证的。随着农业的出现和随之而来的人口爆炸，父系的不确定性问题变得更加突出，因为在农业环境中，男人往往会在离妻子和孩子有一定距离的地方工作。在农业时代，原始时代相对的性自由开始变得有问题。作为一个男人，你怎么能确定你是你妻子所生的这么多孩子的父亲？解决这一紧迫问题的办法之一是限制妇女的自由。运行了几百万年的平等主义制度变成了对妇女的压制

第三章
爱情，一件疯狂的小事

和对其贞洁的强制。有时，妇女直接被关在家里，或者只被允许戴着面纱和贞操带上街。配偶只是繁殖者，仅此而已，这种失配对女性的健康造成了很大影响。问题是为什么妇女容忍自己在性选择和个人自由方面受到限制。一个可能的解释是，她们为了后代的利益而接受了这一点。她们宁可被拴住，也不愿意被抛弃，也不愿意穷困潦倒。

基因库在变异中蓬勃发展。近亲繁殖会增加遗传缺陷，或者使其出现更加频繁。农业的出现导致一些文化（例如古印度国家及孟加拉国和阿富汗地区）对遗产十分重视，以至于人们在做出更理智的判断之前，宁可与表亲结婚，也不愿与相对陌生的人结婚，因为他们可能会带走自己全部的战利品。传家宝和政治权力必须保留在家族中，哪怕不惜一切代价。某些遗传异常持续存在，甚至在这一过程中变得更加普遍，这对后代的质量产生了不利的影响。

在祖先时代，个人或家庭之间的权力和社会差异很小，而农业导致了拥有更高地位的男人（大地主、摄政王、国王）的出现。他们抓住机会，通过婚外恋或其他方式得到好几个女人，以获取更多的后代，而另一方面，可怜的、被压制的穷人则很难拥有后代。

更多的能量摄入带来了另一个影响：女孩初潮来临的年纪越来越小。对于祖先，这大约是在她们 17 岁时；但到了 1955 年，（据估计）平均年龄是 13 岁 7 个月。如今，女孩的初潮大约是在 12 岁。这一进步的原因可能与我们饮食模式的改变有关，我们

| **错位的本能** |
| 古老的大脑是如何愚弄我们的 |

摄入了大量的蛋白质。此外，据说我们也摄入了更多的化学物质，如杀虫剂和塑料。一个普通孩子处于生病状态的天数也急剧下降了。研究表明，吸烟也对月经初潮的出现起作用：母亲如果在怀孕期间继续抽烟，那么她的女儿的初潮时间更有可能提前。英国的一项研究显示，来自社会地位低下家庭的女孩初潮的平均年龄是 12 岁 1 个月，而对于较富裕家庭的女孩来说，则是 12 岁 6 个月。

这种月经的变化很可能是一种失配。虽然年轻女孩的身体已经向她们所渴望的方向成长，但她们的大脑还没有为生育做好准备。这可能会导致伴侣选择不当。在你 14 岁的时候对孩子潜在父亲的质量好坏进行区分，这要比 18 岁的时候难得多。1995 年，男孩乐队接招合唱团（Take That）在荷兰演出；荷兰的《民众报》（*De Volkskrant*）刊登了令人震惊的照片，照片中女孩子们前来疯狂地对她们的偶像尖叫。

寄生虫

几千个世纪以来，动物王国一直在与寄生虫进行持久的斗争，这些生物以牺牲其他生物为代价来维持自己的生命。寄生虫对伴侣选择的影响已经发生了变化，这导致了潜在的失配。寄生虫和它们宿主之间的战斗塑造了地球上绝大部分的生命。在这场战斗中，生物体的免疫系统是极其重要的。它们必须迅速做出适应性的防御，以便能够抵御寄生虫的恐怖攻击。但问题是，寄生

第三章
爱情,一件疯狂的小事

虫的繁殖速度太快了。它们的遗传物质变化速度如此之快,以至于对它们的宿主来说,自然选择这一机制产生的作用过慢,这导致宿主无法在与"客人"进行的斗争中获胜。而这正是性的用武之地。

通过性行为,两个生物体能够将它们的免疫系统合并,并且以此确保相比于通过自然选择的方式,它们能够更快地对寄生虫危险做出适应性防御。有机体寻找那些免疫系统与自己兼容的个体。在与寄生虫的斗争中,快速行动是至关重要的,而性是领先寄生虫一步的引擎。简而言之,在基因上与你不同的人将是一个优秀的伴侣,因为你们的合并免疫系统将能够战胜寄生虫。性集中了双方之优点。如果一个人的免疫系统与伴侣的免疫系统相同,那么他们后代的免疫系统将不会得到增强,因此这是不可取的。

我们的基因倾向于寻找一个有吸引力的伴侣来做爱。通过将拥有后代(很重要)和性爱(很愉快)联系起来,进化找到了巧妙的解决方案,而我们不必考虑我们是否想生孩子,它自动发生,直到文化开始介入。大熊猫的繁殖计划执行得很困难,但没有人了解其原因。为了防止大熊猫近亲繁殖,一个完整的交配计划已经建立起来了,尽管这些大熊猫并没有亲属关系,它们也不想进行交配。进一步的调查显示,这可能与之前提到的 MHC 基因有关,该基因在免疫系统和气味识别等方面发挥着作用。

另一个失配的例子是 20 世纪 60 年代推出的避孕药的使用。研究表明,服用避孕药的人倾向于选择具有类似 MHC 基因的男性作为潜在的性伙伴。但从进化的角度来看,这并不明智。换句

错位的本能
古老的大脑是如何愚弄我们的

话说,激素的偏好已经被改变了。服用避孕药的女性选择伴侣的机制很可能与有着自然月经周期的女性不同。这种机制确保女性寻找到的潜在伴侣拥有与之兼容的寄生虫(爱情的另一个定义)防御机制,但这种机制的作用可能被服用激素的行为所扰乱。通过使用避孕药,女性不再觉得一些男人的气味令人不快。在长期的关系中,如果女性决定停止服用避孕药以使自己受孕,这可能会产生不良的后果,因为双方的防御机制的结合并不理想。避孕药正中寄生虫的下怀。

更重要的是,利物浦大学的研究人员发现,基因相似的伴侣往往难以受孕。即使他们成功怀孕,也会出现其他问题:流产的机会大大增加,孩子出生时免疫系统也会更弱。

使用避孕药使我们的身体"认为"自己已经怀孕了,这就是为什么卵子排出受到了抑制。与生育期有关的一切都被抑制了。研究表明,当处于排卵期时,女性会更频繁地想到性,她们可能会选择更具性暗示的穿着;当她们被问及是否愿意去一夜情时,她们更多地表现出对阳刚男子的偏爱(对于长期关系的偏好则没有影响)。一项在美国的研究表明,处于排卵期的女性投出的选票更倾向于左翼和自由主义。但我们也知道,女性在排卵期时更排外。

进化心理学家认为,我们面对的是适应性的原始动机:在排卵期,女性会更加自由,因为她们在性方面会得到更多的自由和选择;她们会更加排外,因为担心其他群体的男人会让她们怀孕;她们只会爱上有阳刚气质的男性,因为他们拥有更好的基因。

第三章
爱情，一件疯狂的小事

研究表明，如果在女性服用避孕药并随后停止服用的这一阶段，两个恋人相遇，那么这段关系成功的概率就会降低。如果她追求了一位缺少男子气概的男人，那么一旦她停药，她眼中这个男人的男子气概就会降低到她不能接受的水平。在过去的三四十年里，男人的女性化趋势，可能是女性使用避孕药的结果。另一个假设是，由于避孕，女性变得更加右翼。避孕药给女性身体提供了一个怀孕的信号，并让女性明白，对她来说，有一个体面、可靠、稳定的，同时愿意对她的后代进行投资的伴侣是有利的。这一策略符合保守派的"郊区幸福"世界观。美国的研究表明，服用避孕药的妇女在投票时略显保守。

酒精的使用也对我们的繁殖产生了深远的影响。在祖先时代，通常只有男人们在一起喝酒。喝酒的时间是固定的，而且也不是那么过度。酒精的制作需要过熟的水果，因此不那么容易得到。在现存的狩猎采集群体中，男人和女人不会在一起喝烈酒。对他们来说，饮酒是一种宗教仪式，男人和女人需各自回到自己的帐篷里。这可以看作是原始时代的一个合理的模式：喝酒是偶尔发生的行为，并且发生在单一性别的环境中。

农业革命后种植的谷物打开了酒的龙头。如今，酒精无处不在，男人和女人在酒馆里豪饮。酒精的众多影响之一是它损伤了我们的判断力，同时也削弱了我们的道德壁垒。莎士比亚认为酒精"激起欲望"，同时他又哀叹"但它也带走了伪装"。研究表明，在醉酒状态下，用不了多久，你就会发现某人"相当有吸引力，真的"。受酒精影响的个体会产生更多的性行为，包括一夜情,但他们在清醒的时候绝不会把对方拉回家或拉到巷子里。而性行为产生孩子。多亏了酒精,使孩子们来到这个世界。如果不是因为喝了很多酒,这些孩子们便不会出现。但问题是参与者是否准备对这些孩子进行投资。

爱情香水

1600年左右,由于糖的消费出现爆炸性的增长,伦敦的许多富人们拥有了黑色的牙齿。那些穷得买不起糖的人把牙齿涂成黑色,以掩饰他们卑微的出身。黑牙代表财富,也因此代表这是一位"有吸引力的性伙伴"。

比尔·布莱森(Bill Bryson)讲述的这个莎士比亚时代的伟大故事表明,我们是多么容易被事物的外表所蒙蔽。如果说几个世纪前,一丁点木炭就能起到改造外表的作用,那么现在,人们在身体改良行业已经投入了数十亿美元。我们通过数升的香水、须后水和除臭剂掩盖自己的气味。最后,每个人闻起来都更令人愉快,但确定对方的MHC兼容性的机会也消失了。同样地,我们将大量的肉毒杆菌注入我们体内,将脂肪吸出,并且接受过度的改造。这导致我们走向失配。

托举式胸罩、染发剂、眼睑矫正、性感内裤,这些都是为了愚弄异性而发明的,就像假发、丰唇手术、隆下巴手术和所有其他干预措施一样,目的是为了让自己的身形更加出色,从而更具吸引力。正如你已经知道的那样,我们会被健康的乳房所吸引,

第三章
爱情,一件疯狂的小事

但是如果你允许自己因吹大的假乳房或使用类固醇增宽的胸部兴奋,你就受到了欺骗,更不用说由此生出的孩子了。整形手术不具有遗传性,它是一种自我强化的文化基因:当两个伴侣因为对方所做的"矫正"而做出选择时,孩子更有可能同时拥有两者"不完美"的特征。

女人会爱上有地位和金钱的男人。衣服是一种地位的象征,可以提高男人的吸引力。作为一项研究的一部分,研究者向女性分别展示了一位身着阿玛尼(Armani)西装的男人、一位穿着麦当劳制服的男人和一位穿着邮政制服的男人。女性表现出对穿西装的男人的偏爱,其实这些都是同一个男人。西装给出了一个信号,表明这个男人有很高的地位,而这样的选择对女人的进化是有利的。衣服是增加吸引力的一种手段。另一项研究表明,当男人穿着带有拉科斯特(Lacoste)标志的衬衫时,女性会发现他们更有吸引力,尽管所有男人穿着的衬衫完全相同——除了标志之外。女性为这些标志所倾倒。

进化心理学对昂贵的信号和廉价的信号进行了区分。法拉利(Ferrari)显然是一个昂贵、诚实的信号:不是每个人都能买得起几吨重的汽车。但面对衣服和手表时,大脑会很容易被赝品所吸引。就像整容,是纯粹的失配。

与年轻男子发生性关系的老年妇女表明她们会利用一些小花招及独特的行为方式,让自己看起来比实际年龄更年轻,同时又散发出成熟的气息。这是一种说服男人来选择她们的策略。当一个男人可以在两个女人中进行选择,并且其中一个女人肯定有生

| **错位的本能**
| 古老的大脑是如何愚弄我们的

育能力，另一个可能没有生育能力时，"成熟"可能是一个决定性因素。在黑猩猩中，生产过后代的雌性比没有生产过的雌性要高一筹。但是，一个（年轻的）男人如果专注于一个不再有生育能力（但暗示她有生育能力）的美丽老女人，就会失去他为进化做出贡献的机会。

现在有一些男人会服用睾丸激素，特别是那些健美运动员和老年男子。据说他们的肚子会缩小，性欲会提高，并且他们在晚年能够生育后代的概率也会增加。男人在晚年之前都有生育能力，但年龄更大并不一定代表他们会更善于为孩子投资。芬兰最近的一项研究显示，年长父亲的孩子更有可能出现（精神）健康问题（尤其是精神障碍）。这可能是随着男性年龄的增长，DNA 发生变化的结果。

权力和收入等于有吸引力的地位，但对它们的追求可能会以失配告终。在现代社会，"延长学习计划"是获得金钱和权力的一个重要途径。但延长学习会导致伴侣选择的推迟，伴随着后代生育的推迟。这可能导致受过高等教育的人无法将他们获得的地位、收入和权力转化为生殖上的成功。这是失配的一个明显的例子。因为随着个体将生孩子计划推迟，并且将其置于教育和事业之后的次要地位，他们的遗传基因可能会消亡。在西方和亚洲一些地区出现的一个问题是，人们不再像以前那样选择生很多孩子，因为人们越来越注重养育的质量。

我们中的一位参与了一个大型研究项目，研究新加坡的"后代拖延"情况，新加坡是世界上富有的国家之一，但也是出生率

第三章
爱情，一件疯狂的小事

非常低的国家之一，在这里每两个成年人只有 1.1 个孩子。在许多富裕的国家（如西班牙和意大利），新生儿越来越少，并且这种趋势越来越明显。在史前时期，一对夫妇会抚养两个孩子长大成人，现在是少于两个，因为我们（想）过得很好。在富裕的国家，人们经常参与身份竞争，这意味着双方都必须通过工作维持自己高端的生活方式。大家得到要"变得比邻居更富有和更成功"的暗示，这可能导致人们推迟生孩子的计划。那些超级食品、昂贵的学校、豪华假期及婴儿瑜伽课程是否会带来更多的后代？这一点还有待观察。

更重要的是，这些国家往往是富裕的、人口稠密的国家。自然界中，高人口密度经常加剧食物竞争，直到再次恢复平衡。这给我们的大脑和身体发出了一个"适度生育"的信号。后代拖延项目的目的是探索如何改变新加坡的繁忙、拥挤的生存环境的体验，从而能使夫妇们更早地决定生育孩子。

竞争陷阱

目前由于人口过剩，加上新的生活方式的出现，我们游牧祖先那时建立的熟悉的、横向的群体消失了，明确的家庭纽带也消失了。这也导致了其他类型的失配。一个女孩成长的环境越不稳定、越不安全，她拥有第一个孩子的时间就会越早。生物学家常常能在动物物种中看到这种效应，尤其是在猎物面临强烈的"捕食者压力"时：如果捕食者即将发起袭击，那么对猎物来说，它

| **错位的本能**
| 古老的大脑是如何愚弄我们的

最好迅速地传递其基因。在芝加哥进行的研究表明,一个社区环境的危险性和其内部未成年母亲的数量之间存在直接的关联。

美国发展心理学家布鲁斯·埃利斯(Bruce Ellis)的研究显示,如前所述,成长中没有生父陪伴的女孩会更早地开始受孕。这可能有几个原因:首先,这当然可能是纯粹的遗传因素。当女孩的父亲在相当早的时候就离开了她的母亲时,那么这个女孩也可能成为一个渴望短期关系的人。许多男人会追求长期的、一夫一妻的关系策略,但也有人喜欢短期的。一个选择短期关系的父亲可能会将这种偏好传递给他的后代。其次,一个没有父亲的女孩可能会在心理上受到母亲的影响。作为一个单身女人,母亲在爱情市场上也占有一席之地,并且在这种情况下也会开始有意识地与她的女儿竞争。一些流行的电视节目如《我比我的女儿更火辣》(*Hotter than my Daughter*)就是基于这一原则。这是一场家庭内部的竞争,其格言是:行动要迅速,否则我的母亲就会带着我的潜在伴侣一起离开。在四个不可抗拒的线索中,与母亲的竞争可能是一种过时的线索,但女孩的大脑还是会对其做出反应。

如今我们接触的人几乎是无限多的,这对约会市场产生了影响,也对基因供应提供了巨大的变数。这在本质上是一种匹配,但也有不利之处。我们的祖先能够在部落活动中了解到每个人的出身和亲属关系,而此后,这种了解过程就越来越像是在黑暗中摸索。在俱乐部里(更不用说在Tinder软件和约会网站上),大多数人互相都不认识,甚至有些访客出生于不同的大陆。当你与来自墨西哥的玛莎或来自新加坡的肖恩建立聊天关系时,了解对方是一件十分棘手的事情。有些人在对对方的大家庭不太了解、体会也不多的情况下，就自愿地在伴侣选择上做出冲动的抉择，这是我们的文化中离婚率较高的原因吗？在狩猎采集群体中，离婚率约为10%，而我们比他们的三倍还要多。据估计，异族婚姻（不同文化的人之间）失败的概率更大：1/2。

另一个可能导致失配的机制是，当对同一个女人感兴趣的男人越多的时候，这个女人就被认为越有吸引力。我们称这种现象为"择偶复制效应"，它也发生在各种鸟类物种之中。择偶复制效应是指生物体在选择伴侣时容易受到环境信息的影响。这是一个古老的机制。我们可以试着亲自去了解每个人，但更聪明的做法是借鉴他人对某一个体的了解。然而，这也会导致失配。因为我们会非常关注那些高不可攀的人，如贾斯汀·比伯（Justin Bieber）或蕾哈娜（Rihanna）这样的潜在伴侣。本书作者的一个女儿对贾斯汀·比伯有着近乎病态的迷恋。当他到我们国家时，他的公司为感兴趣的青少年举办了一次"见面会"。八个女孩，只要每个人花费400欧元，就能有十分钟时间与贾斯汀拍照、聊天。这是为一个遥不可及的人做出的一笔可笑的大投资。现在我们还不清楚，爱上无法接近的名人这一行为是否有其作用。但在那之前，我们可以放心地把这种行为认作一种失配。

爱情3.0

我们能否谨慎地戴上玫瑰色的眼镜来推测爱和性的未来？根

错位的本能
古老的大脑是如何愚弄我们的

据我们对人类进化和我们大脑工作方式的了解，这些典型的人类特征在未来是什么样子的？我们如何才能使爱的失配再次成为一种匹配？

爱是放手。我们应该明白，我们生活在爱情失配的时代。我们也应该接受，有些人会比其他人更容易受此影响。第一类人将继续改造和美化自己、喷香水、服用避孕药，并且等待理想的伴侣，直到年纪远超 35 岁。另一类人将减少饮酒、使用非激素方式避孕，并且在合适的时间生育孩子。

还有一种情况是未来派的，但并非不可想象。20 年前，外貌是评估一个人遗传能力的唯一指标；而如今，只要花一点钱，你就可以得到你完整的 DNA 图谱；在将来，可能会出现各种技术，能够告诉你和伴侣在遗传兼容性方面的得分。几年后，我们也许可以在 Tinder 软件上给 DNA 资料做出向左或向右滑动的抉择，而每个人在晚上出门的时候也许都会拿着自己的染色体通行证。也许我们通过更多地关注多个世纪以来我们的规矩是如何发挥作用的，从而减轻离婚、色情、酒精和一夜情带来的有害的副作用。这并不是出于愤怒的道德主义或倒退的保守主义，而是为了缓和我们快速发展的文化环境对我们石器时代大脑的过度影响。最后，omnia vincit amor，爱征服了一切。这毕竟是印刻在我们古老的大脑里的。正如维吉尔为爱这一疯狂的小事所写：et nos cedamus amori。让我们也臣服于爱吧。

第四章　怎样的工作适合我们

在电影拍摄中，蒙太奇是一种久经考验且值得信赖的技术。《四场婚礼和一场葬礼》（*Four Weddings and a Funeral*）以一群朋友在其中一人婚礼当天上午仪式的蒙太奇开始。本章从同一家公司的三名员工的蒙太奇开始，他们都在一天早上前往一个巨大的办公大楼。

第一个镜头的主角是内部物流规划主管托马斯·阿克赫斯特（Thomas Akehurst）。今天早上，他的外部物流计划有些不尽如人意，因为与往常一样，他每天都在通往雷丁泰晤士河河谷商业公园的 M4 高速公路上遭遇交通堵塞。他用智能手机从方向盘后面给同事发了几封电子邮件，而另一名驾车者借机并入他的车道。托马斯十分气愤。

尼克·蒙塔古（Nick Montague）乘坐奥迪 A8 从他位于芬查姆斯特德的绿叶别墅平稳地驶向雷丁总部。他的出行经理（几年前他只是司机）驾驶着汽车在路上行驶，让尼克坐在后座阅读《金融时报》（*Financial Times*）。当天上午晚些时候，他将与一些监事会成员就即将召开的董事会会议进行电话会议，但首先他要与托马斯会面，因为他是任职时间最长的员工之一。

与此同时，在雷丁，乔西·特纳（Josey Turner）刚刚登上

错位的本能
古老的大脑是如何愚弄我们的

前往泰晤士河谷公园的巴士。她也是个老手,在这家公司工作了整整33年。20年前,当新总部成立时,她当时的老板问她是否愿意开发中央大厅公共通道沿线的厕所设施。从那以后,乔西一直在负责女厕所和男厕所,还有五个小便器,好像她的生命就靠它了。她坐在公共汽车上心情复杂,因为今天是她最后一个工作的日子。

托马斯继续在交通堵塞中对其他司机发火,同时还给同事和他称之为"私人下属"的人打电话发泄着愤怒。有一些事情仍然非常迫切地需要解决。他正在与维护部门和内务管理部门一起安排一项重要的后勤行动;这件事是如此的重要,以至于可以以此为依据来评判他的年终奖金。但今天早上托马斯是第一个约见尼克的,是由人力资源部预约的。这让托马斯彻夜未眠,他反复思考他的首席执行官和大裁决者到底想从他那里得到什么。

当尼克到达中央大厅时,他记得他的行政助理马约林(Maryolyn)(几年前他只是称呼其为秘书)曾敦促他去拜访厕所服务员。就在他昨天离开之前不久,马约林甚至给了他一封信让他给那个女人,作为他对多年来在公共场合上厕所的快乐体验的适度感谢。

与此同时,乔西已经把她的东西整理好了,所有的洁具都是干净的,所有的肥皂、毛巾和卫生纸都已经补充了。她的付款碟在桌上,旁边是员工协会送给她的一大束花。她可能不是正式的工作人员,但这里的每个人都把她视为家人。她与当时的民政事务部达成的协议是,她将终止雇佣关系,以换取厕所的全面管理

第四章
怎样的工作适合我们

权。上厕所的人越多,乔西赚的钱就越多。

九点半,托马斯怀着沉重的心情向尼克的行政助理汇报工作。他必须把自己的名字拼两遍,她才能在预约笔记中找到他。托马斯不得不在过道的沙发上等了18分钟,才被允许进入他老板的办公室。在过去的几年里,他几乎没有去过那里。尼克和托马斯的部门经理在等他。

整整23分钟后,托马斯在公司安全部门的一名工作人员的护送下离开了会议室。他们向托马斯保证,这不是个人问题,而是纯粹的公司政策。尼克很友善,而且是对的。托马斯的部门将被取消,并且合并为一个新的联合后勤管理行动部,这意味着,遗憾的是,在这么多年的忠诚服务后,托马斯已经变得多余了。他的职责将由他的下属接替。托马斯必须在监督下离开,就像美国电影中经常发生的那样。尼克感谢他多年来为公司付出的努力,并且向他保证,公司将尽一切努力确保他不久就能找到一份新工作。

托马斯手里拿着一个装有个人物品的纸箱,在一名保安的陪同下穿过中央大厅。乔西看到他走过,高兴地向他挥手。托马斯放下箱子,最后一次进入她的领地。上完厕所后,他指着付款碟旁边的鲜花。

"有什么值得庆祝的吗?"

"我今天就要退休了!"乔西惊叫道。托马斯深情且忧郁地看了她一眼。

"我希望公司能好好照顾你。"

乔西笑着告诉他，他们没有做过这样的事。她是自己的老板。然后，她降低了声音说："我以前从未告诉过这里的任何人，但现在我要走了，我可以说了。起初，我担心作为一名自由职业者，我的收入不够，但第一年后，我的表现并不差。所有这些零钱每年都能带来大约 30 万英镑的总收入。有时候我和女儿会带着 1000 英镑回家！我唯一不需要的就是养老金！"

"那很好。"托马斯回答，但语气表明他并没有认真倾听。他把一枚 50 便士的硬币放在碟子里，祝乔西万事如意。

在返回纽伯里的 M4 公路上不会出现交通堵塞。

原始的自由职业者

在《阿姆斯特朗和米勒的喜剧》（*The Armstrong and Miller Show*）的一场幽默短剧中，一位穴居人在面试时正坐在另一个部落的三名成员对面。

"你是干什么的？"一个部落成员问道。

求职者回答："我是猎手。"

"我们有很多猎人。"一位女部落成员感叹道。

"我也是采集者。"

第三个部落成员："你是狩猎采集者吗？"

求职者自豪地回答："现在人类需要很多技能！"

在祖先的时代，工作并不是一个概念。正如黑猩猩不具有职位及不担心薪水缩水一样，史前人类也没有就业的概念。部落中

第四章
怎样的工作适合我们

的每个人都必须寻找食物并帮助准备食物，每个人都有责任让火继续燃烧，每个人都帮助抵御敌人，每个人都照顾自己和其他部落成员的孩子。一旦我们的祖先满足了他们的基本需求，他们就会从事社会活动，如讲故事、讨论政治、唱歌、跳舞和其他团体融合的仪式。"工作"和"私人生活"之间没有区别。没有老板，没有工作，没有合同，没有薪水，也没有养老金。简言之，先祖人类是全方位的自由职业者。

长期以来，科学家们一直认为，大多数时候，狩猎采集者都在为生存而苦苦挣扎，饥饿从未远离他们。20世纪60年代，人类学家马歇尔·萨林斯（Marshall Sahlins）和理查德·B.李（Richard B. Lee）彻底改变了这一图景。他们提出了原始富裕社会理论，该理论认为狩猎采集者的生活需求得到了充分的满足，他们根本没经历过生活困苦。平均而言，祖先们需要的"工作时间"比现在的人要少得多，与农业和工业革命后相比也是少得多。根据这些人类学家的说法，我们的祖先有"极其多样化的饮食"，生活在一个"富足"的世界。一旦他们拥有了足够的食物，他们就别无所求了。换句话说，这是人间天堂。

早期的**智人**实际上是通用型人（或全能的自由职业者），今天的狩猎采集者仍然如此。当然也有一些小分类：从广义上讲，男性打猎和保护群体，女性收集坚果、水果并照顾孩子，但这些任务无疑是重叠的。人们主要做他们擅长的事情，特别是如果这对他们自己和整个群体都有利的话。但通常他们也会执行他们不擅长的任务，仅仅是因为需要做这些事情才能活下来。人们需要

> **错位的本能**
> 古老的大脑是如何愚弄我们的

吃东西，收拾东西，继续前进，找个地方睡觉。就像现代的露营旅行，家庭成员都必须参与，不能依赖超市、房东或水管工。

在史前时期，即使是部落中最有影响力和声望的人，即部落的首领，也会花一整天的时间做必要的事情来照顾自己和周围的环境。在业余时间，他会参与集体政治，有点像业余足球俱乐部的主席或今天摩托车俱乐部的负责人。

我们的祖先在晚上睡觉的地方附近"工作"。他们不必上下班或面临交通堵塞。当部落的人外出狩猎时，他们可能会离开几天，特别是当猎物离他们有一段距离时，但他们每天都不会走很远。朋友、亲戚、同事和部落成员，所有这些类别合并，每个人都是更大整体的一部分。没有真正的同事，私人生活和工作之间没有明确的区别，无论是生理上还是心理上。没有人需要简历，没有人需要学习、培训或规划自己的职业生涯。年轻人"在工作中"从成年人那里学到了技能，这与成功的电视节目《学徒》(*The Apprentice*) 不谋而合。节目中的唐纳德·特朗普（Donald Trump）或英国的艾伦·苏格（Alan Sugar）为有才华的年轻人提供了当学徒的机会。如果你想成为一名猎人，你只需追随最好的猎人，并从他们那里学习追踪痕迹的技巧。在某些有价值的领域培养人才会给你带来更多的声望，最终会带来更多的性和后代。

以物易物

在祖先时代，产生了一些以物易物的现象，这产生了初步的

第四章
怎样的工作适合我们

专业化。如果你带着一大块肉从大草原回来，你可以把它换成其他东西，比如性（前面提到的"肉食换性理论"），或者额外的柴火。交易刻在我们的基因之中。英国经济学家亚当·斯密（Adam Smith, 1723—1790）在《国富论》（*The Wealth of Nations*）中指出，人们有交换物品的冲动，这一趋势在任何其他动物物种中都没有观察到。用他的名言来说："人是交易的动物：没有其他动物会这样做，没有狗会和其他动物交换骨头。"是的，这是从史前开始的。在澳大利亚，研究人员发现了绵延数千公里的交换网络，在澳大利亚南部发现了来自该国北部海滩的贝壳，在北方发现了使用南方石头制作的矛头。因此，显然存在着一条贸易路线，在这条路线中，有价值的物品被交换给其他人。

这就是所谓的"以物易物经济"。在货币发明之前，以物易物是唯一的交易方式。但这种类型的经济存在许多障碍。首先，对事物的需求和其他事物的供应并不总是同步的（想象一下，你刚吃过东西，有人拿着一块肉来找你，以换取你在过去几天里一直在使用的矛头）；其次，很多东西都是易腐的（没有冰箱，肉很快就会有异味）；再次，很难评估货物的确切价值（为什么一个矛头值两个鸡腿，而不是三个？）；最后，并不是所有的东西都是容易分割的（很难和别人交换半个矛头）。

小心骗子

进化心理学家勒达·科斯米德斯（Leda Cosmides）和约翰·

错位的本能
古老的大脑是如何愚弄我们的

图比（John Tooby）认为，人脑已经适应了交易和以物易物，因为它为个体提供了优势。"我想从你那里得到一些东西，我现在或以后会为此奖励你的。"我们称之为互惠原则。为了使这一系统有效运作，人们需要有能力识别和揭露潜在的骗子。这种"骗子检测"机制的存在是为了防止我们在易货过程中被利用。该机制寻找能够预测或揭示与我们交易的人是否会愚弄我们。你自己想想：你不愿意把钱包给谁？你不愿意把房子钥匙给谁？你可能会发现只有很少的人是你绝对信任的人。

为了确定人们是否能够发现作弊者，科斯米德斯给哈佛大学的学生们安排了所谓的"沃森选择任务"。这是认知心理学家彼得·凯斯卡特·沃森（Peter Cathcart Wason）在1966年提出的一个逻辑难题。向人们展示四张卡片，用它们来证明一个命题。假设您在面前的桌子上看到以下四张卡片。

需要证明的命题如下："如果卡片的一面有一个偶数，那么另一面就有一个元音。"你需要翻动哪张卡来证明这个命题是正确的？请自己试试看。

答案是带有偶数"2"和辅音"T"的卡片。第一张背后应该是一个元音，第二张背后应该是一个奇数，这样命题才是正

第四章
怎样的工作适合我们

确的。

别担心，只有不到10%的被试答对了。事实证明，我们很难理解这种抽象逻辑。那代表着，直到我们用日常生活和正常行为中的例子来取代抽象的标准概念，特别是当它们与侦查骗子有关时，我们才会更容易理解逻辑。以下面这些卡片为例。

这个命题说："如果你喝酒，你必须达到 18 岁。"问题是：我们应该检查哪张卡？第一张卡上写着 18 岁，所以不需要检查。第二张卡片上写着 16 岁，所以不允许喝啤酒。如果我们把这张卡片翻过来，反面显示一个 16 岁的孩子手里拿着一瓶啤酒，我们就证伪了命题。第三张卡片上是喝可乐，所以不必翻面，因为任何人都可以喝可乐。第四张卡片上是喝啤酒，所以我们需要检查一下这张卡片，看看喝啤酒的人是否达到 18 岁。

大多数人对选出"16 岁"和"喝啤酒"的卡片没有任何困难。科斯米德斯和图比认为，应用这些逻辑规则是我们揭露骗子的机制之一。如果有人把车借给别人，而车在还回时油箱是满的，那么就可以很容易地判断出那人是否会继续借车。如果油箱没有装满，那么这辆车就再也不会被借出去了。

看来，在社会环境中，人们比在其他领域更能理性地进行推

> 错位的本能
> 古老的大脑是如何愚弄我们的

理，这使得它有可能是一种适应以减少被欺骗的机会，特别是在交换和有利的环境中。我们很高兴能和部落的其他人分享额外的肉，但只有在我们得到同等价值的东西作为回报的时候才会如此。

交易，交流，交往

如今我们仍然喜欢交换，从邮票到足球卡，通过这样做，我们赋予了事物价值，就像我们祖先所处的时代，那时钱还不存在。和我们一样，我们的儿子也收集帕尼尼足球贴纸，这已经成为一种名副其实的崇拜。有报纸报道，自 1961 年以来，这家意大利家族企业已经发行了 1000 多亿张卡片，如今每年在 60 个国家发行 50 亿张。2014 年，当帕尼尼为巴西世界杯发行特别套装时，《经济学人》(*The Economist*) 的一位记者计算出，十个人总共需要购买 1400 多包五张卡片才能拼完全部十张的套装。没有一个孩子或父母能买得起那么多包，所以如果你想完成你的套装，你必须交换，就"像一个穴居人"。

我们在互相借出东西的过程中也得到了极大的满足："嘿，邻居，我能借用一下你的锤子吗？"社会上似乎对这种易货经济有了新的需求。许多新的社区倡议如雨后春笋般涌现，部分得益于互联网。通过互联网，个人可以相互借阅、交换或共享物品及服务。在有些网站上，人们可以提供一种特殊的服务（"我是一个有十年工作经验的儿童照看者"）来换取另一种服务（"今天

第四章
怎样的工作适合我们

下午我需要一台高压清洁器")。还有些网站允许邻居相互借物品。它不涉及任何资金，税务机关也不介入。没有什么原始的东西对我们来说是陌生的。

交谈促进交流、贸易、谈判和防止滥用的行为。从进化的角度来看，谈论他人是人类社会关系的核心。在早期，谈论他人（"八卦"）是一种增进团体凝聚力和检验某人声誉的方式（"我能相信他吗？他是个骗子吗？"）。这些事发生在饮水机周围，在吸烟休息期间发生在过道上，或者发生在篝火周围。进化心理学家布拉姆·布克（Bram Buunk）写了一本名为《工作场所的原始驱动》（*Oerdriften op de Werkvlore*，2010）的书，书中讲述了工作中流言蜚语的重要性和其他内容。他指出，在大多数关于组织的科学文献中，流言蜚语被视为消极的东西，而事实并非如此，或者至少不一定如此。

一些科学家，如进化心理学家罗宾·邓巴（Robin Dunbar）认为，语言是人类为了能够在大型社会群体中生存而进化出来的。人类需要同伴才能生存。类人猿之间通过梳理、抚摸和挠痒痒保持良好的关系，而人类则通过聊天来建立社会关系。语言相比于动物间的梳理毛皮可以让你一次照顾更多的人，所以使用语言，你可以生活在更大的群体中。我们通过语言收集有关该群体的信息，并与他人分享我们的观点、愿望和不满。我们是会说话的类人猿。我们也是八卦的类人猿。

布克认为，八卦有多种功能。我们的大脑并不具备在大群体中进行对话的能力，一旦一个群体变得太大，对话就会分裂成不同的小交流。下一次参加聚会或会议时，请验证这一假设。当超过四个人参与一次对话时，除非有人主持对话，否则对话会分裂成两个人和三个人的小组对话。流言蜚语的交流目的与其说是分享信息，不如说是分享观点。广义的流言蜚语是"一种对其他人更深层次动机的调查，比如关于他们的忠诚在哪里，以及他们的意图是什么"。而且，因为我们往往更容易记住消极的故事而不是积极的故事，"八卦"有着令人讨厌的内涵。然而，恶意的流言蜚语远不如在人们背后传播的中立或积极的"八卦"那么普遍。罗宾·邓巴和其他人的研究表明，只有3%~4%的流言蜚语构成了真正的诽谤。

佛兰德传播科学家夏洛特·德·贝克尔（Charlotte De Backer）在其著作《闲聊，为什么闲聊是健康的》（*Roddelen, waarom Roddelen gezond is*，2006）中区分了不少于16种类型的闲聊。流言蜚语的功能主要是收集有关我们追求的相关进化目标的信息，我们能从中学到：①关于我们的健康；②寻找伴侣并保持伴侣关系；③与他人接触；④他人的名誉；⑤谁与谁发生性关系；⑥我们的性竞争对手是谁；⑦我们可以贬低谁；⑧我们如何发现骗子；⑨我们可以与谁合作；⑩我们可与谁不合作；⑪我们与谁保持着关系；⑫谁可能是盟友；⑬谁可能是我们的敌人；⑭我们如何保持或提高我们的声誉；⑮我们如何改善他人对第三方和我们自己的印象。

除了收集信息外，贝克尔还区分了"八卦"的三个重要功能。流言蜚语也是一种工具，可以监视他人（"你知道约翰给经

第四章 怎样的工作适合我们

理发了一封关于你的电子邮件吗？"）、操纵他人（"如果我是你，我就不会相信约翰，因为你不知道他在上一封电子邮件中写了什么"）。最后但并非不重要的是，流言蜚语是一种娱乐形式。

我们祖先大脑的痕迹也可以在现在的工作和培训的选拔流程中找到。如今，我们有标准化的测试来衡量某人的智力和能力，也有评估来确定员工是否适合一家公司，这些测试显然在过去并不存在。但是，即使这样的测试能够100%准确地预测某个人将是某个特定组织的最佳匹配者，你会仅仅基于这一点来考虑他吗？不，当然不是。我们想在任用这个人之前先看到他，我们想和他说话，听到他的声音甚至闻到他的气味。一个（有趣的）线索是，筛选其他公司求职者的选拔机构在招聘自己的员工时通常不进行测试。即使是专业的组织心理学部门（通常是这些测试和评估的创造者）也犯了这样的错误。

其他祖先的痕迹：以色列研究人员最近发现了我们与（新）同事握手的原因。当科学家们秘密地拍摄彼此握手的人时，许多人在事后潜意识地嗅自己的手（互联网上有一些关于这一点的精彩视频）。确切的机制尚未完全确定，但假设是手的气味可以向我们的大脑传递有关某人感觉到什么情绪的信息：如果气味是"焦虑的"，那么这可能表明另一个人在隐藏什么。下次和别人握手时要记住这一点。

在现代社会中，我们在工作上花费了太多的时间，我们石器时代的大脑把我们的同事视为亲密的朋友（"密友"），这让我

错位的本能
古老的大脑是如何愚弄我们的

们大吃一惊。现在,我们有在家的生活和在工作中的生活。在过去,这种分离并不存在,而事实上,我们现在花这么多时间在工作上导致了我们亲密关系中的许多问题。如果你经常见到某人,那么这将是过去亲密关系的表现。很多次看到某人实际上意味着那个人和你很亲近。例如,搬到另一个营地相对容易避开我们不喜欢的人。亲密是一种自由的选择。当我们日复一日地被迫在同一个空间里与人共度时光时,我们的大脑将其视为亲密的标志。许多人把工作环境和家庭环境混为一谈。我们的大脑是原始的。如果我们每天都见到某人,这表明我们必须关心他。因此,我们爱上了我们的秘书,也因为安排了与其他人的会议而与同事产生了争执。研究表明,超过30%的员工曾在某个时候爱上过同事。据说,约18%的员工与同事有过恋人关系。

从农业革命到工业革命

农业革命和后来的工业化导致了许多工作专业化。人类从个体劳动者变成了专门的工资奴隶。以前许多人住得很近,食物很容易买到。在史前,最初的以物易物的形式变成了一个有效的系统,在这个系统中,一个人生产谷物(农民),另一个人把谷物变成面包(面包师),还有一个人用他的肉(屠夫)换面包。所以,每个人的利益都得到了满足。亚当·斯密在其著作《国富论》中写道:"我们对晚餐的期待不是从屠夫、酿酒商或面包师的仁慈中而来,而是从他们对自身利益的关注中而来。"

第四章
怎样的工作适合我们

经济学家大卫·李嘉图（David Ricardo，1772—1823）是最早研究专业化经济利益的人之一，不仅研究国家，而且还研究个体劳动者（"相对比较优势理论"）。通过专业化，人们、地区和国家能够更有效地组织他们的劳动力，从而创造更多的交流机会。同样，我们可以在阿姆斯特丹的现代微博客"俄狄浦斯"（Oedipus）中看到这一点，这是由四位好朋友在一波新的微博客浪潮中创立的。起初，这四个人一起做每件事，他们在一起的时间比和各自的母亲在一起的时间要多。这四位年轻人，一位心理学家、一位水文学家、一位人类学家和一位艺术家，他们是在学校认识的。他们在阁楼厨房里酿造了第一瓶啤酒。他们的柠檬草啤酒和四川辣椒啤酒深受公众欢迎，很快他们就实现了年酿造8万升啤酒。到那时，他们公司的职位已经填满了。第一个朋友是最好的酿酒师，第二个是最好的推销员，第三个是最熟悉财务管理的人，第四个则为未来制订了最好的计划。专业化是他们成功的催化剂。

这正是农业革命后发生的事情，人们开始填补社会空缺。士兵、公务员、经理、裁缝、武器制造商、建筑商、渔民、面包师、金属工人等职位出现，最终所有可能的职位都由具有特殊才能的人担任。社会越复杂，专业化就越深入。该系统唯一缺少的是让农民相对容易地将产品与屠夫的产品进行交易的东西。因此，交易和贸易协议必须记录在你可以握在手中的记忆载体里。第一个被发现的文本（可以追溯到5000~6000年前）是一个关于商业交易的票据。农业革命最终使我们发展了储存和传递信息的方法。事实上，你现在可以读到这本书就是我们对面包的喜爱的众多后果之一。

　　工作和专业化的增加也引发了对有组织教育的需求。在过去，人们习惯于每天跟随部落中几个榜样中的一个，但在更专业的时代，这已经不够了。在任何人能够敲打金属或雕刻铭文之前，他们都会接受多年的教育。人们建立了学校，创建了行会，制定了规则。当所有的社会领域都被占据时，它产生了一种相对稳定的凝聚力。由于继承（史前几乎不存在的另一种现象），屠夫的儿子自动成为屠夫而不是珠宝商。

　　随着专业化的发展和贸易路线的日益延长，鱼贩需要能够相对顺利地用新鲜的农产品换取助产士的服务。必须引入一种确定专业化价值的方法，因为"以物易物"和"商品货币"常常会产生关于可分割性和保质期的问题。2500~2700年前，货币开始在三个不同的地方（中国、印度和地中海沿岸）被独立地使用。货币作为一种支付和交易方式，其引入本身产生了大量新的工作，因为货币必须被铸造、管理、保管和运输。因此，金钱是一项新发明，我们的大脑很难评估它的价值。我们能用100万英镑做什么？一品脱牛奶要多少钱？你买这本书花了多少钱？你每年税后挣多少钱？多项研究表明，人们在理财方面有困难。这完全有道理，因为金钱不是一种生物适应，而是一种最近的文化创新。金钱是一种虚假的暗示。换句话说，失配正在等待着我们。

　　农业革命产生了农民，工业革命产生了"劳动者"。蒸汽机以无数种方式改变了生产过程，导致了超专业化。工人们对他们

第四章
怎样的工作适合我们

生产的产品完全疏远了。工人们在机器的小齿轮上工作。从纺织品生产到服装再到汽车，工人阶级被安排在大型工厂从事令人麻木的重复性工作。事情以前所未有的巨大规模进行，这只会增加贸易，进而产生无数新问题。

在工厂旁边，建造了大型阴暗的住宅区来安置工人。社会在富人和穷人之间分化。资本主义出现了，为了对抗这一点，社会主义试图让世界远离所谓的"异化"，即人们和他们的劳动生产以人类进化史上前所未有的方式分离。工业革命还没有结束，即使我们现在称之为数字革命，我们仍然在它的冲击之中。在我们的生活中，飞速发展的技术继续对工作流程产生巨大的影响（例如，过去几十年中的计算机化、数字化和互联网化）。结果是大量的新线索误导了我们的大脑，而且导致了失配。

工作失配

当我们的原始大脑对某些线索做出了错误的反应，而这些线索在祖先时代可能导致对我们有益的行为，从而使我们走错了方向时，失配就会出现。在我们为自己创造的工作环境中，各种各样的线索会导致我们做出错误的选择，给我们的幸福带来不良后果。

首先，我们发现很难接受我们为老板工作的事实。简言之，我们无法忍受我们的老板。因此，我们并没有拼尽全力。大多数员工早上九点准时上班，五点准时下班。如果我们醒来时宿醉或间歇性头痛，我们会毫不愧疚地请病假。这种行为源于对我们"工作—生活平衡"的不满。这不是我们祖先时代的习惯，因为当时我们是自己的老板。

公司的组织氛围调查显示，人们在与直接上司、部门经理的互动中压力最大。在大草原上，没有经理或中层经理。工作是在小组协商一致的基础上做出决定的，而不是在等级制度的基础上做出决定的。现代组织已经变得过于形式化和制度化，这与我们的小团体本能背道而驰。研究表明，员工需要极大的自主权，这是一种对自由职业的原始偏好。人们希望独处，并且不希望有流程主管天天盯着他们。同样的研究表明，员工认为自主和社会交往比薪酬更重要。这也是祖先的偏好。我们的愿望并没有改变，只是我们工作的环境改变了。

专业化

印刷术发明后不久，铅字由印刷工自己铸造。一段时间后，专业型排版人出现了。排版是手工完成的：排字员从一个字盒中挑选出各个字母，并将它们倒置，以正确的顺序放在一根金属排字棒中。

从19世纪起，手工排版被自动排版机所取代。直到20世纪70年代，专业的排版人一直在为没有排版机的打印者提供服务。这种排版人如今已经成为历史。

机械化也降低了印刷过程的劳动密集度。在20世纪初，第

第四章
怎样的工作适合我们

一台胶印机的开发，现在打印机使用的计算机控制的激光技术和系统，都导致了许多工作岗位的消失。显然，过度专业化会导致许多失配。

以本书的作者之一为例。他是一个被称为"科学"的巨大机器中的一个小环节，是世界上一个特定学科的唯一专家。如果他的大学决定削减他的系，他可以在哪里继续他的专业教育？强大的专业化是失配的，因为即使是环境中最微小的变化，结果也可能是灾难性的，整个纸牌屋都可能崩溃（因为全球经济危机同样是一个齿轮卡住的结果：银行流动性太低）。

专业化导致了工作中的疏离感。我们最喜欢做有价值的工作。我们想参与"更大的故事"。但在大多数组织中，这一情况并不存在。负责生产过程中一小部分的人失去了全面性和参与性。我们的自主大脑"不喜欢"成为一个大得多的轮子上的小齿轮。在荷兰小说《研究所》（*Het Bureau*）中，J. J. 沃斯基尔（J. J. Voskuil）以惊人的美感和洞察力描述了这一点，这部史诗长达5000多页，故事发生在一个从事信息记录的研究所，主角的具体职责是"民间传说"。这本书讲述了一个孤独的人在办公室工作的故事。在工作中，他要面对着毫无意义的工作，办公室幽默，隐藏的紧张、恼怒、骚扰和同事的谄媚行为。这本书讲述了30年来的故事，你会看到，在一间封闭的办公室里，日复一日、年复一年地努力工作，随之而来的压抑情绪会给你带来什么。

错位的本能
古老的大脑是如何愚弄我们的

为什么我们无法适应压力

早在19世纪中叶,工作与休闲之间的分界线就一直是人们关注的问题,人们将幸福定义为工作与娱乐之间尽可能少的分离。"工作—生活平衡"的概念相对较新,可以追溯到20世纪70年代末的英国,直到1986年才在美国使用。许多研究表明,工作与生活往往是不平衡的,过度倾向于工作,从而导致许多员工的极大不满。我们想要休息时间,这表明我们更加偏向哪一部分。

如前所述,我们的大脑在不同层面上与私人生活和工作的混合方式进行斗争。失配的发生是因为我们把紧张的工作关系与亲密和爱混为一谈。因为比起我们的丈夫或妻子,我们更多地看到同事,这对我们与伴侣的关系形成了持续的威胁。这就是为什么一些组织禁止同事之间的浪漫关系,如果两个同事关系十分亲近,其中一个必须离开。工作场所通常是一个等级森严的环境,这也使得亲密关系具有风险。一些美国大学解雇与学生恋爱的教师。

我们的原始大脑无法区分工作和私人生活。这就是为什么我们很多人都患有与工作有关的失眠——我们把工作带回家。最近的研究表明,狩猎采集者中不存在失眠现象。工作会给家庭或婚姻带来巨大损失。人际关系紧张的人往往把这归因于他们的工作环境。有研究显示,75%的人下班回家晚,72%的人因为工作压力感到疲劳，48%的人认为他们在家的时间太少。我们已经将家庭和工作领域分开，尽管从进化的角度来看，它们是密不可分的。

这与我们在工作场所如何感受压力有关。在远古时代，我们面临的威胁往往是短暂的：一条蛇在灌木丛中沙沙作响，一个必须躲避的捕食者，一个正在进攻的敌人。在这些情况下，我们的压力系统会被激活，皮质醇会产生，我们会在战斗、逃跑或僵住之间做出选择。这一反应至关重要，没有它，早期人类就无法生存。压力只持续了很短的一段时间，当威胁被驱散后，我们的系统就会恢复平衡。斯坦福大学的神经生物学家罗伯特·萨波斯基（Robert Sapolsky）在其著作《斑马为什么不得胃溃疡》（*Why Zebras Don't Get Ulcers*，1994）中解释说，工作场所会导致一种完全不同的压力。与工作相关的压力使我们的压力系统处于持续的准备状态。我们的身体不断地被皮质醇淹没，这一事实导致了各种各样的健康问题，这些问题不会影响斑马（或人类的祖先）。我们所经历的许多紧张都与工作直接或间接相关，而且是长期的。我们的身体不能处理持续供应的皮质醇，导致疲劳、溃疡和心脏疾病。

在最极端的情况下，压力使工作场所变得致命。根据美国劳工部的统计数据，在2006年至2010年间，平均每年有500多名员工在工作中被杀，其中大部分是由于枪击事件。暴力抢劫是主要原因，但也有员工向同事开枪的情况。管理者面临的风险更大，这一点显而易见。2015年10月，愤怒的法国航空公司的员

错位的本能
古老的大脑是如何愚弄我们的

工袭击了公司的一些高管,抗议数千人失业。

薪酬和退休

我们目前的奖励制度,包括以金钱换取服务,是一项新发明,伴随着大量不可抗拒的、夸张的、有时甚至是反常的情况。我们的大脑很难评估金钱的价值。我们的祖先可能没有参与过工资谈判或养老金计划,但问题没有改变:交换是否公平,是否足够?我们关注同事的收入,并希望获得类似的收入,或者更确切地说是多一点。

先祖人类("没有养老金的自由职业者")不关心养老问题,而现代人也同样对养老金缺乏兴趣。这里的失配是,随着我们预期寿命的延长,我们将从一笔可观的养老金中获益,但这是我们的史前大脑无法掌握的。我们必须在此时此地为一个不确定的未来拨出一些钱,这让我们本能地感到还有很长的路要走。我们会每天推迟投资养老金。投资养老金就像戒烟:你可以一直推迟,直到为时已晚。

在过去几十年中,劳动力市场发生了根本性的变化。直到大约20年前,它的组织方式都是:许多人(除了各种各样的企业家、独立贸易商和专业人士之外)都选择全职工作,长期为一个雇主工作。养老金是每月从人们的工资中扣除的一笔款项。人们没有考虑过他们的养老金。他们认为国家会照顾他们,即使他们已经停止工作。20年来,劳动力市场发生了重大变化。自由职业者的数量有所增加，福利国家被彻底改革，为一家公司工作不再意味着安全。在荷兰，在写作本书时，约有200万个体经营者签订了零小时合同。根据最新的数据，在英国有4600万人是自由职业者，占总劳动力的15%。

人们对体面的养老金的需求变得更加迫切，但人们对它的兴趣似乎成正比地减少了。我们在这里看到了大量的认知失调和回避行为。此外，人们对金融业也有诸多不满，这与银行和保险公司的应受谴责的行为有关。许多人已经成为误导性的、定价过高的保险单和阴险的金融活动的受害者。这就引出了一个令人焦虑的问题：30年后我需要钱的时候，我的钱还会在那里吗？会不会因为隐藏的成本而失去了所有的价值？

养老金危机是失配的结果。如果自由职业者和零小时合同工不打算建立体面的养老金，我们将面临一个巨大的社会问题。根本没有足够的桥梁让所有未来的老人睡在桥下（或跳下桥）。传统的市场营销很难打动30~50岁的人群。事实是，多年来，养老保险公司一直把退休后的生活方式描绘得非常美好；当我们想像广告中60多岁的老人一样兴致勃勃地周游世界时，我们需要养老金。没有人有勇气制作负面的广告，宣传当我们如果没法照顾自己时会发生什么。

懒骨头

工人们有着许多身体上的抱怨，这些抱怨与工作中的失配有关。我们花了太多的时间坐在车里，以及坐着做我们的工作。这意味着我们运动不够，这对我们不利。各种各样的研究都表明锻炼是多么有益。体育运动是提高创造力、生产力、学习能力和决断力的途径。据阿姆斯特丹大学运动研究所的运动科学家艾瑞克·谢德（Erik Scherder）说，特别是老年人应该多锻炼，因为这对他们的运动系统和记忆力都是有好处的。记忆力与在体力活动中产生新的神经元有关。

研究表明，上班前进行剧烈体育锻炼的员工，其工作效率要高23%（尽管因果关系很难区分，因为他们可能是非常健康的人，喜欢在开始一天的工作前流汗）。科学家们比较了轮流骑自行车和开车上班的人。骑30分钟的自行车足以对创造力和清晰的思维产生明显的影响，这种影响在运动几小时后仍会持续存在。换句话说，组织应该鼓励使用自行车。

最后，当员工们更多地四处走动时，困难的决定就变得不那么困难了。在对高管和员工进行了长时间的研究后发现，更多的体力活动能够显著改善解决难题的能力。一项进一步的研究表明，健康、积极的上班族犯的错误比那些久坐懒散的同事少27%。

找到出路

我们可以通过各种方式为处理工作场所的失配问题做出贡献。很明显，我们可以什么都不做，这永远是一个选择：坐等事

第四章
怎样的工作适合我们

情顺其自然。那些痴迷于工作的人无论如何都没有时间生孩子，因此他们从基因库中被排除，更有利于那些没有雄心壮志的同事。问题会自行解决的。

但为了做点什么让我们的工作更有目的和意义，我们可以解决极端的专业化问题。一个工作的人希望得到肯定：他的努力是值得的。在这个时代，装配线上的工作越来越令人不愉快，人们在履行职责时需要"社会价值"。人们不再希望成为更大机器的齿轮，这反映在大众等公司的生产过程中。那里的系统已经改变，每个员工都要负责汽车的每个部件，并且可以被雇佣来组装任何部件。他们不再生产一扇门，而是生产整辆车。今天他们在做门，明天在做窗户，后天在做前轮气门，等等。这些工作一定是值得的，而且是有效的：自从引入这些工作方法以来，大众汽车的员工更喜欢去工作。

据组织科学家的说法，组织中积极的专业人士越来越多，他们不应该受到太多的监管和监控。集体抱负似乎比那些"试图规划工作流程"的管理者更占主导地位。当员工积极参与，而不是总有一个老板在他们之上时，他们就会更加具有动力。他们希望能够对自己如何工作及在何种情况下工作有发言权。工作委员会、参与委员会和内部咨询论坛像是遵循了先祖组织制度的部落，每个人的投入都得到了保证。共同决定是一种匹配。

同理，我们可以创建更小、更扁平的组织和公司部门，以减少公司内部的匿名性。我们大脑中负责思考部分的皮层大小决定了我们能够处理多少社会信息，以及这些群体的规模应该有多大

错位的本能
古老的大脑是如何愚弄我们的

才能让我们感到舒适（这是我们在第一章中提到的社会大脑假说）。我们在100~150人的群体中表现良好。我们不可能理解那些对我们的社会头脑来说太大的公司。

为了使我们能够与我们古老的社会大脑一起工作，我们可以在大公司的每一个层级中引入部落文化。这意味着诸如飞利浦或伦敦大学这样的重要组织应该由大约100~150个人的部门组成，其中工作人员在平等和非正式的基础上进行互动。在这些不同的部门之上将是一个总的监督部门，也是由大约100人组成的"部落"。如此，一个庞大的组织可以自下而上进行重组。

组织结构扁平的大型公司的一个例子是美国戈尔公司，该公司生产多种合成纤维，如著名的戈尔特斯（Gore-Tex）。该公司由化学家比尔·戈尔（Bill Gore）和他的妻子维夫（Vieve）于1958年成立。它现在雇用了1万名员工，但令人惊讶的是，他们没有管理人员，没有职称，结构极其简单。如果一个部门的员工人数超过150人，则会成立一个新的部门，从事完全相同的工作。公司的一切都专注于人际关系和社会互动。戈尔公司由负责特定细分市场或流程的小型单位组成。每个团队都有一个领导者，但他是由团队自己根据我们祖先提出的问题和要求来选择的："我应该跟随谁？""谁最能帮助我？"和"谁能教我最多？"巴西公司Semco同样遵循这一祖传哲学，也取得了成功。"网络治理"是一种消除不匹配的方法。一些治理专家认为，这是未来的组织模式，但事实上，它源于我们遥远的过去。

我们的祖先对他们的亲属有很大的信心，这在今天产生了影

第四章
怎样的工作适合我们

响。在荷兰，大约有18万家家族企业（具体数字取决于其定义）共同承担着40%以上的工作岗位和近50%的GDP。在拥有多于100名员工的大公司中，相当一部分（据说是45%）仍由家族掌控。研究表明，这些家族企业比其他企业更好地经受住了金融危机的风暴，因为成员之间相互信任，并愿意做出牺牲。

应对失配的一种方法是让员工成为公司的所有者（这样做可以创建一个人工家庭）。合作社又流行起来了。我们可以以前面提到的阿姆斯特丹微博客"俄狄浦斯"为例，所有在那里工作的人都拥有它。他们一起负责一切。如果有人偷工减料，其他人会对他大加斥责，这也很像祖先的互动方式。类似地，有人提到，重新引入旧的合作银行是解决银行业危机的一个办法：如果这是银行家们自己的钱，他们在做出鲁莽的行为之前会三思而后行。

此外，办公室、工作场所和建筑的设计方式有助于消除失配。作为员工，我们不再喜欢整天坐在封闭的隔间里，而是希望成为一个拥有大量绿色植物的更大空间的一部分，这为咨询和闲聊提供了充足的空间。而且，组织研究中存在着"门户开放政策"，建议员工、经理、主管甚至首席执行官"敞开大门，以鼓励公司员工的公开和透明"。开放政策的结果是产生一种合作和相互尊重的气氛。它还能保持空气流动，这对那些在空气质量问题或病态建筑综合征中挣扎的公司是有好处的。工作环境越环保，就越符合我们的自然历史。本书作者之一的研究计划旨在描绘这一现象的影响（见第八章）。

有职业健康专家认为自由职业者是狩猎采集者的表亲。自由

> **错位的本能**
> 古老的大脑是如何愚弄我们的

职业者每天都在寻找一只角马或一块有水果和坚果的土地，而全职职业者则类似农民。在过去，我们的祖先都是不断寻找机会的专业自由职业者。我们应该设想一个系统，在这个系统中，为我们工作的人数会增加。也许有一段时间，科学家将不再受雇于某一所大学，而是在一年中的某个时候与牛津大学签订合同，然后在该年晚些时候与莱顿大学、斯坦福大学或爱丁堡大学签订合同。

也许还有更好的方法来确保工作和生活更加协调一致。居住在利兹并在曼彻斯特一家会计师事务所工作的人应该能够与居住在曼彻斯特但在利兹工作的会计师进行交流。或者废除时钟，让工作时间真正灵活。工人们能够自己决定什么时候他们的生产力最高。然而，在家工作也有它的缺点。在家工作可能是灵活的，但那些在家里追逐牛羚和水果的人可能会被社会孤立，并伴随着很多问题。例如，家庭工作者缺乏环境提示来告诉他们什么时候该休息一下，或者去和同事一起吃午饭。研究表明，当这些线索缺失时，人们工作的时间比理想情况下要长得多，他们无法放下工作。对于这些类型的失配，咖啡馆已经被发明出来，在这里人们可以同时工作和喝咖啡。

再说一遍，人们在工作中应该更加积极地锻炼身体。解决这个问题的办法是工作场所的健身房、站立使用的办公桌、坏掉的电梯和公司的自行车。

最后，我们衷心推荐祖先易货经济的现代版本，尽管我们要求你避免使用图书交换网站，它们可能导致（本地）社交网络的关闭。

第五章　追随领袖

2014年7月17日午夜时分,一个奇异而沉痛的时刻。少数对政治感兴趣的人们迟迟没有入眠,关注着现场直播中的新闻发布会。欧盟的28国领导人已经无数次无法达成协议了。一些高级职位需要填补,但为此在布鲁塞尔召开的欧盟峰会却不能或不愿做出决定。

在夜间新闻发布会上,德国总理安格拉·默克尔(Angela Merkel)告诉记者和欧洲人民,峰会又一次以悲惨的失败告终。她遭遇了困难,但当时的她可是势头正猛,虽然2014年初的滑雪事故对她产生了影响。

在此之前的几年里,默克尔煞费苦心地建立并巩固了她在德国乃至欧洲的权力基础。她成功地将一名中情局局长以间谍罪驱逐出国,向美国和世界展示了她的强硬实力,亦不负她"铁血总理"的绰号。民意调查显示,默克尔的支持率远远领先于她的政治对手和盟友,创造了77%的历史新高。

在与其他领导人会晤的三天前,被本国人民亲切地称作Mutti(德语意为"妈妈")的默克尔在巴西一间闷热的男更衣室里,与德国国家足球队的球员们一起欢呼,庆祝他们赢得了世界杯。默克尔对人民运动的热爱是发自内心的,她曾与德国队的

错位的本能
古老的大脑是如何愚弄我们的

男孩们和教练约希姆·勒夫（Joachim Löw）一起兴奋高呼、手舞足蹈，后者令人信服地带领德国队在世界杯中获胜。对于球员们来说，默克尔就像他们的幸运护身符；为了母亲般的总理，他们付出了加倍的汗水和努力。

而现在，默克尔正和几十名无聊的记者坐在一个房间里，他们想知道为什么政府领导人之间的讨论再次以落空收场。欧洲正面临着重大问题，而决策上持续的优柔寡断破坏了欧陆人民希望政策有效的愿景。这让默克尔感到痛苦。2011年，她被《华盛顿邮报》（Washington Post）评为无可匹敌的欧洲领导人："默克尔用狡猾而不失顽固的手段，迫使整个欧陆（或许是整个世界）屈从于她的意志。"

像默克尔这样一位身材稍显矮小、长着温柔娃娃脸的女人能够走到这个位置上，是非同寻常的一件事，因为她几乎不符合一个有魅力的理想领导人的刻板印象——那种能够用远见和观点打动人们，激发人们的想象力的领袖。默克尔看上去稳重、不显眼，所有这些特征都已被证明是获得行政地位的障碍。默克尔不是强势的女性领袖，她没有前任格哈德·施罗德（Gerhard Schröder）高谈阔论的大嘴，也没有赫尔穆特·科尔（Helmut Kohl）骄傲自大的固执。默克尔的核心是务实，伺机而动的策略是其领导风格的显著特点。《时代》（Time）杂志对她的评价不无道理："她做事或不做事都能产生同样大的影响力。"

作为一名女性，默克尔对一个盛行的悖论感到困扰，即"好领导"和"好女人"似乎是互斥的。理想的领导者是有目标、有能力的；理想的女性是有同情心、有爱心的。无论我们喜欢与否，男性和女性领导人受到的待遇是不同的。

2014 年 7 月 17 日凌晨，在布鲁塞尔举行的新闻发布会上也发生了这种情况。就在记者被允许提问前不久，德国电视台记者乌多·范·坎彭（Udo van Kampen）唱起了生日歌。在午夜的钟声敲响时，默克尔迈进了 60 岁的门槛。范·坎彭鼓励他的同事和他一起唱"祝你生日快乐，亲爱的总理"。

亲爱的总理——一个男性领导人绝不会被聚集的记者们在献上的小夜曲中如此称呼。

"或许我应该一起唱，那样可能会更好。"默克尔相当冷静地回应道。随后，她转向了当晚的正题：欧盟的极度犹豫不决。在她的生日当天，在 2000 公里外的乌克兰，载有 298 人（其中包括 196 名荷兰公民）的马来西亚航空公司 MH17 航班被击落，这一事件给原本美好的气氛蒙上了一层阴霾——此刻，欧洲渴望领袖的出现。

阿尔法动物

领导力是什么？枯燥地说，它是"群体中的一个或多个个体试图影响群体中的其他个体，说服他们实现一个特定的共同目标的方式"。用本书作者之一的话说："领导力是一个社会影响的过程，一位领导者通过这个过程协调一个或多个追随者的活动。"《牛津英语词典》（*Oxford English Dictionary*）给出了如下定义：

> **错位的本能**
> 古老的大脑是如何愚弄我们的

"领袖,尤其是政党领袖的尊严、职位或地位;领导能力;一群人在特定环境下领导或影响他人的地位;团体本身;指导或组织团体工作所必需的行动或影响。"领导力并不是人类独有的特质,因为它可以在许多社会群居习性的动物物种中寻得,从蜜蜂、蚂蚁到大象、猿猴。马群有明确的领导者,例如,一匹领导者母马带领马群寻找食物和水坑;一匹领导者公马在感知到来自外部的威胁时采取行动。向业务经理介绍马匹的荷兰公司 Lighthorse 的老板桑德拉·盖斯勒(Sandra Geisler)解释道:"在马群中,领导力不是以体型最大或最强壮来定义的,而是关于谁能最好地照顾其他人,谁最能得到大家的信任,谁在保持群体团结和健康方面发挥了最大作用。因此,领导力不是强制的,而是被赋予的。"这类似于人类的领导模式,我们很快就会在下文中看到。

相比之下,对于我们人类的灵长类表亲大猩猩和黑猩猩来说,领导力绝对是一个关于谁块头最大、最强壮的问题。最强势的个体并没有被强制加诸的领袖角色,它们只是声称自己是领导者。当猿猴(和其他动物物种)为了食物和伴侣而相互竞争时,强者会以牺牲弱者为代价以获得最好的结果。当一个较弱的动物屈服于较强的对手时,它将免于受到攻击,增加了自己的生存概率。通过这种方式,许多动物物种所特有的支配等级制度便减少了群体内的暴力。

话虽如此,根据我们的定义,我们无法在大猩猩、狒狒和黑猩猩中谈论真正的"领导力"。占主导地位的个体并没有积极参与协调目标;实际上,它们只是在做自己想做的事,而较弱的猿类则模仿它们。大猩猩可以肆无忌惮地在森林里游荡，因为它们足够强壮，能够保护自己；小猩猩跟着大猩猩，希望在紧要关头能得到大猩猩的保护。因此，这种类型的领导力只是支配性的一个分支。

在黑猩猩身上，我们看到了更多真正的领导力。支配行为在一定程度上受到了控制，因为较弱的动物能够一起工作。支配力较低的个体有能力形成社会联盟，使雄性首领的生活变得悲惨，并联合起来废黜它。

灵长类动物学家弗朗斯·德瓦尔在他的《黑猩猩的政治》(*Chimpanzee Politics*)一书中，对这些联盟在实践中形成的过程做出了完美的描述。1982年，在荷兰阿纳姆的伯格斯动物园的猿类聚居地，三只雄性黑猩猩之间爆发了一场权力斗争，其中两只黑猩猩合谋对抗最具支配地位的个体。整个猿猴群都被卷入了一场不断升级的冲突中。对权力和繁殖优势的渴望——或者更确切地说，对性权力的渴望——导致了背叛、阴谋和可怕的谋杀。德瓦尔所著的这本关于其中戏剧性冲突和悲剧性结局的书，被美国众议院前共和党议长纽特·金里奇（Newt Gingrich）推荐给任何想进入政界的人。

祖先中的领袖

人类的领导力是一个达尔文主义的谜题，因为它经常涉及进化的代价。在祖先时代，领导者会在战斗或狩猎中站在部队的最

错位的本能
古老的大脑是如何愚弄我们的

前列以身作则,并且会承担巨大的个人风险。为什么史前时代的人即使可能会落得一个不幸的下场,还是会想要成为领袖?领导力有时是偶然的,有时是计划性的。成为领袖可能是为了获得地位,扮演老板的角色,增加自己的性机会,或者做对群体最有利的事情。事实上,从马克龙到普京,从默克尔到梅,今日的领袖同样具有这些动机。

为了使领袖的位置具有吸引力,领导者必须得到部落同胞的奖赏。由于对群体的福祉做出了贡献,领导者获得了比普通部落成员更多的声望和威信。这转化成了更高的繁殖成功率。我们称之为"威望服务"。在现代的狩猎采集群体中,有能力的战士领袖、狩猎领袖和外交领袖确实比非领袖者拥有更多的配偶和孩子,比如坦桑尼亚的哈扎族。生物学家将领导力视作孔雀的尾巴。尽管需要承担所有相关的风险,领导者还是会表露出:"看我领导得多好!在这个过程中,我证明了自己强壮、占支配地位、无所畏惧、最聪明和关心集体。换句话说,女士们,生我的孩子吧!"

对于人类祖先来说,成为领袖的回报远没有一些猿类伙伴们那么大,在后者的群体中,权力会直接转化为更多的后代。所有的大猩猩幼崽都是雄性领袖的后代。在我们主张平等主义的祖先中,当领袖很好地领导人民时,他们会获得某些特权,这使他们能够抚养更多的配偶和孩子,但在这一方面上,领袖和非领袖之间的差异相对较小。

人类和类人猿之间的领导力差异是如何产生的?答案或许可

以在我们祖先的生活环境——大草原中找到。直白地说，我们从树上爬下来，开始在平地上生活。在平坦的牧场上有许多危险，对于群体而言，能够抵御嗜血的猫科动物和敌对的部落是极为重要的。事实证明，群体是人类的首要生存机制。强大的群体有助于在大草原上生存下来。合作成了人类生存的关键词。合作是我们硕大的人类大脑的根源。

在实践中，合作和支配并不会对彼此造成持续的伤害。你怎么能和支配你的人合作呢？当好斗和占支配地位的人被排挤出去，或者被群体打垮时，在群体环境中的合作会更加有效。没有人比群体更强大。一个有支配倾向的人可能会被甩在后面或被排斥在群体之外，这在一定程度上导致死亡。早期的部落有各种各样的防御机制，行为科学家称之为战胜强者的策略（Strategies To Overcome the Powerful，STOPs）。

这些适应性的进化确保了部落不会被那些追求个人成功的个体所统治，因为这样做会削弱群体的力量。只有那些为群体服务得当的人才有资格获得地位。与其他部落的战斗中，少许力量和温和的支配性格显然可以派上用场，但真正的地位只有在有人屈服于群体时才会体现出来。

追随者和被追随者

在人类中，领导层的分布比其他动物物种更广泛一些。总有人会在大草原这个有限舞台上起带头作用，其才华能够得到蓬勃发展。从贸易、教育到农业，领导人绝不是像首相一样无所不知的全能型人物。领导者也绝不是一项全职工作。领袖是拥有良好计划或良好成就的人。如果皮特提议出去打猎，而他甚至从来没有带过一只小小的布尼奥罗兔回家，那么所有人都会继续在树下偷懒。但是，如果非常擅长捕捉角马的杰克提议出去走走，大家肯定会追随他。

"追随"这个词在此十分重要。有追随者，也有被追随者。在我们的祖先中，基本上是追随者创造了领袖。有人走上前来，其他人齐声喊道："你会为我们解决这个问题的！"有号召力的领袖以有效的行动或想法吸引其他人的注意。捕猎到大量肉的猎人比其他猎人更能占据上风。当团队中出现问题时，人们更愿意听从有号召力者的发言。优秀的猎人或外交官过去被（现在仍然被地球上一些地区的狩猎采集者）称为"大个子"，因为他们往往确实是字面意义上的大个子（参见人类学家马歇尔·萨林斯的著作）。然而，这些大人物并不是官方领袖，也不存在明确的等级制度。这种传播式领导保障了每个人都有自己的角色，以确保群体的维持。

在18世纪或19世纪，周游世界的西方探险家发现，他们很难理解传播式领导的现象。他们经常会遇到非洲或南美洲的部落成员，他们会要求这些人带他们去会见部落领袖。部落成员总是回答说："我们没有领袖。我们都是领导者和追随者。"

埃斯特班·卢卡斯·布里奇斯（Esteban Lucas Bridges）是一位传教士的儿子，后来他自己也成了一名传教士。他在南美洲南

第五章
追随领袖

端火地岛的奥纳人（游牧猎人）部落长大。1948年，他发表了一篇备受赞誉的游记，其中有一段是关于奥纳人在领导问题上的灵活态度的：

> 奥纳人没有世袭的或选举产生的酋长，但能力突出者几乎总会成为他们群体中的无冕之王。然而，今天一个人可能看起来是领袖，明天又可能是另一个人，这取决于谁渴望着手推进某项事业……有一位科学家造访了我们的地区，然后……我告诉他，奥纳人没有酋长，正如我们所理解的那样。看到他不相信我，我叫来了坎考特（Kankoat），他那时已经会说一些西班牙语了。当造访者重复这个问题时，坎考特出于礼貌而没有做出否定的回答："是的，先生，我们奥纳人有很多酋长。男人都是船长，女人都是水手！"

在史前，重要的群体决策（如继续前进或攻击敌人）由少数几个部落成员做出，就像当今的狩猎采集者所做的那样。这是在协商一致的基础上发生的。有一种民主形式，成年男性会围坐在一处来决定战略，就像议会一样。争取达成共识是可能的，因为我们的祖先在大草原上漫游的群体相对较小，不允许解体。人类学家认为特定的个体——有经验的年长者——具有更大的影响力并显露出领导力。他们的影响是非常微妙的。那么你呢，你是怎么想的？一旦每个人都有了自己的发言权，就会有一个总结。如果仍然没有达成一致，组长可以引导大家做出决定，但这同样是微妙的。据推测，原始时代的人们不喜欢投票，因为投票具有风险。投票总是可能导致五五对半的结果，随之而来的是团体内部团结的问题。他们宁愿继续商议,直到达成共识。

举世闻名的荷兰浮地模式——政府、雇主和雇员共同决定加薪和养老金——在某种程度上类似于史前时期的决策。浮地模式这个词到底是什么时候开始流行的,现在还不能确定。1997年1月10日,荷兰《新鹿特丹商报》(*NRC Handelsblad*)的一篇文章首次刊载了这个词。在国际上,人们开始注意到荷兰的共识模式,从白宫到布鲁塞尔,它的好处受到了全世界的赞扬。"紫色"内阁设法创造了许多就业机会,他们平衡了预算,并且与雇主和工会进行了建设性的合作。"荷兰奇迹"被其他国家效仿。1997年,《商业周刊》(*Business Week*)将荷兰的协商结构称为"郁金香模式"。

然而,浮地模式并不是在20世纪的最后几十年中发明的。早在中世纪,荷兰的人们就已经发明了一种合作的方式维持生计。当时,每个人都必须共同努力,保护(开垦的)土地不受汹涌海水的侵蚀。农民、领主、城市居民和乡村居民联合起来,不再受等级制度的困囿,共同建造堤坝、开垦土地,并且通过对话解决问题。

这种合作形式源于我们的进化史,源于群体只有通过同心协力才能生存的时代。在今日荷兰的社会和政治体制中,这种原始历史和中世纪合作成果的痕迹仍然很明显。这传递出的信息是:要达成共识,而不是等级制度;要采取柔性的联合措施,而不是强硬的单边决定。这种平等主义的精神无处不在。荷兰是世界上鲜有的能将高收入和低收入之间的差距缩小到如此程度的国家,

第五章
追随领袖

治疗病人所耗费的经济资源非常低。奥运冠军在获得奖牌后的第二天,将不得不在商店中排到队尾。这便是来自史前时代的回声。

追随者的大脑

电台主持人杰里米·帕克斯曼(Jeremy Paxman)在他的《英国人》(*The English*)一书中引用了一个关于领导力的有趣轶事。诺福克的主教对他的继任者说:"欢迎来到诺福克。如果你想成为这个地区的领袖,就得知道这里的人们要去往何方,然后走在他们的前面。"

英国社会的平等主义发展远不及丹麦、挪威或荷兰等国,这些国家对其领导人的要求都大致相同。宾夕法尼亚大学的GLOBE(Global Leadership and Organisational Behavior Effects,全球领导力和组织行为效应)研究项目对62种文化进行了全球性的研究,发现卓有成效的领袖在定义上有明显的一致性。最重要的特征是:为人正直,有竞争力,有远见,鼓舞人心和自我牺牲精神。在整个星球上,人们期望中的理想领袖应该正直、慷慨、诚实、老练、果断、聪慧、有能力和有远见。这个原型与祖先社会的领袖相吻合。

很明显,这个原型是经过数百万年的进化形成的。史前时期,那些追随拥有错误特征的领袖的人根本没有留下任何后代。当一个人符合这个原型时,他就是一位领袖,无论他是白人还是

| 错位的本能
| 古老的大脑是如何愚弄我们的

黑人,生活在非洲丛林里还是在英国担任内阁职务,亦无论他是男性还是女性。在亚洲,专制型领袖比在西方国家更受尊重。在盎格鲁-撒克逊(Anglo-Saxon)国家,领导人应该通过驾驶大轿车来展示他们的地位。而在荷兰,如果首席执行官或总理骑自行车上班,我们认为是十分正常的(或愿意认为这很正常)。大组织的领导者把执行工作交给了中层管理人员,而这正是症结所在。所谓的远程领导(区别于祖先时代的面对面领导)可能导致过分的行为。

科学文献对所谓的"交易型"和"变革型"领袖进行了区分。交易型领袖对自己很有信心,很警觉,密切关注他人,并告诉下属该做什么。该类型领袖的领导风格强硬而务实,注重奖惩。变革型领袖是有魅力的,具有激发人们想象力的内在动机。他的目标是指导他的追随者,使他们的表现超乎预期。他的领导风格个性鲜明,温暖而鼓舞人心。

变革型领袖和交易型领袖之间的区别可以从荷兰顶级厨师乔尼·博尔(Jonnie Boer)和塞尔吉奥·赫尔曼(Sergio Herman)的领导风格中得到体现。他们的厨艺使他们在各自的餐厅迪里布莱耶(De Librije)和奥德-斯勒伊斯(Oud-Sluis)都获得了米其林三星评价。他们的烹饪理念相似,但两个人各自以具有个人特色的方式指挥他们的厨房部队。乔尼·博尔是一位变革型领袖,也是一位父亲般的人物,他向他的厨师们展示如何做事,并试图向他们传授烹饪的洞察力。这是一条缓慢的学习之路。

相反,塞尔吉奥·赫尔曼更像是一位交易型的兄长,他站在年轻厨师中间,经常寻求竞争。他在 2012 年出版的《吃喝睡》(*Eten*,*drinking*,*slapen*)一书中描绘了全球顶级烹饪水平,书中有一个场景描述了米其林检查员到访餐厅的日子。赫尔曼对他的厨房员工进行了动员讲话,以确保他们集中精力。正当他讲话时,他看到一个服务生犯了一个错误。端上一道菜时,他本应戴上白手套(这类餐馆的惯例),但这个小伙子却选择在餐厅而不是在厨房里这样做。赫尔曼从厨房的窗户看到了这一幕,顿时勃然大怒。那个年轻人在回来后被狠狠地训斥了一顿。

"我希望你能像剃刀一样锐利点儿,伙计,"赫尔曼说,接着他转向厨房里的所有人,"这适用于你们所有人。"

后来这名服务生透露,他并不介意在公众面前受到责备。"我已经在这里工作了很久,"他说,"今天下午特别忙,因为餐厅来了米其林的人。赫尔曼需要向整个团队指出,我们不犯任何错误是多么重要。我清楚现在的情况,并且很乐意在其中发挥自己的作用。"

这就是领导力的高阶心理学。

女性和领导地位

在电视圈有一个臭名昭著的故事,关于一位在制作公司身居要职的女强人。一个商业电视频道正在寻找新的节目导演,他们发现了这名女人。她向电视台索要高薪,在进行了艰苦的谈判后,最终获得了一笔极好的交易。当合同即将签署时,电视台方

> 错位的本能
> 古老的大脑是如何愚弄我们的

开了一瓶香槟酒。签完字后,这位成功女性说:"不用给我倒,我怀孕了。"

电视台的主管们都惊呆了。

"我们向你提供合同的时候你就应该告诉我们。"其中一位说。

"如果你们知道我怀孕了,还会给我提供这份工作吗?"女人反唇相讥。

这段轶事说明了女性在领导层面所经历的困难之一。在现代,女性往往仍然不能作为正式的领袖被接受,因为她们不符合现有的关于领导力的刻板印象。"想到领袖,想到男性"这一命题在人类的大脑中根深蒂固,这可能是我们进化史的结果。在进化史中,无论言行,领导力都是男性的事务。但当它已经成为一个过时的线索时,我们的大脑仍然继续为之响应。这个玻璃天花板可能是石器时代的一个必然产物。如今,领导力已不再依赖体力——甚至战争都可以在办公桌后面进行,许多女性具备的素质使她们尤其适合在社会性的复杂组织中担任领导。

研究表明,女性有更高的共情水平,更善于言辞,更敏于社交——比男性擅长得多——更倾向于维持良好的社会关系。女性也不甚注重等级制度,这在现代社会可能是一项优势,因为企业越来越多地以网络组织的形式运作,专业人士几乎不需要直接管理。

然而,女性在担任高层职位方面仍然落后。根据荷兰统计局的《解放监测》(*Emancipation Monitor*),在荷兰 100 家大公司

第五章
追随领袖

中，担任高层职位的女性比例从 2011 年的 10% 稳步上升至 2013 年的 15%；当然，这仍然是一个令人遗憾的数字。科学界的表现也好不到哪里去：2010 年至 2012 年间，女教授的数量从 13% 增至 16%。荷兰政府比商业或科学领域更适合女性：2014 年，28% 的高层职位由女性担任。非营利部门做得最好：高层女性的比例为 30%~35%。

荷兰在商界女性领袖方面的表现在国际上令人失望。管理咨询公司均富国际（Grant Thornton）在 2014 年进行的一项比较研究显示，荷兰的得分远低于全球平均水平。东欧和东南亚的高层职位中分别有 37% 和 35% 的女性，这表明，女性高管应该受到重视。俄罗斯的得分更高，为 43%，这是共产主义意识形态的遗留物。排名靠后的是印度（14%）和阿联酋（14%）等国家。荷兰位居倒数第二（10%），日本紧随其后（9%）。英国略胜一筹，在富时指数 250 强公司中，女性董事约占 25%。

由于我们的石器时代追随者的本能，我们没办法无条件地将女性视为合适的领袖。为了被人们接受，有领导志向的女性有时需要表现得非同寻常（读作：以男性化的方式）。玛格丽特·撒切尔（Margaret Thatcher）喜欢被称为"铁娘子"，以强调自己与男性同行不相上下。她上演讲课设法降低自己的声调，并向阿根廷开战（因为马尔维纳斯群岛）以显示她的力量。德国总理安格拉·默克尔没有任何孩子，她的行为和外表都是男性化的，而不是典型意义上的女性化。似乎女性只有在无法生育或发出不再想要孩子的明确信号时才能取得领导地位。

错位的本能
古老的大脑是如何愚弄我们的

自耕农的主人

农业出现之后发生了什么？用科学术语来说，领导力是"正式化"和"制度化"的。这意味着某人被允许正式称自己为"领袖"。"领袖"一词在以前并不存在。农业的出现带来了房屋、建筑、新的行为规范、更好的武器和不同的食物。新的法律被起草，账户和记录必须被保存，对协议和合同的需求如雨后春笋般出现，使协议正式化的方法被引入。人们学会了阅读和书写。

人口爆炸导致了史无前例的协调问题。谁来管理粮食供应？如何灌溉农田？谁来挖掘灌溉系统？谁来保护家庭、炉灶和商店？财产应该如何处理？当主人去世后，谁来继承房屋和乡村地产？对固定和稳定的等级制度的需求不久便出现了，即由个体来全职完成特定的任务。为了协调日益庞大的群体，这种相互间的等级联系应运而生。在祖先时代由一个人无偿执行的任务规模已经扩大到需要几人共同完成。作为简单的灵长类动物，我们在进化中从未遇到过如此复杂的行政管理层面的问题。

在整个世界范围内，从无领导社区到有制度化领导的社区的转变几乎是同时发生的。与无领导社区相比，拥有强大领袖的社区有更多的资源可供支配。在强有力的领袖的指导下，致力于灌溉工程或农田保护的人们，最终会战胜不做这些事的无政府主义者。有警察机关来惩罚小偷的社会远远好于无法无天的社会。在

第五章
追随领袖

近代人类历史上，选举领导人和服从等级制度被证明是一个极好的想法，这个想法导致了资源的过剩、群体规模的扩张和所有人的更大繁荣，或者至少是富人的更大繁荣。大规模的社会分层是这些发展的结果。多个世纪以来，国王、皇帝、监督者和管理者粉墨登场的同时，臣民、下属和奴隶也相应出现。

从进化的观点来看，等级制度是一个新概念，但我们灵长类动物的本能反应是可预测的：最终占据高位的个体开始滥用权力，偏袒自己和具有血缘关系的亲戚。在过去，"群体"可能会采用攻击性的手段让这些流氓上司听话，但在新的社会结构之下，这些人可以不受惩罚地为自己谋利。领导地位不再是服务于群体的福祉，而是服务于个人利益。这就形成了富人和穷人、贵族和平民、豪门和寒门、快车道上的人和他们隔壁的人之间的巨大反差。

自农业出现以来，农业社会一直在发展，领导者利用额外的资源来充实自己（在分配粮食和物资时，把自己的家人、后代或追随者放在首位），逐渐演变成了盗贼统治，或称掠夺政权。

下属无权离开他们的领地，所以他们不得不容忍领导者的行为。我们的研究表明，当下属有退出选择时，他们不会长期忍受独裁领导者的统治，会选择离开。但是，如果他们不能离开，领导者就可以自由统治，成为独裁者。如果他们不同意，则可能会被关进集中营，或者选择从工厂的最高层一跃而下。

错位的本能
古老的大脑是如何愚弄我们的

领导力，领导人

如今，我们仍然非常重视领导力。书店里到处都是关于这个主题的书。如何成为一个更好的领导者？如何改变你的领导风格？我们能从温斯顿·丘吉尔（Winston Churchill）或沃伦·巴菲特（Warren Buffett）身上学到什么？阅读报纸上有关公司的文章时，我们发现，这些文章大多是关于公司总裁（或 CEO）的。如果业绩不好，他就会受到指责；如果业绩优良，他就会被赞美。研究表明，这并不总是合乎情理的，因为一家公司的经营好坏受到许多因素的影响。

夸大领袖的影响力指向了一种进化遗传，也被称为"领导力传奇"。这是一个失配的实例。在我们祖先的小群体中，一个决策的好坏可以决定生死，而如今这种情况已经不那么事关重大了。如果一家公司的 CEO 失败了，最坏的结果就是他丢掉了工作。

当我们比较史前和当今社会的领导地位时，我们注意到一些失配之处。这些问题让我们追随错误的领袖，让领袖无法发挥应有的作用，也让我们无法根据我们的意愿让领袖下台。首先，我们不再像史前时代那样亲自了解我们的领袖。在史前，我们对领袖的性格和才能了如指掌，几乎没有什么秘密可言。大家都很清楚谁是最好的猎人（注：带回最多肉的人），谁是与邻近部落最有效的谈判者（注：没有被他们斩首的活着回来的人）。

第五章
追随领袖

如今，我们可能会在某个活动或选举集会上从远处瞥见我们的领导人，但大多数人只会通过电视和其他媒体认识他们。这会使人的印象发生扭曲。当我们在现实生活中与人见面时，我们会下意识地注意到许多特征。在人类的交流中，只有7%的信息是由实际说出口的词语含义组成的，其余都是非语言的，与语调和说话音量有关。当我们听别人说话时，对方的动作、眼神、声调甚至是气味提供了关于这个人的信息。如果仅仅根据在电视上看到的他或她，我们的判断会建立在一个有缺陷的形象上。领导人的外表是一种夸张的线索，可能会让我们误入歧途。

一个很好的例子是美国当时不太知名的民主党人肯尼迪和广受赞誉的共和党人尼克松之间的电视辩论在广播和电视上同时播放。尼克松刚刚出院；他瘦了不少，胡子也刮得不干净。另一方面，肯尼迪容光焕发（"我从来没见他这么健康过"，尼克松后来在那天晚上评论道）。电视观众看到尼克松汗流浃背，身体看起来很虚弱。他们认为肯尼迪是"视觉上的赢家"，而收音机听众仅能根据肯尼迪所说的话语来判断，认为尼克松是"听觉上的赢家"。换句话说，这表明了可视性在我们决定领袖时是多么重要。

领袖和追随者之间巨大的鸿沟已然形成。我们不知道荷兰首相马克·吕特（Mark Rutte）到底是什么样的人，他的性取向是什么，业余时间喜欢做什么。在公开场合，我们显然不想问这些，但私下里，我们会很好奇。在新闻发布会上或脱口秀上偶尔看到吕特、梅、马克龙或特朗普，或者在公司圣诞派对上看到我们的 CEO，这些都是不够的。当然，我们可以通过媒体形成对一个人的印象，但我们无法当面直视这个人的眼睛，因此在最终的分析中，我们无法断定这个人是否真的值得信赖，是否有足够的能力来领导我们。我们对一个人的判断主要基于一些表层的特征：外表，比如身高、强势的面孔、低沉的声音和口才。缺乏关于某人能力的个人信息是一种失配。对此，我们的祖先有确凿的证据。如今，判断一个人能否有效领导的相关线索已经缺失。

世袭制

遵循平等主义的狩猎采集者的字典里没有国王或继承顺序。你的个人品质使你成为领袖，而不是因为你来自某个特定的子宫。出身自然会影响一个人在群体中的地位，就像其他灵长类物种的情况一样，但遗传继承，就像农业出现后在人类中的情况那样，是人类进化中一个全新的现象。事实上，像荷兰、丹麦、瑞典和英国这样的国家仍在继续安排不健康的近亲家庭，每隔几年忠诚地诞下国家元首，这与我们祖先的追随者本能背道而驰。皇室家族是一种失配。

一些科学家认为，在特定情况下，世袭可以让一个群体内部稳定，但它也会造成君主与臣民之间持续的紧张关系。一个国王拥有的权力越大，他的人民就越不愿意授予他权力。以英格兰的亨利八世（1491—1547）为例，他在位期间并没有提高自己的声望。这与他疯狂的执政手段有关，他试图将自己的意志不仅强加

第五章
追随领袖

于他的人民,还强加于欧洲其他国家。"国王的大麻烦"是他与第一任妻子(来自阿拉贡的凯瑟琳)的离婚,她没能给国王生下他翘首以盼的儿子。凯瑟琳有六个孩子,但只有一个女孩活了下来。

由于他执意要生个儿子,亨利请求教皇取消他的婚姻,这样他就可以合法地迎娶另一位能生儿子的女人。当教皇拒绝时,亨利将英国国教从罗马教会中分离出来。这是他拥有的权力,也是他滥用的权力。许多英国人不同意他的决定,但提出异议只会让他们走上绞刑架。在凯瑟琳之后,亨利又娶了五个女人,其中两个因他的暴政而被斩首。他死时 55 岁,体重约 178 公斤。他有一个儿子(夭于 16 岁)和两个女儿,玛丽一世和伊丽莎白一世,她们都成了女王。

很明确的一点是,在历史上,王位继承经常造成重大问题。多个继承人的同时存在可能导致内战,有时甚至会使国家走向分裂。家族企业也必须处理领导权世袭的问题。当一家公司从父亲传给儿子时,只有有限的人才库可以选择,这导致了相当多的家族争斗,无论是过去还是现在。也许最著名的例子是阿道夫·达斯勒(Adolf Dassler)和鲁道夫·达斯勒(Rudolf Dassler)兄弟。1920 年,他们追随自己的父亲,鞋业巨人克里斯托弗·达斯勒(Christoph Dassler)的脚步,开始在巴伐利亚的赫尔佐根奥拉赫生产鞋类。两人都加入了纳粹党,并为德国国防军生产靴子。第二次世界大战结束后,鲁道夫被盟军俘虏,很快就被怀疑是党卫军成员。泄露这一事实的人是阿道夫(他的兄弟,不是阿道夫·

> 错位的本能
> 古老的大脑是如何愚弄我们的

希特勒)。在他被释放后,鲁道夫和阿迪(阿道夫被亲切地称为阿迪)就不再来往了。1949 年,鲁道夫离开了鞋厂,在同一个城镇创办了自己的公司:彪马。阿道夫将自己那部分公司命名为阿迪达斯。他们的分道扬镳也分裂了赫尔佐根奥拉赫的人口。

现代领袖的后代情况如何?在史前,领袖在一定程度上能获得繁殖优势。成功的领导者比追随者更有可能生下后代。这种领袖与后代之间的联系还存在吗?这并不显而易见。加拿大一项针对不同商业地位人群的研究表明,社会地位高的男性比社会地位低的男性拥有更多的两性关系,但他们是否会有更多的后代尚有待观察。农业出现后,多生孩子是一种身份的象征;真正有权势的首领都有后宫。摩洛哥统治者,嗜血的伊斯梅尔(Ismail, 1634/45—1727)据传有 1000 多名子女(包括 700 个儿子,他们在伊斯梅尔死后为争夺王位发动了一场血腥大战)。

对于现代民主选举的领袖来说,他们的地位与子嗣数量之间似乎没有关联。事实上,自从工业革命以来,在自由世界里,权力和子女之间似乎不再存在联系。现在的情况是,下层社会的人有更多的孩子。这意味着权力和繁殖成功之间的关系是相反的。我们的原始大脑认为:追求地位和权力,你会自然地有更多的孩子。美国前总统奥巴马曾是美国最有权力的人,而他只有两个孩子。安格拉·默克尔和特蕾莎·梅(Theresa May)没有孩子,就像荷兰首相马克·吕特和法国总统埃马纽埃尔·马克龙(Emmanuel Macron)一样。

这似乎指向了一种失配。但也可能如第三章所述,专业人士和管理阶层致力于提高后代的质量,而不是数量;有一个非常成功的孩子(他自己未来可以有很多孩子)比有很多在社会上失败的孩子要好。

复杂性

根据由组织科学家劳伦斯·J. 彼得(Laurence J. Peter)提出的"彼得原理"(Peter Principle),在一个等级体系中,每个员工最终都会被提升到能力范围之外的职位,这将导致所有的破坏性后果。这是一种失配,因为这种等级制度在祖先时代并不存在。

另一处失配是管理层级的日益复杂,这意味着某些职位是由弊大于利的人担任的,并且他们在总体上不是自愿担任这些职位的。这种过度复杂性源于我们在进化过程中对会议的偏好。在这种会议中,大量的谈话发生,但很少做出决定(就像祖先群体的方式)。最终结果往往是妥协。在大机构中,这种倾向对我们不利。人们常说,如果把骆驼交给委员会来设计,他们会设计出一匹马。

许多管理层由主管人员组成,他们的主要职责是管理而不是引领。我们针对的是经理、项目主管和所谓的中层管理人员。科学记者艾伦·德布鲁因(Ellen de Bruin)在她的书《开会?不开!》(*Vergaderen? Niet doen!*)中论证,一个人在会议上使用的话语类型与他在公司的职位密切相关。职位越高的人废话越多,

错位的本能
古老的大脑是如何愚弄我们的

讲话时间越长。一个人在讲话并不一定意味着他有话要说。下面是一项文体实验,我们用过于复杂的语言炮制了一篇文章,委员会和政策小组试图用这种话语来掩盖他们领导力的缺乏:

任务如下:教育、文化和科学部的核心生产过程已经通过执行跨部门的过程更新实现了严格的标准化,正如目前政府的政策优先计划所规定的那样,这促进了效率的提高。这一流程试点的暂停使得新目标的实施更加顺利,部分原因是提高了以主题为重点的参与产出,由此我们将目标分成统计产出(观察策略、多样化、质量保证)和信息发展(公众满意度);三角洲计划的目标是通过一个基本的重新评估,巩固初步观察,确定扩大共振组规模,这将形成临时和最终效率之间差异的扩展框架和标准;所有这些都是优先次序计划的一部分,旨在提高政策文件的可读性。所以,请不要暗指委员会在这方面没有采取任何行动!

领导力需要远见、勇气,以及说服他人在某个特定方向上追随你的古老品质。"领导"和"追随"是有着紧密联系的动词。如今,组织、当局、学校和公司都如此复杂和庞大,以至于对于管理者来说,现在的重点是领导力的不同方面:维持秩序,确保一切尽可能顺利地运行。这些工作很少涉及传统的领袖品质。领导者变成了管理者,但管理者不一定是领导者。这就是为什么市民、员工、教师和学生都不急于寻找他们的经理和项目主管。管理者往往不会激发和点燃热情,他们只会确保一切运作都维持在会议上决定好的状态。我们的大脑会对领导者而不是管理者做出响应!

第五章
追随领袖

贫富之间

我们对领导者的奖励制度是失配的。我们因服务而获利，而不是交易本身。但我们到底需要多少钱？又如何知道多少才是合理的呢？

易货贸易的出发点是公平。一罐蜂蜜是费了好大的劲才得到的，它的价值等于一块T骨牛排或一立方米木柴吗？哈佛商学院的迈克尔·诺顿（Michael Norton）采访了40个国家的人，以了解他们眼中CEO和非熟练工人的平均收入，以及他们眼中的公平收入。根据丹麦人的说法，工人和董事会成员的平均工资的理想比例是1∶2，而德国和美国受访者的看法是1∶7。这些人认为实际比例更高：丹麦是1∶4，德国是1∶17，美国是1∶30。然而，现实是令人震惊的。与丹麦（1∶48）、荷兰（1∶51）和英国（1∶84）相比，在德国，车间工人和高级管理人员之间的收入比是1∶147，而在美国则达到1∶354！在荷兰，CEO的平均收入是非熟练工人的51倍。真实的薪酬比例与我们从史前时代就认同的理想薪酬比例（同一群体的人之间的差距不大）相差甚远。巨大的地位差异是一种进化上的失配，会带来令人不安的后果。

我们陷入了一场达尔文式的高工资增长军备竞赛。彭博新闻社（Bloomberg）的研究显示，自1950年以来，顶层与底层之间的差距已经扩大了1000%。我们从收入中获得地位，如果你不能

错位的本能
古老的大脑是如何愚弄我们的

实现这个理想，你就会走下坡路。在荷兰，CEO 的工作真的比非熟练工人的工作价值高 50 倍吗？在美国，最富有的 1% 与紧接着的 4% 的富人之间都存在差距。积累了 10 亿美元天文数字财产的人，也无法跻身积累了 100 亿美元才够得上的超级富豪之列。根据年度亿万富翁普查，世界上有 1200 万名百万富翁，但只有大约 2000 名亿万富翁（以美元计算）。亿万富翁的平均身价为 30 亿美元。从全球来看，这些亿万富翁的口袋里总共有 7.3 万亿美元，占全球总财富的 4%。亿万富翁的平均年龄是 63 岁，他们拥有的房子的平均数量是四所。每 30 个亿万富翁中就有一个拥有一家体育俱乐部。

失配之处在于，富人只会与其他富人比较，而不再与即使在同一个组织工作的穷人比较。荷兰银行（ABN AMRO）这家国际银行的高层希望给自己大幅加薪，而一般员工的工资已多年未涨，这引发了强烈抗议。高管们的理由是，他们的比较对象是其他大型国际银行的管理层，因此在薪酬方面也不应落后。他们轻而易举地忘记了，国际银行界精英跟他们没有直接关系。正如荷兰喜剧演员尤普·范特·赫克（Youp van't Hek）在他的《新鹿特丹商业报》专栏中所写的那样："在经历了多年糟糕的数据、削减服务、关闭分支机构及数千名员工被无情地解雇之后，为什么不发布一份新闻稿，宣布你们给了彼此额外的 10 万美元呢？这就是你们的工作吧？"

巨大的收入和地位差异破坏了社会的团结。英国社会学家理查德·威尔金森（Richard Wilkinson）发表在《精神水平：为什

第五章
追随领袖

么更平等的社会几乎总是更好》（*The Spirit Level：Why More Equal Societies Almost Always Do Better*）上的研究表明，平均而言，在收入不平等程度越高的国家，人们的幸福感越低。荷兰当局使用的所谓的"鲍肯内德标准"（Balkenende standard）就是用于解决这项问题的一个工具。该法案以荷兰前首相鲍肯内德的名字命名，规定公职人员的年薪不得超过荷兰总理年薪的130%。

与鲨同游

现代社会能让糟糕的领袖对自己的行为和决定负责吗？在祖先时代，如果领袖让群体承担了不必要的风险，他们就会被推翻或被赶下台。如今，领袖能够不受惩罚地涉足非法风险。这一直是金融界的一个问题。例如，在金融界，极其复杂的系统被发明出来，顶层和底层之间的巨大鸿沟被大规模滥用。2008年的金融危机是一个巨大的失配，充斥着大量的夸张和反常的暗示。用别人的钱进行投机，这在祖先时代是不会发生的，因为钱在当时还不存在。我们没有处理金钱的生物适应性，因此无法理解银行家和投资者为我们设计的复杂结构。对不正当金融行为（例如，向无力偿还抵押贷款的人提供贷款）的奖金会释放高管们最糟糕的一面。

正如荷兰《卫报》（*Guardian*）记者尤里斯·卢因迪克（Joris Luyendijk）在《与鲨同游》（*Dit kan niet waar zijn*）中分析的那样，我们是侥幸才躲过了金融体系的彻底崩溃。专家们（失配1）提出了除自己之外无人理解的金融产品，但这些产品确实带来了大量资金，他们自己或银行没有承担任何风险（失配2），而所有相关人员都获得了巨额奖金（失配3），在如此庞大的组织中（失配4），他们的管理层真的无从得知发生了什么。

暗黑三角人格

如果领导者获得过多的权力会发生什么？从祖先时代起，权力就一直是一种不可抗拒的暗示。但在当时，领袖的能力受到了制约，因为他只能在自己的专业领域发挥领导作用，并因此得到适度的报酬。但在现代，权力和回报不成比例地攀升。正如我们之前看到的，美国 CEO 的收入是其最低收入员工的 354 倍。这种权力差异会对一个拥有"暗黑三角"人格的人产生什么影响？在人类历史上，有成百上千的统治者滥用权力、用铁腕征服人民的例子。心理学概括了具有"暗黑三角"人格特质的领袖，这些人是自恋、马基雅维利主义和精神变态的致命组合。

自恋型领导者非常自满，并期望其他人对自己也同样满意。他们相信自己有非凡的品质，喜欢吹嘘，只希望被钦佩和赞美淹没，对批评他们的人表示强烈的蔑视。患有自恋型人格障碍的人看起来功能正常，但却背负着一种压倒一切的优越感。一份含有 14 项要点的清单可以用来检查一个人是否患有自恋型人格障碍。也许会有帮助，你可以用它测试自己工作环境中的领导，甚至是你自己。

第五章
追随领袖

自恋者会：①对赞美索求无度；②难以共情他人；③夸大自己的重要性；④对自己的成就和才能言过其实；⑤希望被视为上级；⑥不会做出追随的表现；⑦对成功、权力和地位有着无拘无束的、不切实际的幻想；⑧认为自己极为与众不同的独特个性只能被他自己和其他非常特别的人理解；⑨正因为如此，只愿意和有地位的人交往；⑩要求得到非常仁慈的对待；⑪厚颜无耻地虐待别人，不会给予任何帮助；⑫很少有人能满足他的评价标准；⑬认为每个人都嫉妒他的成就；⑭简而言之，自恋者往往拥有过量的傲慢。如果你的性格符合以上 8 条，那么你很可能患有自恋型人格障碍。在你的社交圈里，一定会有符合上述描述的人，如果没有，你只要打开电视，看看"唐纳德·特朗普"是怎么做的就行了。

马基雅维利式的领导人会为实现自己的目标而采取冷酷而精于算计的行动，在这种情况下，任何手段都是被默许的。他们用狡猾的手段误导周围的人，让他们去干脏活。《麦克白》(*Macbeth*) 是典型的马基雅维利主义行为的一个例子，与其他任何一部戏剧不同，它展示了对权力的渴望是如何导致腐败的。三个女巫告诉一位苏格兰将军，有一天，他将成为他所在国家的国王；这个预言改变了他的生活，更改变了他的妻子。正是她敦促他谋杀在位的国王，而她篡改了证据，扮演了一个邪恶的角色。为了确保自己的行为不被曝光，麦克白采取了愈发暴力的行动，直到他和他的妻子高估了自己的能力，最终走向了死亡。虽然这出戏创作于 1606 年，已经是 400 多年前的佳作了，但它仍一如既往地影响深远。在国际政治舞台上,柏林墙倒塌后东欧国家的权力斗争,以及最近泰国和土耳其的政变等戏剧性事件都与这部作品存在共鸣之处。

精神变态者是不可预测的、冲动的,而且确实不合群,因为他们对别人少有或毫无同情心。当涉及暴力或来自酒精、性和毒品的感觉时,精神变态者是不知节制的。心理学家罗伯特·D. 黑尔(Robert D. Hare)也为精神变态者制定了一份量表。当问题的答案是"有时"(1分)或"肯定"(2分)时计分。无犯罪行为的非精神变态者(也即普通人)的平均得分为5分,非精神变态的罪犯的得分为20分左右,而被诊断为"精神变态者"的人的得分为30分或更高。以下是这份清单:

精神变态者口才好,表面上有魅力,自我价值感夸张,容易感到无聊,可以病态地撒谎,狡诈和控制欲强,缺乏懊悔或内疚,情感肤浅(换句话说,只感到表层的情感反应),冷酷无情,缺乏同理心,有寄生的生活方式,行为控制不良,有滥交的性行为,表现出早期行为问题,缺乏现实的长期目标,易冲动,不能为自己的行为负责,有短期的人际关系,涉及青少年犯罪,违反他们的缓刑规定,罪名齐全。

最邪恶的领导人是那些拥有这三种暗黑人格特征之一的人,这是致命的组合。像独裁者斯大林、希特勒和萨达姆·侯赛因,他们都清楚如何以自己的方式创造条件,以最血腥的方式让人们感觉到自己的力量。显然,这样的人也会出生在祖先时代,但他们的权力有限,受到部落其他成员的主动压制,而现在他们拥有了一个相当自由的空间。

为什么这些具有暗黑三角人格特质的领袖如此受欢迎？圣路易斯华盛顿大学的尼古拉斯·霍尔茨曼（Nicholas Holtzman）和迈克尔·斯特鲁布（Michael Strube）的研究表明，人们会被具有这些暗黑性格特征的人吸引。这些"黑暗者"第一眼看上去很迷人，他们给人留下了良好的印象，周围的世界都在为之震动。他们很有魅力，这在史前时期是能力的象征。政治上的祖先领袖能够在个人品质的基础上激励其他部落成员追随他，但这些部落成员会通过自己的经历或别人的故事来了解某人是否可靠。在现代，这一点更难评估，因为我们不了解我们的领导人。换句话说，这是一个缺失的线索。

我们知道有很多人，因为地位而不是为了发挥他们的才能而渴望获得领导力和权力。这些人行使权力不是为了公共利益，而是为了自己和家人的利益，就像祖先时代那样。然而现如今，对抗权力过度滥用的机制很容易被消除或绕过。这导致了所有可能的领导层的腐败：一个领袖越"黑暗"，他就越会滥用他的权力，他的家人就会得到越多的优待。

未来的领袖

对于领导地位中的失配，我们能做些什么？我们可以什么也不做，等待事情顺其自然地发展。例如，这意味着我们继续选择错误的领袖。目前，我们选择领袖主要是基于表层的品质和特

错位的本能
古老的大脑是如何愚弄我们的

征，比如魅力、外表或身高，而不了解这个人表象背后的真实情况。我们的大脑会对夸张的线索做出反应而忽略其他线索。如果德国人能够测试阿道夫·希特勒的暗黑人格特质，他们可能不会选择他作为领导人。当我们什么都不做，让一切保持现状时，这意味着我们把越来越大的权力托付给了大型组织和跨国公司的管理者。这反过来意味着更大的监管压力、官僚主义、腐败等。

我们也可以做一些事情来选择更好的领袖。首先，对一个人的才能和个性有一个适当的总体印象是很重要的。仅凭简历或面试是不够的。在领导职位空缺时，了解一个人在他以前的岗位上是如何工作的，特别是通过观察他是如何领导和管理的，也许很重要。收集前下属的意见也是一种选择。这样，就更容易把自恋者、精神变态者和马基雅维利式的"怪胎"逐出一个组织。

领导力应该更加个性化，因为人们倾向于追随他们熟知的领导者。社交媒体可以在其中发挥作用，这是领导者与许多不熟悉的追随者联系的一种方式。政党在传统的拉票环节投入了大量的精力，挨家挨户地游说，面对面地与潜在选民交谈。这种老派的政治方式往往只会在选举前投机取巧地发生。然而，我们的大脑是用来处理我们表现出的个人信息的，这可能是一个很好的实践。本书作者中的一位在阿姆斯特丹自由大学工作多年，最近才见到了执行委员会的新成员。老成员很少努力与职工建立密切的关系。

研究还表明，如果你提醒人们现存的偏见，比如"只有高个子或男性才是合适的领导者"，这种偏见就更容易被忽视。这在

第五章 追随领袖

求职面试中很有用。它还有助于消除人们对女性领导的特殊偏见。正如我们前面所看到的，许多现代组织需要善于沟通、社交能力强、富有同情心的领导者。通过更加重视这些品质，女性地位将更上一层楼。本书作者的研究表明，如果一个组织强调合作，最合适的领导者的原型就会从男性转变为女性。玻璃天花板可能是我们的进化史留下的遗产，但当环境发生变化时，或许对不那么强调身体素质的领导类型的需求也会发生潜移默化的改变。

对于那些渴望成为领袖的人，我们有如下建议：在祖先时代，个体通过为群体做一些独特的事情，在小而平等的群体中获得附加价值。在某一特定领域拥有最多技能的人，或者说专家，紧随其后。因此，在我们这个时代，发展自己的生态位来获得声望是明智的。以史为鉴，人类喜欢信任专家的传播型领导。想想战士领袖、外交官领袖、裁判领袖、童子军领袖、经理领袖和教师领袖。为了让一个团队正常运作，这些角色都必须有人填补，自不必说，这不能由同一个人来完成。现代组织最好有几种不同类型的领导。

总而言之，领导者和追随者之间的权力差距建议尽可能缩小。要做到这一点，重要的是每个组织都要应遵循"STOPs"（前面提到的战胜强者的策略）。例如，下属应该能够评价他们的领导。同样，领导者应该定期更换，以防止权力滥用。给员工一个安全的角落八卦他们的老板，比如在饮水机或咖啡机附近，也是一个好主意。对管理层的批评是另一个有效的"STOPs"，

错位的本能
古老的大脑是如何愚弄我们的

如通过内网日志进行。在独裁社会,批判性媒体会首先被消声。幽默和嘲笑是有益的。中世纪的国王有一个宫廷弄臣,他能够批评国王的表现而不被惩罚。讽刺和揶揄是对抗权力过度的有力手段。

自嘲也有帮助。2014年1月,荷兰银行首席执行官格里特·扎尔姆(Gerrit Zalm)化装成妹妹普丽西拉·扎尔姆(Priscilla Zalm)在新年招待会上向员工发表讲话。十分钟的演讲透露了普丽西拉多年经营一家妓院,非常乐意就如何经营银行给她哥哥出主意。"妓院老板的核心价值和银行家的核心价值是一样的。"普丽西拉给她的听众留下了深刻的印象。"在我们这里,顾客永远是一切的核心。""我们拥抱我们的客户,寻找联系,并享受与他们的重逢。""女性至上?这是我们的座右铭!"荷兰银行的员工们哄堂大笑,扎尔姆最终巩固了自己的地位。

简而言之,有几种方法可以应对领导层的失配。在选择领导者时,追随者的本能有时会让我们走错路,但通过让我们的现代环境与祖先的环境有更多共通之处,我们便能更多地做出正确选择。

第六章 神的悖论

1985 年 1 月 20 日，邦尼·卢·内特尔斯（Bonnie Lou Nettles）死于肝癌，引发了 12 年后 39 人集体自杀的事件。邦尼是一名护士，1927 年出生。她对神秘学有着浓厚的兴趣，是美国歌手马歇尔·赫夫·阿普尔怀特（Marshall Herff Applewhite，1931—1997）的妻子。马歇尔认为自己是基督教的继承人。幸运的是他并不孤独，因为邦尼也有同样的想法。在心理学上，这是一个相当普遍的现象。它被称为共享精神病。这种妄想症可能会发生于关系亲密的伴侣中，其中占主导地位的一方将他的妄想症信念和幻觉传递给性格顺从的另一方。

邦尼去世时，这对夫妇是一个名为"天堂之门"的教派的核心，该教派的成员致力于寻求人类进化的下一个层次，这个阶段被称为"下一阶段"。马歇尔和邦尼给自己重新起名为 Do 和 Ti，以 solfège 音阶的 alpha 和 omega 命名。Do 和 Ti 对他们的信徒实行极端控制：他们规定了精确的睡眠和饮食时间，并详细规定了该教派的成员应该吃什么，包括服用什么维生素片。在马歇尔的要求下，六名男性信徒被阉割，以接近神圣的状态。有人注意到，在被阉割之后，他们会咯咯地傻笑。

这一切始于邦尼得了癌症，不得不切除一只眼睛。然而，她并不害怕死亡，因为治疗她的医生很无知，而她的丈夫也相信，只要他们在一起，就会拥有永恒的生命。当她最后去世时，马歇尔宣布他的妻子并没有死，"只是留下了她的损坏的躯体"。他开始称 Ti 为他的天父，并会不断寻求指示，以领导他的"教派中的教派"，他自大狂一般地称呼自己的教派。

之后，1997年，黑尔-博普（Hale-Bopp）彗星接近地球。这颗彗星被正式命名为 C/1995 01，是此前几十年里最明亮的彗星之一，很长一段时间都可以用肉眼看到。黑尔-博普彗星经常被照片拍到，其中一张照片显示了一个模糊的污点，根据马歇尔的说法，这可能正是带着 Ti 的宇宙飞船。她正在返回地球去接她的丈夫、孩子和信徒——没有其他的解释。因此，马歇尔告诉他的教派成员，进入"下一阶段"的重要时刻终于来临了。

1997年3月24日，在圣迭戈附近的一座宅邸中，悲剧上演了。"天堂之门"的成员们吃下了一碗混合了苯巴比妥的苹果酱——不喜欢苹果酱的人可以把苯巴比妥搅拌到布丁里。这些食物混合着伏特加酒喝下，所有的成员都穿着相同的黑色衣服，结束自己的生命。

这种情况一波接一波发生。当一组参与者死亡后，其余的参与者会把他们放在床上，并用紫色的布盖住他们。他们的臂章上写着"天堂之门远行队"，手里拿着一张五美元的钞票，脚上穿着崭新的黑白耐克鞋。当最后三名成员自杀时，已是3月26日。最后共有21名女性和18名男性死亡，年龄在26岁到72岁之间。

第六章
神的悖论

这 39 个教派成员的悲惨死亡给运动鞋制造商耐克带来了额外的不良后果。"天堂之门"成员所穿的运动鞋是 1997 年 3 月 1 日由两名教派成员在一家商店购买的,价格为 548.45 美元。这一选择主要是出于预算的考虑:耐克十年款不是特别受欢迎,因此也不是很贵。相应型号的耐克十年款再也没有恢复生产。

什么是宗教?

美国社会学家约翰·米尔顿·英格(John Milton Yinger)在 1967 年写道:"任何对宗教的定义都可能只会令其作者满意,这是不言而喻的。"宗教有许多定义和描述。进化学家的观点是,只有满足五个条件,才能是真正的宗教。第一,必须有一个全能的最高存在。第二,这个存在能够影响一个人的日常生活,因此信徒会被建议与他保持良好的关系。例如,"上帝"在天堂中会观察人类并干预人类搞砸的事情。第三,该存在的信徒会自己组织起来,有领导者和团体身份。第四,为了加入该存在的组织,信徒必须承担一定的义务和放弃一些权利,以表明他们已经准备好归属这一组织。最后,所有的信徒组织都有关于如何对待彼此的非常具体的行为规则,并且有一些禁忌:在神圣干预的惩罚下,信徒需要遵守这些规则。

区分什么是宗教、什么不是宗教很重要。有了这些标准,我们就可以考虑为什么基督教是一种宗教,为什么害怕星期五、数字 13 和其他形式的迷信则不是。同样,足球也不是一种宗教。

错位的本能
古老的大脑是如何愚弄我们的

足球文化有很强的群体认同,但其中没有神(或者是半神),我们也不会让其制定法律法规。共产主义在过去被一些人视为一种替代性的信仰,但它是一种意识形态,而不是一种宗教,因为它没有超自然因素。同样,信奉已故的苹果大师史蒂夫·乔布斯(Steve Jobs)思想的人所遵循的"乔布斯主义"也不是宗教,因为它不涉及任何行为准则。如果有人创立乔布斯主义的注意事项,乔布斯的信徒开始聚集在一个有入会仪式和禁忌(比如"你不应该购买其他产品")的协会中,也许就会出现一个宗教了。

禁忌

禁忌是全世界各地的宗教得以成功的决定性因素:规则越多,宗教团体继续存在的可能性就越大。康涅狄格大学(University of Connecticut)的美国人类学家理查德·索西斯(Richard Sosis)对19世纪美国的乌托邦式社区进行了比较研究,其中一些社区是按照宗教信仰建立的。他观察了大约20万个社区的受欢迎程度和生存能力,发现依照非宗教规则建立的社区平均在8年后就会分崩离析,而宗教社区平均能够维持25年("天堂之门"维持了更久)。宗教禁忌区分了两种人,一种是那些积极准备为其信仰付出什么或放弃什么的人,另一种是那些认为根本不值得的人。而禁忌的实质内容其实并不重要。牺牲意味着人们会感觉到更融入团体。通过引入禁忌,宗教能够留住狂热的追

第六章
神的悖论

随者,而那些对信仰付出较少的人则会退出。

宗教禁忌背后重要的心理机制之一是认知失调,即当一个人面对两种矛盾的想法时产生的紧张感。例如,假如你的信仰禁止饮酒,但你又喜欢喝酒,那么该如何解决这种内部冲突?你可以放弃宗教,但这需要付出巨大的代价——被你的宗教团体所排斥(在一些国家,你甚至可能被判处死刑)。而中和失调的一个简单方法是调整你对酒精的态度。付出的努力越多,你的牺牲就会越强烈地让你相信禁忌的正当性,因此你就会越谴责那些不遵守禁忌的人。宗教禁忌最终导致信徒的行为和观点变得更加极端。

史前的宗教

相信超自然现象是一种全球性的现象,很可能从祖先时代就存在了。大约150年前,人们开始思考宗教的功能可能是什么,或者可能曾经是什么。宗教往往是一种昂贵的消遣,有许多表面上毫无意义的付出或牺牲。为什么你要过单身或一夫一妻的生活,或者交出你收入的一大部分,并且还没有回报?做这些事有什么好处?它们是如何产生的?

我们尚不清楚宗教究竟是在何时何地降临地球的,但许多科学家仍在思考这个问题。在《昨日之前的世界》(*The World Until Yesterday*)一书中,进化生物学家贾雷德·戴蒙德试图找出宗教产生的原因及宗教可能具有的功能。宗教不太可能是由某人为了解决史前的某个特定问题而"设计"出来的。有时人们会认为,

> **错位的本能**
> 古老的大脑是如何愚弄我们的

有一个聪明的祖先在有一天突然意识到，宗教将是一个在失去亲人后提供安慰，或者防止他的同伴互相殴打对方的头的简单方法。戴蒙德认为，宗教的出现可能是我们祖先的独特特征相组合的结果，这些特征逐渐获得了一种新的功能。这是进化过程中的一个常见现象，而不仅仅发生在人身上。比如，一只鸟的羽翼最初可能是用来保持身体温暖的，后来才用来飞行。

宗教和宗教思想的基础是什么？首先，我们的大脑有能力理解特定过程的原因、功能和意义。这使我们能够在特定现象发生时形成"因果解释"。比如，有人跳了支舞，第二天就开始下雨了，持续的干旱就此结束——我们的大脑很快就会在跳舞和下雨之间建立起因果关系。祈雨舞就这样诞生了。随机事件与积极结果之间的联系是迷信的基础，是一种原始的信仰形式。美国心理学家伯尔赫斯·F. 斯金纳（Burrhus F. Skinner）在 20 世纪 50 年代末利用鸽子进行的迷信研究简直家喻户晓。鸽子被养在一个特殊的盒子里，人们以不固定的时间间隔为其提供食物。随着时间的推移，鸽子们试图通过重复它们在未被喂食期间的偶然行为来获得对这些间隔的控制。如果鸽子在得到食物前跳了一小段舞，那么过一会儿它就会再次跳舞，希望这能诱发下一个提供食物的机会。

宗教也源于人们观察和理解他人行为的能力。科学家称之为"超敏感代理检测"系统。猎人们会仔细观察对猎物狼吞虎咽的狮子。他们观察这些狮子的肚子，看其是否吃饱了，是否可以安全地把它们赶走。这种对生物行为赋予意义的能力，随着时间的

第六章
神的悖论

推移转移到了非生物的事物上,如对河流、岩石、太阳、月亮、雷和闪电赋予意义。由此产生的生命哲学观被称为万物有灵论(Animism),取自拉丁语的 anima,即精神。渐渐地,人们开始做关于超自然力量的因果预测,这些预测有时会离现实越来越远。人们也开始在石头或云中寻找神的线索,例如有些石头或云看起来像动物或祖先。这方面的一个现代例子(2015 年)是一位墨西哥妇女在咬了一口玉米饼后,在玉米饼中看到了耶稣的形象(在此之前,耶稣曾在墨西哥卷、土豆、南瓜、汉堡包、煎饼和土司中"显灵")。

在祖先时代,宗教的另一个重要功能是减轻人们对生命危险的恐惧。我们的祖先生活在一个充满不确定性的环境中,随时遇到危险,从捕食者、蛇咬、饥荒到倒下的树木、洪水和暴力。宗教能够给他们力量去应对这些不确定性。事实证明,在战争中祈祷和诵读圣经的人压力更小,焦虑更少,抑郁也更少。与这个功能相一致的是,宗教为我们遭受的所有伤害提供安慰。我们失去了挚爱的人,我们生病或面临死亡的威胁。许多宗教通过简单地否定死亡来解决存在主义问题。我们并没有死,我们真正的存在——我们的灵魂或精神——离开了,去了一个更好的地方。如果我们选择了正确的信仰并过着体面的生活,死亡就不是什么可怕的事情,而是向永生的过渡,是与之前死去的家人和朋友的团聚。

| 错位的本能
| 古老的大脑是如何愚弄我们的

现代宗教

随着农业的引入,宗教在人类生活中变得越来越重要。这意味着一种失配即将发生。引进农业后,生活变得更加艰难,平均工作时间增加,营养状况恶化,人们感染疾病和遭受身体磨损的风险加大,还不得不与一大群陌生人共处。正如贾雷德·戴蒙德所说:"社会中有更多的痛苦,这就需要更多的慰藉(因此也需要更多的宗教)。"荷兰有句谚语说"需求产生祈祷",在当今时代仍然如此。在贫困的地区、国家和社会阶层中,宗教的特征比富裕地区更明显。

在农业革命之后,大型社区开始涌现,人们必须引入新的行为准则以使彼此能够共同生活。如果每次遇到陌生人就会发生冲突,社会就会遭到破坏。必须建立新的礼仪,由神或超自然力量建立规则,以确保人们遵守。人口爆炸催生了社会的等级制度,而宗教被用来证明地位的差异。夺取别人的领土也突然变得很有吸引力,而这种行为很容易通过宗教进行辩护。

农业出现后的宗教历史主要是用血写成的。由于早期的部落是通过家庭关系相互联系的,所以战争只是在小范围内进行的,没有神的帮助。狩猎采集者可以在没有神的干预下互相敲打对方的头。由于没有亲属关系,杀死陌生人不会引发道德上的困境。一旦有了大型社区,有了成千上万的非亲属关系的同胞,宗教体系就能确保人们在偶然相遇时不会试图杀死对方。然而,正是这

第六章
神的悖论

种宗教导致这些爱好和平的人们对其他人进行疯狂的杀戮。让彼此和平相处的戒律并不适用于宗教之间。宗教成为战争和大规模屠杀的理由。

自有记载以来,宗教战争一直在发生。第一次神圣战争爆发于公元前 595 年至 585 年之间。德尔斐近邻同盟向附近的基尔拉市(科林斯湾)宣战,因为它单方面决定对所有前来咨询德尔斐神谕的人征收通行费。可能就在今天上午,在中东、非洲、巴基斯坦、阿富汗、印度尼西亚的许多地方,最新的神圣战争已经上演,不同的宗教团体用火和剑互相争斗。

宗教的大脑

现在有什么迹象表明我们的大脑是宗教的吗?首先,我们很容易相信没有确凿证据的事情。我们给孩子们讲奇思妙想的故事,教他们相信圣诞老人的存在,给他们读童话故事。当有人去世时,我们安慰自己,相信这个人会在一个更美好的地方看着我们。

此外,我们的大脑会不断地在毫无关联的事件之间建立因果联系。一个例子就是我们对阴谋论的信念。在阴谋论中,我们对一些与现实相距甚远的现象给出了因果解释。一些流行的网站坚决声称 2001 年 9 月 11 日的袭击是布什家族和一个有影响力的犹太游说集团联合策划的,登月是伪造的,气候变化是由环保人士秘密策划的。人们喜欢相信阴谋,并且津津有味地把它们传递

错位的本能
古老的大脑是如何愚弄我们的

下去。

仪式感和迷信仍然在我们的生活中扮演着重要的角色。当韦恩·鲁尼（Wayne Rooney）为英格兰队罚点球时，我们祈祷他能射进球门。荷兰足球传奇人物约翰·克鲁伊夫（Johan Cruyff）只会身穿14号球衣，因为如果他不这样做就会带来坏运气。他还会把一块刚嚼过的口香糖踢到球场上；如果它落在对方半场，那比赛就会有个好结果。迷信是在混乱的世界中创造秩序的一种手段。仪式和固定的模式是控制事物的一种方式，而它们似乎真的起作用了。科隆大学的研究表明，当人们相信他们可以掌控自己的命运时，他们确实表现得更好。例如，在一个迷你高尔夫游戏开始时，人们会得到一套球，上面可能写着这些球是幸运球。拥有幸运球的玩家比那些拥有"糟糕球"的玩家表现得更好。

类似地，人们也深深迷恋着精神力量。比如这个思维实验：假设本书的一位作者拿到了一个曾经属于查尔斯·达尔文的笔筒，他对待这个笔筒肯定比对待其他笔筒尊敬得多。达尔文把他的笔放在这个笔筒里，就能赋予这个物品一种神奇的特质，仿佛达尔文的精神就存留在这里。耶鲁大学的一项研究对这一精神现象进行了探究。这一研究的实验对象被告知有机会购买贝拉克·奥巴马（Barack Obama）或乔治·克鲁尼（George Clooney）等人穿过的运动衫。如果他们被禁止后续卖掉运动衫，那么他们心里的出价会下降一小部分；如果他们被告知运动衫已经被彻底干洗过，那么出价会暴跌很多，相较而言没洗过的运动衫价格则会高得多。很显然，我们更重视这件运动衫中包含的"奥巴马"

第六章
神的悖论

元素,而不仅仅是皮肤和体味,以至于我们愿意为之花钱。反之亦然。当人们在考虑买房时如果被告知曾有一名臭名昭著的罪犯住在那里,他们对房子的估价要低于那些没被告知这一信息的人。

失配的宗教

进化使人类的大脑能够以宗教的方式思考,这也使人类能够将自己组织成宗教团体。在史前时期,可能在农业出现后不久,宗教就发挥了重要的作用,但现在仍然是这样吗?宗教思想是否会让我们在现代社会误入歧途?也许宗教是一个过分夸大的线索,甚至是一个虚假的线索,误导我们做出错误的决定。这似乎是理查德·道金斯在他的《上帝的错觉》(*The God Delusion*)一书中所持的观点。他在书中展开内容论述的前提是,宗教是一种污染人类大脑的病毒,对感染者有害。这与我们的观点不完全相同。宗教可能具有一种古老的适应功能,但我们的问题是,宗教是否能在现在这样一个高度变化的环境中继续发挥它的作用?下面我们列举了一些由于我们基于宗教原因做出的决定而产生的宗教失配,这对我们的繁衍利益产生了短期或长期的损害。

独身主义是一个很容易让人想到的例子。牧师和其他宗教领袖被要求过独身生活,这样做是自愿放弃生育的机会。本章开始时讨论了另一个极端的例子:"天堂之门"的成员因为相信他们在来世的救赎而自杀。再有就是吉姆·琼斯(Jim Jones)臭名昭著

> 错位的本能
> 古老的大脑是如何愚弄我们的

的教派。过去有许多布道者预言了世界末日，并且当这一"喜事"没有在预言的时刻发生时，他们就出手"推了一把"。一个来自亚洲的例子是日本的毒气教派奥姆真理教（Aum Shinrikyō）——现在一般被称为 Aleph。这个教派结合了基于佛教、印度教和东方民间宗教的意识形态。奥姆（Aum）来自一个印度词，意思是"创造和毁灭的力量"，而 Shinrikyō 在日语中是"真理的教导"。1995 年，该教派用自制的神经毒气袭击了东京的地铁，从而在全球范围内名噪一时。在这起事件中，13 人死亡，5000 多人受伤。

最近的带有谋杀性质的失配是宗教自杀恐怖主义，主要是由圣战分子实施的。由于来世的诱惑和同侪压力，有些人在公共场合随意开枪，自愿将炸弹绑在身上，只为将自己和敌人（即属于另一宗教的人）的基因从世界上抹除。在西方，更令人惊讶的是，自杀的人是年轻男性，有时也是年轻女性。这里重要的一点是，自杀式恐怖分子被承诺，他们的后代将获得英雄般的地位，并在经济上得到支持。

当宗教观点凌驾于科学知识之上时，例如在涉及健康的问题上，也会出现失配现象。1971 年，荷兰斯塔普霍斯特（Staphorst）村严格的东正教社区面临着一场影响了 44 名儿童的小儿麻痹症疫情，最终其中 5 人死亡。这次疫情暴发的原因正是东正教教徒拒绝接种疫苗，因为那不是上帝的旨意。如果上帝想要你生病，你就会生病。虽然斯塔普霍斯特村现在已有 80% 的人接种了预防小儿麻痹症等疾病的疫苗，但即使是在今天，仍然有一些人出于原

第六章
神的悖论

则问题，不愿违抗神的旨意。另一个令人心酸的例子是荷兰女演员西尔维亚·米利卡姆（Sylvia Millecam）的故事，她在 2000 年被诊断出患有乳腺癌。受一种所谓神秘媒介的启发，米利卡姆认为她只是被细菌感染了。在她的肿瘤到了晚期的时候，她的"精神医生"们仍然仅仅用替代疗法、顺势疗法、磁场（以及止痛药）来治疗她。这导致了她的死亡。

另一个失配的地方是，像过去一样，宗教在组织所有人都属于同一信仰的社区时可能是有效的，但在组织不同信仰的人必须生活在一起的社区时却不是那么有效。而现代社会是由具有不同文化和宗教身份的人组成的，他们必须努力和平共处。在英国和荷兰，有着几十种不同宗教信仰的人们相邻而居。即使在去宗教化的社会中，也有许多人成为宗教暴力的受害者。比如，荷兰电影制作人提奥·凡高（Theo van Gogh）、《查理周刊》（*Charlie Hebdo*）的编辑部成员，或者在巴黎巴塔克兰剧院观赏"死亡金属之鹰"的无辜观众，以及在曼彻斯特竞技场欣赏爱莉安娜·格兰德（Ariana Grande）的观众。

尽管宗教有其积极的一面（如提供希望、身份认同、社区精神和赋予生命意义），但在现代，宗教思维可能导致各种失配，使我们以信仰的名义做出错误的决定。以对妇女的系统性压迫为例。印度教徒以因宗教不允许踩踏昆虫而闻名，但妇女过去被要求在丈夫死后与他的尸体一起被焚烧。万一她们拒绝的话，就会受到来自僧侣和家庭成员的严重的道德压力。虽然这种做法在 1830 年被英国殖民政府取缔，但仍有一些案例被报道。这是一个失配的例子，因为将自己与丈夫一起火化的寡妇本可能会有后代，或者至少会扮演祖母的角色（见第二章的祖母假说）。她们被自己的信仰剥夺了这个机会。

丢掉失配，无所畏惧

面对如此多的苦难，我们能向谁求助呢？在这本失配之书中，我们能做些什么呢？如果我们假设宗教根植于我们的基因中，我们如何避免失配？一种选择是什么都不做。宗教会消失吗？也许当非宗教社区的人比宗教社区的人过得更好时，宗教会消失，比如因为他们在预防或抗击疾病时更多地利用科学知识。但另一种可能性是，如果我们什么都不做，各种宗教将会自相残杀或相互排斥，直到只剩下一个占主导地位的宗教，同时，也会和无神论者分庭抗礼。或者，无神论者会联合起来，宗教最终会完全消失。我们的预测是，这种情况不太可能发生。地球上的一些地方正变得更加去宗教化，而在另一些地方，信徒的数量也不断增长。

在现代社会中，宗教逐渐被"某种意义上的精神"所取代的可能性要大一些。荷兰人对此常用的术语是"应该有神论"（Ietsism）或"某物论"（Somethingism）：认为天地之间存在某种东西，但这不需要被赋予名称，也不需要被纳入宗教框架。应该有神论者并不想聚集在教堂里，但他们确实相信有一种超自然的力量，或者说有一种解释操控了特定的现象。研究表明，"天

第六章
神的悖论

地间一定存在着什么东西"的想法被大多数荷兰人认同。

灵性和"应该有神论"不会在不同属性的人们之间产生暴力（例如，在灵气治疗师和通过茶叶进行心灵巫术的人之间，没有发生过侵犯的记录）。伪宗教狂热盛行，拥趸众多，尤其是女性。*Happinez* 杂志是荷兰过去几十年成功的出版物之一（还有英文版，每年出版四次）。在个人广告中声明自己有精神信仰的男性会得到更多的回复。灵性是"轻宗教"，它保留了宗教的一些模糊的特征，但尖锐和传统的特征被抹去了。

宗教的功能之一就是提供慰藉和抚慰。这一角色在很大程度上被良好的医疗保健和强大的社会网络所取代，但科学尚未能够完全提供关于来世的慰藉。基茨（Keats）认为，科学是"沉闷、冷漠、阴郁和傲慢的"，不能给人们带来安慰。理查德·道金斯在他的著作《解析彩虹》（*Unweaving the Rainbow*）中反驳了这一点，他写道："到死都没有想过自己为什么出生，这不是很可悲吗？有了这样的想法，谁不会从床上一跃而起，急切地继续探索这个世界，并为成为其中的一部分而欣喜呢？"科学是慰藉的非宗教来源。

现在，在许多情况下，神这个角色已经被其他现象所代替了。在过去，无所不知的神看到一切；现在我们拥有一个去宗教化的社会，有法律、法规、闭路电视、超速摄像头、社交媒体等。全知的神已经无缝衔接地被全知的"老大哥"取代。当我们无知地走进摄像头的监控范围时，我们就会暴露自己。在祖先时期，声誉损害是一个大问题，如今也是如此，如果人们不服从现代媒体的法则,就有可能导致社会污染(参见第九章)。未来的问题是:"老大哥"是否会使神变得多余?

宗教为人们提供抚慰,因为人们总有一天会死去。也许一旦我们对死亡的恐惧消失,宗教就会消失。我们的大脑并不适合活到90岁或100岁。当精神和身体都健康的时候,人们经常说他们想活到至少105岁,但到那个年龄之前的很多年,这种愿望就逐渐消失了。如果你与即将到来的死亡和解,你就不会想与一个需要向其交代死亡的神有任何关系,更别提关于天堂的想法了。

结论是,宗教思想在当今时代可能导致失配。只有当有可替代的选择来满足与宗教对应的人类原始需求(抚慰、赋予生命意义、希望、惩罚)时,它们才会随着时间的推移而消失。这还没有发生,人类还不会很快放弃他们的信仰。

第七章 战争到底哪里好了？

某个星期二早晨 6 点半，美国新墨西哥州罗斯韦尔市一间卧室里的闹钟响了，28 岁的蒂法尼·麦格雷戈（Tiffany McGregor）一直安静地睡到现在。她起身淋浴时叹了口气。当她这么做时，她的丈夫，一个叫艾登·麦格雷戈（Aiden McGregor）的飞行员，上完夜班正在回家。他打开了他们独立住宅的后门，心情轻松地走进厨房。然后，事情发生了：两个看起来很凶恶的攻击者正埋伏着等待他。

"举起手来！"其中一个喊道，用手枪威胁性地指着他。另一名闯入者站在一旁，手中的枪没握紧。艾登开始想，这是懦夫的埋伏。他们有武器，而自己没有。

"别开枪！"他害怕地举起双手，有些惊慌地喊道。

"给我一个好理由。"其中一个说。

艾登想了想。

"因为我是你的父亲？"

"谁都可以这么说。"一个六岁的小男孩喊着，并用他的玩具手枪反复射击。一个四岁的幼儿也开始射击。艾登倒在沙发上，用手捂住胸口流血的伤口。他滚到了地板上。他的孩子们哈哈大笑：爸爸在地毯上流血而死！

错位的本能
古老的大脑是如何愚弄我们的

当蒂法尼走进房间时,她叹了口气。

"我们杀了爸爸。"她的大儿子喊道。她又叹了口气。

十分钟后,男孩们在电脑上玩战争游戏,艾登埋头阅读满是全球冲突报道的晨报。他的儿子们正在玩的游戏是一款射击游戏,在游戏里玩家从"第一人称视角"来观察世界。艾登对此没有意见,但几分钟后,他的妻子觉得受够了。

"就让他们自己玩吧,"艾登说,"这只是一场游戏。"

"工作怎么样?"她问道,并把一份热火腿意大利面早餐放在他面前。

"很忙。"他说,然后翻了一页报纸。叙利亚和尼日利亚暴行肆虐;伊拉克和阿富汗袭击频发。

艾登和他的中队确实度过了一个忙碌的夜晚,他们驻扎在距离罗斯韦尔半小时车程的一个空军基地。他们中有一个人因流感缺席,剩下的人在他们的集装箱里手忙脚乱。他的转变始于对阿富汗塔利班自由战士的日常观察。艾登和他的同事在12个电脑屏幕上监视着可能的目标和嫌疑人,排风扇一直在嗡嗡作响。艾登握着操纵杆,戴着耳机,以便与他不认识的人进行无线电联络,他研究着屏幕。有时,他觉得自己像个偷窥狂。他看见一个穿着长袍、蓄着胡须的人,由于腹泻,在一个遥远的田野里蹲了30分钟,同时忙乱地试图赶走玩耍的孩子。他看到一个穿着黑色背心的男孩被戴着头巾的成年男子训斥。一位妇女在她的石屋附近准备饭菜。所有东西都被登记了。

一旦他们确定了目标,他的一个中队队长就发出了使用MQ-

第七章
战争到底哪里好了？

9（绰号："收割者"）的命令，这是一种能够运输约 1700 公斤炸弹和火箭的无人机。无人机起飞了，并且很快就接近了"目标X"。艾登驾驶"收割者"到达了目标地点。他和一位同事一起确保他们在电脑屏幕上锁定了正确的人，然后开火。16 秒后，一枚价值 10 万美元的 AGM-114M"地狱火"导弹确保一名特定的塔利班战士再也不会得痢疾了。艾登和他的同事互相击掌。一个小时后，艾登离开了密闭的集装箱，走进了清晨的新鲜空气中，太阳升起来了。这将是美好的一天。艾登开着他的雪佛兰黑斑羚回家，期待着他的意大利面早餐和报纸。

原始的暴徒

在撰写本书时，全球正在进行 31 场正式战争。这包括塞内加尔的卡萨芒斯冲突、俾路支省的冲突和撒哈拉沙漠的独立起义。无论是从发生冲突的地区、人民还是起因来看，这些冲突中有许多是我们所不熟悉的。

过去战争的清单更长，几乎无穷无尽；数百场战争已从我们的集体记忆中消失。除了历史学家，还有谁知道公元前 710 年至公元前 650 年的利兰丁战争、八王子之战（291—306），或者 1440 年左右的荷兰—汉萨战争？

一群人对抗另一群人的战争在任何时代都存在着。历史学家认为，真正的特洛伊战争早在公元前 13 世纪或公元前 12 世纪就发生了，但有许多迹象表明，早在那之前就发生过大规模的冲突。人们在埃及、德国和美国的出土文物中发现了史前时期的乱葬岗，这些乱葬岗表明了人类的暴力行为。头骨的击打痕迹与骨折显示这些伤是斧头和锋利的箭头造成的。这些乱葬岗标志了有组织的暴力的存在。

只要在人们相邻而居的地方，就会发现过失杀人和谋杀的证据。考古研究表明，在90%~95%的社会中，都发现了战争的痕迹。和平的社会是人类历史上的例外。但有一点是明确的，那就是在祖先时代，战争不是两支军队面对面互相消灭。任何有组织的暴力首先都是懦弱的。我们的祖先擅长突然袭击，人类学家也称之为突袭和伏击杀人。这可能包括一群人在晚上入侵一个营地，杀死一个或几个受害者，然后安静地撤退（所谓的袭击）；或者先在河边设下埋伏，当另一个部落的人经过时，这个人要么被杀死（男性），要么被绑架（年轻女性）。这些突袭和伏击的技术和人类一样古老，甚至古老得多。

科学将联合的侵略或有组织的暴力视为人类战争的基础。成千上万的壕沟战争和屠杀式的战斗，其深层根源在于我们形成二人联盟以对抗一人的社会能力。在之前引用的《黑猩猩的政治》中，弗朗斯·德瓦尔展示了较低等级的雄性黑猩猩如何相互组成联盟，以剥夺地位更高的雄性黑猩猩的权力，甚至杀死它们。据悉，β型与γ型雄性在征得群体内雌性同意的情况下，密谋推翻α首领。这种行为也发生在了其他物种中，从狮子、鬣狗、海豚到其他灵长类动物。自相矛盾的是，形成联盟的能力是我们组织生活的基础。更完善的说法是：我们的社会和有时利他的本能使

第七章
战争到底哪里好了？

我们能够发动战争。在人类的进化过程中，社会行为和暴力是密切相关的。

在黑猩猩中，暴力行为不仅发生在群体成员之间，它们也有领土意识。黑猩猩以群体形式生活在固定的栖息地，有时与其他黑猩猩的栖息地接壤。生物学家观察到，不同的群体保卫着自己的领地，并防备来偷走它们食物的入侵者。为了监视他们的领域，黑猩猩组成了"边境巡逻队"来守卫边界。边境管制并不是典型的人类行为。

雄性黑猩猩有时会成群地出去寻找不受欢迎的陌生个体。当它们在自己的地盘上遇到一只时，就会采取行动。灵长类动物学家记录了黑猩猩群攻击陌生雄性个体的视频。它们尖叫着，并且撕咬和撕扯着入侵者的四肢和性器官，直到它的身体部位所剩无几。这些都是残忍的谋杀。从人类的道德角度来看，猿类的暴行明显是懦弱的。黑猩猩只有在己方明显多的情况下才会发动进攻（比如五比一），而且胜利几乎是确定无疑的。它们把自己面临的危险降到最低。这种懦弱的暴力围殴行为是我们经常在媒体上看到的，来自大城市的闭路电视图像，通常是在酒吧和俱乐部周围；于是一股道德义愤席卷全国，又是一个毫无意义的暴力的受害者——猿类对我们来说并不陌生。

对黑猩猩而言，杀死附近的同类是一个进化目标。研究表明，雄性群体会系统性地消灭其他群体的雄性。一个预期的结果是，这将日益削弱它们的邻近势力。科学上把这种现象称为"权力的不平衡效应"。特别是杀死附近种群的雄性，就会产生权力差距。当这种差距变得太大时,弱势群体中的雌性个体最后就会迁移到它们较强的邻居那里。由于它们有更大的领地,它们就能更好地收集食物,利益惠及群体中的每个个体:成年雄性、成年雌性和幼崽。

最终,对其他群体的个体进行的懦弱的谋杀为攻击者带来了进化上的优势。还没经过理性的协商,暴行就发生了;猿类没有制定战略的将军或陆军元帅。它们没有武器,也不需要遵守日内瓦公约。而且,它们受伤的风险很小。

对于一般生活在固定地点的黑猩猩来说,领地的重要性要远远高于同为灵长类动物的人类。我们的祖先,即狩猎采集者,每年都有几次要沿着古老的路线进行穿越大草原的迁徙,在这个过程中分享他们的生活环境。他们与邻近部落的关系往往很紧张,必须就水坑和其他自然资源的使用权达成协议。这显然是滋生冲突的温床。

在祖先时代,暴力很普遍。在《文明之前的战争》(*War Before Civilization*)一书中,考古学家劳伦斯·H. 基利(Lawrence H. Keeley)描述了原始人是如何或多或少地使用与黑猩猩相同的策略的。在那时,突袭和伏击杀人是家常便饭。人们不怕邻居的突然袭击,在节日的和平交谈中都会发生伏击。总的来说,成年男子因有组织暴力的死亡率估计为25%。在这个总体数字中,我们可以看出传统社会之间的巨大差异。在一个名为黑瓦洛(在波多黎各)的民族中,这个数字是60%,但在吉布斯(在巴布亚新几内亚)中,男性战争伤亡仅占7%。相比之下,

第七章
战争到底哪里好了？

在欧洲和美国，21 世纪死于战争的男性比例不到 1%。进化心理学家斯蒂芬·平克（Steven Pinker）在他的著作《人性中的善良天使：暴力为什么会减少？》(*The Better Angels of our Nature: Why Violence Has Declined*) 中写道："暴力减少是现代社会重要的成就之一。"

男性战士效应

在祖先时代，有组织的暴力有三个主要动机：地位、性和工资（工资显然不是以金钱或财产的形式支付的，因为它们当时还不存在，而是以社会资本的形式，例如友谊）。当一个部落的人成功地打败了他们的邻居时，对胜利做出最大贡献的战士会获得比胆小的旁观者更高的地位。一个人杀死的敌人越多，他的地位就越高，这反过来又有利于他繁殖的成功，用日常用语来说就是：他有多少孩子。科学称之为"男性战士效应"，这是一种根深蒂固的倾向，男性通过参与有组织的暴力来提高自己的繁殖成功率。

人类学家拿破仑·查冈（Napoleon Chagnon）多年来一直在亚诺马米人中进行实地研究。亚诺马米人是亚马孙雨林中一个好斗的狩猎采集部落。杀死其他亚诺马米部落成员的人可以获得最高荣誉。这些人甚至有一个特别的名字，尤诺凯。查冈研究了尤诺凯与其他成年男性相比拥有多少配偶和孩子，发现了一个明显的区别：越好战的男性，其性行为和后代越多。

战争也是唤起女性性欲的一种手段。攻击其他群体，保护自己的生存环境，就像孔雀的尾巴一样。雄孔雀试图用羽毛的华丽来打动雌孔雀，羽毛的华丽既引人注目又昂贵，而史前的男人则试图用他们的战斗技能来打动女性。作为一个群体，通过与相互竞争的民族发生冲突，男性能够获得一个更大、更高产的生活环境，并有机会比不那么好斗的对手更成功地繁殖。这可能意味着性选择发生在男性的战争特征上。

此外，发动战争是生物学家所说的"代价高昂的信号"（就像我们前面提到的吸烟一样）。战斗往往是危险的，需要大量的力量和精力。获胜者表现出他们能够承受这些困难，因此拥有良好的体格和良好的基因。他们有能力生产健康的后代，保护和维持他们的家庭。最近，作者之一对"战争是否真的能增加男性的性吸引力"的问题进行了研究。这项研究是在英国和荷兰的大学里进行的。女学生们被要求阅读关于一个虚构士兵的场景，并指出她们是否认为他具有性吸引力。这是个叫约翰（John）的士兵的故事。在第一种情况下，约翰留在了英国或荷兰；在第二种情况下，他在阿富汗执行了任务；在第三种情况下，他还因为勇敢而获得了一枚奖章。结果是什么情况？当他战斗并获得奖章时，约翰被认为是最有吸引力的，而在前两种情况下的结果没有区别。一项后续研究表明，如果约翰在战争中因英勇行为而被授予勋章，那么他会被认为比在自然灾害中扮演了英雄角色而被授予勋章更有吸引力。这些结果令人震惊，因为仅从他们的训练或收入来判断，荷兰和英国的士兵并不享有特别高的地位。然而，我

第七章
战争到底哪里好了?

们的研究表明,女性渴望士兵,尤其是战争英雄。这些结果适用于短期和长期的关系。

因此,地位和性机会的增加似乎为男性提供了重大的进化优势,足以弥补其劣势。这就是男性战士效应的基础。在《战争理论》(*A Theory of Warfare*)一书中,进化心理学家约翰·图比和勒达·科斯米德斯用博弈论说明了这一点。作为一名战士,你有10%的概率在战斗中牺牲,但有额外后代的概率增加了20%,这就产生了进化优势。毕竟,参加战斗符合你的基因利益,对普通战士来说,就是利大于弊。

根据图比和科斯米德斯的说法,在战争中谁将生存或死亡肯定是一个未知问题(德语中有一个同样精彩的版本:Schleier des Nichtwissens)。博弈论清楚地表明,当你的死亡概率是100%时,你就不会参加战斗。为了能够解释战争期间的自杀任务,我们不应该研究生物学,而应该关注文化和宗教方面(如第六章所述)。博弈论也表明,成为一个大军团的成员是最好的。当一个小组决定派出两名战士去战斗,而相邻的小组派出五名或六名战士时,第二组大概率会获胜,而且小组内的每个人都不太可能被打死或受伤。对战争的博弈论分析表明,在历史的早期,为了发展和动员尽可能多的战士和开发尽可能多的武器,一定存在着一场军备竞赛,因为规模很重要!

最后,博弈论还解释了为什么如果你特别努力地战斗,就可以期待得到额外的奖励。最近,对图尔卡纳人的研究证明了这一点。图尔卡纳人是东非的游牧民族,他们定期从其他部落偷牛。

错位的本能
古老的大脑是如何愚弄我们的

研究人员要求图尔卡纳的男性和女性评估一些男性的情况，这些男性因缺乏勇气或身体残疾而没有参加此类袭击。缺乏勇气的人比不称职的人得到的评价更消极，他们也受到了更多的惩罚。

因此，对男性来说，发动战争具有明显的进化优势。赢得战争所需的素质包括身体素质（积极战斗）、社会素质（表现出勇气）和政治素质（形成联盟的能力）。这种男性战士效应的前提是，在长期的战争历史中，男性的所有品质，包括积极的和消极的，都已经形成。我们甚至喜欢推测，精神变态的个体无法对他人的痛苦做出同情的反应，这种现象在男性中尤为普遍，他们并没有被淘汰，因为它在战场上提供了一些优势。一个精神变态的战士在战斗中可以达到很高的高度，所以精神变态者在和平时期的社会是可以被接受的。

战争和性在人类进化史上也有着直接的联系。自远古以来，战争引发了强奸和绑架新娘等暴行。在《强奸的自然史》（*A Natural History of Rape*）（见第三章）中，生物学家兰迪·桑希尔和人类学家克雷格·帕尔默解释说，在许多动物物种中，强奸是一种相当普遍的繁殖方式（见第三章）。在人类中，自有记载以来，强奸在社会上一直是非常不良并受到强烈谴责的行为。正如我们所看到的，祖先时代的强奸犯可能会在自己的群体中受到公众的羞辱、排斥和身体的惩罚。但在战争情况下，规范和价值观是不同的。在不损害名誉的情况下，为了传播自己的基因，男性可以占有对方的女性，而且不会受到报复。战争让男人有机会生儿育女而不会冒太多被报复的风险。

第七章
战争到底哪里好了?

男性生殖器和战争之间的联系可以追溯到很早的人类历史。不久前,在挖掘过程中发现了法老梅伦普塔(Merenptah)的笔记。他讲述了自己战胜利比亚敌人的巨大胜利。在与利比亚军队进行了一场残酷的战斗后,据说法老获得了包括13320个被砍下的阴茎的战利品(其中6个来自利比亚将军,6359个来自利比亚士兵,其余来自外国雇佣兵)。被砍下的阴茎的象征价值在于传达了这样一个信息:敌人将不再能够生育后代,因此也就无法将后代带到这个世界上,而这些后代本来会攻击你的部落。尽管还没有发现关于这种行为的考古证据,因为阴茎并没有变成化石,但这些过分行为似乎是在早期部落战斗中发生的。

部落大脑

发动战争在过去和现在都会改变一个人的人生经历。关于战争的浪漫本质已经有人写了很多。美国哲学家杰西·格伦·格雷(Jesse Glenn Gray)参加了第二次世界大战,并在他的《战士》(*The Warriors*)一书中描述了他作为一个排的一员的经历:"许多诚实的退伍军人会承认:……在战斗中共同努力的经验……一直是他们人生中的重要时刻。尽管有恐怖、疲惫、肮脏和仇恨,但与他人一起参与战斗有其难忘的一面,这是他们不想错过的。"

由于巨量的肾上腺素分泌,战争会使身体上瘾。发动战争会在战士之间产生深厚而持久的社会纽带,他们将自己的群体视为一个家庭。在第二次世界大战结束50年后的采访中,士兵们说,

错位的本能
古老的大脑是如何愚弄我们的

在战争中结成的兄弟情谊是发生在他们身上的最好的事情。这就体现了战斗的影响有多深。阿姆斯特丹大学的研究人员在一项激素研究中揭示了这种兄弟效应。他们主要对催产素感兴趣。这种激素是在亲密的情感体验中释放的，比如哺乳或做爱。但很明显，它也有助于增强群体联结。在这项只有男性参与的研究中，研究人员在实验对象的鼻子下面放置了催产素或安慰剂的鼻烟。然后让他们玩一个游戏，在这个游戏中，他们以小组的形式竞争。结果发现催产素组的人合作得更好，他们更信任彼此，而安慰剂组的人合作更少。研究人员得出结论，催产素具有"互助和防御"作用。

战争能区分男人和男孩：只有真正的英雄才敢穿越火线。有些战士因压力而瘫痪，放弃敌对行为。这种行为不为群体所欣赏。在科学术语中，这被称为经典的搭便车问题：对于那些从战争中受益（更高的地位，更有可能生育后代）但同时拒绝战斗的男人，该怎么办？为了纠正这种行为，士兵们必须遵守一套规范、奖励和羞辱的制度，这些制度在像我们之前提到的图尔卡纳人这样的游牧民族中继续存在着。在现代战争中，这同样很适用。根据现代军法，逃兵可以被立即枪决，这一事实源于一种古老的本能，即保持群体的强大并惩罚懦夫。被认为是逃兵的耻辱产生了如此深远的影响，以至于在英国的几个法庭案件中，第二次世界大战期间逃兵的家庭成员希望恢复他们亲人的名誉。这也可以解释为什么军队里的同性恋、双性恋及变性者群体和女性会受到抵制：士兵之间的爱情关系可能是以团体内的团结为代

第七章
战争到底哪里好了?

价的。

换句话说,有无数的例子表现了,我们的大脑,尤其是男性的大脑,是如何在漫长的战争历史中形成的,而且这些痕迹至今仍可见。我们仍然对战争抱有一种主要来自男性的迷恋。当世界上某个地方发生冲突时,新闻总是对敌对行动追踪报道。我们看战争电影,读有关战争的书,纪念最近发生的战争。我们的整个文化都充满了与战争相关的图像和隐喻,无论是在体育方面还是政治方面。小时候,我们会玩很多战争游戏;长大后,我们会发射彩弹,直到看到红色、绿色和紫色;在自己的电脑上连续数小时模拟暴力场景。战争在人类(尤其男性)的心灵中根深蒂固。

在当今时代,我们仍然可以在男性身上找到我们部落式大脑的痕迹,尤其是那些仍然处于部落化的男性。与女性相比,男性对体育俱乐部的支持要深得多,而不仅仅是追求一种爱好。同样地,男性会更有动力以团队的形式行动,并且保护自己的团队不受其他团队的伤害(例如,晚上外出或去足球场)。

这些性别差异可以在一项研究中清楚地被证明。我们让男性和女性选择他们最喜欢的颜色,并解释他们为什么会选择这种颜色。出于部落原因选择颜色(我选择红色是因为这是我最喜欢的足球俱乐部的颜色,我选择白色是因为这是我的宗教信仰的颜色)的男性比例(22%)高于女性比例(8%)。女性大多会参照自然或时尚(我选择红色是因为它适合我,我选择蓝色是因为它是天空的颜色)。在另一项研究中,作者之一让男性和女性玩一个游戏。在这个游戏中,他们可以把钱留给自己,也可以把钱

| **错位的本能**
| 古老的大脑是如何愚弄我们的

投资到团体基金中。一般来说,男性比女性更倾向于把钱留给自己,除非我们告诉他们,他们的小组必须与其他小组竞争。从那时起,他们开始加大对团体基金的投资。

人们可能会问,史前战争提高地位的效果是否也适用于现代。作者之一针对那些被授予高荣誉的美国退伍军人和普通的美国退伍军人之间的区别进行了研究。研究者认为胸前有勋章的士兵比平凡的士兵生的孩子更多。事实证明确实如此。获勋军人平均有 3.2 个孩子,普通退伍军人平均有 2.7 个孩子。在战场上表现出勇气的人在进化上是有优势的。当这项研究的结果被媒体详细报道时,作者之一收到了来自基杰斯·图因曼(Gijs Tuinman)的电子邮件,他是被授予威廉勋章的最年轻的荷兰士兵。他在邮件里问了一个问题:"是什么激发了你们研究这个课题?"我们的回答是:"进化心理学提出了许多有趣的假设。"

一个年轻时在战场上表现英勇的人,随着时间的推移,会越来越依赖过去。例如,将军本身不再参加战斗,但他们确实享有很高的地位和极大的尊重。在社会中,无论男女,永远都在寻找那些具有特殊品质的人,而战争使他们突出地展示了这些品质。参加过第二次世界大战的将军和统帅们成为总统或杰出的政治家(丘吉尔、戴高乐、艾森豪威尔)并不是没有原因的。这又是一个昂贵的信号(孔雀尾巴)的例子:一些人通过为群体做一些事情而使自己突出,表明他们有道德、体魄和精神来服务于公共利益。

这种牺牲比政治家的努力更值得赞赏,以及对我们来说很遗憾的是，也胜过科学家或作家的努力。关于一个人在他的军事生涯中有多英勇的问题，在美国政治中仍然至关重要。在乔治·W. 布什（George W. Bush）和约翰·克里（John Kerry）的竞选中，他们各自的军事经历浮出水面。虽然布什曾逃避兵役，但克里却编造了各种有关他在越南战争中的英勇行为的故事。对此，人们产生了很大的怀疑，美国右翼媒体尝试了各种各样的策略来揭穿他的故事。

许多美国政客都有参与战争的记录。1968 年出生于泰国的美国政治家塔米·达克沃斯（Tammy Duckworth）就是一个令人振奋的例子。作为一名美军直升机飞行员，她在伊拉克失去了双腿和部分右臂。她的英勇和牺牲使她成为竞选政治职位的最优秀的可靠候选人。她成为伊利诺伊州第一位当选国会议员的亚裔美国妇女，也是第一位进入众议院的残疾妇女。

女性和战争

女性在战争中的情况如何？到目前为止，相关的科学知识还很少。但我们可以推测。首先，与男性相比，女性在进化中对战斗的兴趣要小得多（就像雌性孔雀在进化中，对长出如此昂贵的尾巴没有兴趣一样）。她们所能做的就是激励男性为额外的领地和食物而战。当她们的部落尝到失败的滋味时，女性可能会盘算着改变忠诚。美国心理学家谢利·泰勒（Shelley Taylor）称之为"照顾和友好反应"，即女性对威胁和压力的反应。男性通常表

| **错位的本能**
| 古老的大脑是如何愚弄我们的

现出"或战或逃反应",而女性则把保护子女放在第一位,加入能提供这种保护的伴侣或社会群体(成为朋友)。这些人可能是原来的男性战士,但也可能是敌人的男性战士。

女性也可能形成了心理适应以防止战争发生,或去结束一场战争。因为总的来说,女性比男性失去的更多(因为战争的进化代价,如强奸和对后代的风险,对她们来说更大),我们可能会认为女性更倾向于维持和平。研究表明,女性对使用暴力作为解决冲突的办法持更消极的态度。她们也不喜欢在实验室模拟的战争情况下发动进攻。此外,我们自己的研究表明,在和平时期,我们更喜欢女性领导人,无论是真正的女性,还是有着女性外表的男性。最近几任美国国务卿中包括了玛德琳·奥尔布赖特(Madeleine Albright)、康多莉扎·赖斯(Condoleezza Rice)和希拉里·克林顿(Hillary Clinton),这也许不是没有原因的。我们会相信女性比男性更专注于维护和平。

最后,在我们的进化过程中,一定存在女性加剧战争的情况。最有名的(虚构的)故事是《特洛伊的海伦》(*Helen of Troy*)。作者之一对女性对战争英雄的性偏好的研究表明,女性是战争的基础。性选择可以解释这一点。如果女人不迷恋战争英雄,而是迷恋鸟类观察者,那许多男人就会花大量的时间带着双筒望远镜在户外。人们会为最优秀的观鸟者竖立雕像,这些人会受到一群疯狂的人的欢呼,其中包括无数年轻迷人的女人,然后再出发进行另一次探险。

人们知道,只有当妇女抱怨食物不足时,男性阿帕奇人才会冒险外出抢劫邻居。在环境的逼迫下,女性可能也扮演了积极的战斗角色。如果部落的男性战士太少(因为他们在早期的战斗中被杀了),女性很可能会积极参加战斗,以弥补战士的缺乏。纵观历史,这在世界各地都有发生。当代的一个例子是在以色列,女性在军队中扮演着非常重要的角色。和男人一样,以色列的女人也必须服兵役。在1948年的独立战争中,当男性严重短缺时,以色列女性参加了战斗。以色列军方的数据显示,2002年,女性在较低级别的军官中占33%,在上尉和少校中占21%。尽管以色列在2011年任命了首位女性少将奥尔纳·巴尔比瓦伊(Orna Barbivai),但女性在高级军官中只占3%。

进化在女人身上玩了一个奇怪的游戏。性选择让女性爱上了在战争时期可能对她们构成威胁的男性战士。大规模的战争导致越来越多的士兵匿名化,随之而来的是无法无天现象的增加,有时还有大规模的性暴力。

强奸在现代战争中发生的规模与史前时期是完全不同的。因为士兵们往往在离家很远的地方作战,所以他们常常可以逍遥法外,有时甚至还会受到军官的鼓励。在远古时代,被攻击的部落会立即进行报复。现在,行凶者是匿名的,受害者也没有任何防御能力,连儿童都受到了污辱。

财产战争

农业革命和随之而来的人口爆炸对战争的规模和复杂性产生

了重大影响。农业产生了200万年以前不存在的东西：财产。财产必须得到保护，以防有人想要侵占它。于是出现了一个士兵阶级来保护财产。村庄被给予额外的保护措施，使其防御起来更容易，房子的周围也有了墙。土耳其的恰塔霍裕克（公元前7400年）是世界上已知的最早的定居点，而且它拥有防御工事。是的，人们建造了防御工事和城堡。社区的规模呈爆炸式增长，社会的复杂性也随之增加。各种职业、贸易和专业技术如雨后春笋般涌现。有人变成了农民，有人变成了职员，有人变成了工匠，还有人变成了士兵。发动战争成了一种职业。

有围墙的村庄变成了国家，有了自己的管理部门和经济体系。旧的社会秩序消失了，人们所属的群体变得越来越大、越来越抽象。在祖先时代，个人和群体的利益是一致的，而在不断扩大的社会中，宗教和爱国主义在创造凝聚力方面的作用越来越重要。在史前时期，由于宗教或民族等抽象问题而引发的战争是一种无法想象的现象，但在后来的时代，战争变得越来越"有规可循"。

战争也在规模上有所增加，在技术上变得更加精细，从而导致了各种失配。我们祖先冲突的原始动机，被人口爆炸大大放大了。更多的人意味着更多的性、更高的地位和薪水。赌注增加了，这意味着需要更多的服务。在失配方面，战争的战利品成为吸引年轻男性的一个夸大的暗示。

如果一个有围墙的村庄占领了另一个村庄，战利品（收入）会比史前时期多很多倍：大片土地被夺走，牲畜被没收，许多潜

第七章
战争到底哪里好了？

在的新娘被绑架。战争胜利者的地位只会上升。胜利者变成了军阀,后来成为贵族,甚至是国王(现在的荷兰国王是战争英雄奥兰治的威廉的后代)和皇帝,他们甚至有能力维持一支更强大的军队。在战场上部署的士兵越多,胜利的机会就越大;战斗越激烈,获得大量战利品的机会就越大。

战争成为一种日益有效的获取财产的手段。对士兵的需求变得如此巨大,以至于许多人为了体面的薪水为出价最高的人作战。这些雇佣兵(失配发生了,这在人们总是为保护自己的群体而战斗的祖先时代并不存在)由于人口爆炸而数量众多。在中世纪,一个著名的现象是长子学习学术知识,二儿子成为熟练的体力劳动者,三儿子成为军人。雇佣兵丝毫不关心他们为谁或为什么目标而战。金钱和暴力之间开始出现明显的联系:最富有的统治者能够负担最大数量的士兵,从而达到最大规模的胜利(一个如今存在于足球运动中的原则,一个古代部落争端和男性战士效应在现代的表现)。

我们时代的和平

尽管村庄、城市和国家的军事力量不断增强,但相对而言,侵略行为在逐渐减少。在前农业时代,大约 25%~30% 的男性死于暴力,哈佛大学心理学家斯蒂芬·平克认为,在农业出现后,这一比例有所下降。如今,欧洲和美国死于战争的男性比例不到 1%。更为复杂的新社会意味着,使用暴力的标准和规则将变得

错位的本能
古老的大脑是如何愚弄我们的

更加严格。国家解除了公民的武装,我们不再冒不必要的风险攻击邻近社区。年轻人的好斗本能在农业社会中尤其得到了更多的引导和控制,而这些本能在现代社会中以流氓、(摩托车)帮派、犯罪集团、黑手党、垄断者和……首席执行官的形式突出表现出来。

比较一下人类的和解行为和鸽子(鸽子经常用喙互相啄)。攻击性在鸽子中非常普遍地存在着。它们为了争夺群体中的等级而不停地啄对方。这就是为什么生物学家把这种现象称为啄食顺序。科学家曾经给鸽子更重的武器,在它们的腿上绑上刀子,在它们的喙上绑上针。测试的鸽子的攻击性几乎立即下降,因为与暴力相关的风险太大了。冷战也基于这一原则:如果美国和苏联都拥有大规模杀伤性武器,它们就不会互相攻击。这种地理政治战略也被称为 MAD(相互确保摧毁)。

但事情还有另一面。如果我们不像平克那样看战争死亡的相对数字,而是看绝对数字,那么我们就会看到世界范围内的伤亡人数大幅上升。这显然与人口爆炸和致命武器技术的增加有关。这造成了失配。虽然在战争中死亡的可能性比以前小了很多,但从绝对数字来看,死亡人数比以前多了很多。对于战争受害者的家人和朋友来说,统计并不算数(看重的只有个人)。这同样适用于那些将他们送上死亡之路的鹰派领导人。斯大林说过这样一句传奇的话:"一个人的死亡是一个悲剧,而数百万人的死亡只是一个统计数字。"

第七章
战争到底哪里好了?

祖国需要你

随着时间的推移,战争的进行方式发生了变化。在祖先时代,人们用拳头打架,后来用棍棒、石头和斧头。农业革命之后,技术成为战争中越来越重要的一部分。社会军事化,导致大量的精力被投入到武器的制造中。这反过来又引发了军备竞赛。武器变得越来越有创造力,数量也越来越多,对原始体力的强调也越来越少。而且,人们为了越来越抽象的理想,不得不在越来越远的地方打仗。这也导致了一些失配。

"爱国主义"的概念纯粹是为了战争而产生的。正常的生物有机体不会为了保护国家或国家这样的抽象概念而冒巨大的个体风险(只有一些好斗的蚂蚁表现出类似的行为,但它们这样做的同时也在保护家园,至少是它们自己的巢穴)。人类有保护处于危险中的直系亲属和社区的本能,但不包括保护一个宗教目标或一个我们不认识其居民的抽象民族国家。

那文化创新是如何平衡这种为家庭和为国家而战的根本性失配的呢?首先,现代人类有一种可以支配的象征性思维,能够与基因上的陌生人建立联系,这些人不是家人或朋友,但确实和我们有一些共同点。这种象征性大脑非常有用,因为它能让人类加入更大的社会网络。我们已经看到,在战争时期或面临干旱、缺水威胁时,这是多么方便。你的社交网络越大,你生存的机会就越大(这可能就是尼安德特人灭亡的原因。他们的网络太小,在食物短缺的时候无法生存）。象征性大脑能让我们基于一个象征性的共同特征（比如属于同一教会、同一国籍或同一足球俱乐部）而潜在地信任他人。爱国主义就是结果。

统治者、政治家和将军们可以通过向我们灌输"我们属于一个需要捍卫的群体"的想法来操纵我们的象征性大脑。数以百万计的人被家园的抽象概念团结在一起，尽管他们没有任何为彼此战斗或死亡的遗传兴趣。爱国主义和宗教是文化的建构，其目的之一是组织和保卫社会。有多少士兵死于与他们自己或与他们的遗传关系无关的事情？一个很好的例子就是20世纪的两次世界大战，它们造成了数以百万计的伤亡。

但是，为了宗教或国家等抽象的东西，人们会进行如此激烈的斗争吗？研究表明，在战争情况下，士兵们仍然主要是为他们的一群兄弟而战，即他们的一小群战友。他们对这个国家和把他们送上战场的政客的仇恨是巨大的。结果还表明，尽管参加战斗的人数越来越多，但相当多的士兵并没有扮演一个积极主动的角色。研究表明，只有20%的人在战斗中使用枪射击。难怪平克认为暴力行为的比例下降了。我们的本能使我们能够为我们的家庭或社区冒生命危险，但也许会为我们的人民和国家做较少的努力。

在《科伦拜恩的保龄》（*Bowling for Columbine*）中，电影制作人迈克尔·摩尔（Michael Moore）告诉我们，美国社会的弱势群体战斗得最顽强，并且最有可能死于战争。对于一大群出身贫寒的年轻人来说，参军是他们谋生，获得英雄地位，并从战场归来后建立社会地位,生儿育女,过上体面生活的为数不多的机会之一。我们在传统国家也看到了类似的情况。好战的平原印第安人把和平领袖和战争领袖区分开来,这些角色由不同的人来扮演。和平领袖往往年龄较大且来自部落内部富裕的家庭,而战争领袖则更年轻、更狂野,并且来自贫困家庭。因此,战争似乎继续为出身贫寒的年轻人提供了一种获取地位的手段。

但在现代复杂的国家间战争中,成为真正的英雄并有所作为的可能性有所降低。在远古时代,立下功劳便会立刻被视为英雄。一部分是由于军事专业化,现代战争涉及如此多的人,人们几乎不可能脱颖而出。更重要的是,如今的武器更具杀伤力,所以为了成为英雄而走在前面往往是一个糟糕的计划。与在伊拉克阵亡的美国士兵人数形成鲜明对比的是,获得荣誉勋章的人寥寥无几。

远方的战争

近代史上战争文化发展的一个重要方面是,战斗团体之间、加害者和受害者之间的距离越来越远。我们在本章开始的无人机例子中看到了这一点。这种不断增加的距离产生了失配,产生了深远的后果。发展武器技术的目的是扩大加害者和受害者之间的距离,以减少加害者面临的危险。此外,通过加大距离,对另一方的同情减少,这反过来导致暴行和虐待的可能性增加。在现代冲突及其伴随的所有后果中,更远的距离意味着更少的共鸣,这是一个缺失的线索。

心理学家丹尼尔·巴特森（Daniel Batson）在一项研究中阐述了这一点，他告诉实验室里的学生，在另一个房间里有一个学生（受害者），他必须回答各种问题，每次他犯错时就会受到电击。研究人员询问每个学生是否愿意与受害者交换。答案取决于两个人的相似程度。如果受害者被描述为在某些方面与学生一致的人，例如音乐喜好或政治观点相同的人，那么学生不介意交换位置。而在其他情况下，他确实介意交换。

正如我们所看到的，当我们的祖先还在穿越大草原的时候，动员尽可能多的人极其懦弱地杀死敌对部落的个体是非常重要的。男人应该凭借自己的身体战胜一两个（毫无戒心的）入侵者。但当入侵者开始使用长矛和斧头自卫时，为了自我保护，站得更远就变得很重要了。剑出现了，然后是枪和大炮，这些武器变得越来越危险，并且使用的距离越来越远。随着距离更远，感受他人痛苦的能力也随之下降。

在几十万年来一直是决定因素的加害者和受害者之间的自然联系，现在完全消失了。因为军备竞赛，人们可以将巨大的石块弹射到城堡的墙壁上，在很远的距离杀死敌人，也可以轰炸整个城市。军队中勇士的数目不再重要了；重要的是破坏力和技术优势。贾雷德·戴蒙德记录了一个关于技术如何影响老式战争的有趣轶事。他描述了新几内亚的一位部落首领第一次看到一架载有传教士的飞机降落。酋长问传教士是否可以让这只鸟飞，传教士同意了。在登机之前，这个人想把一堆大石头装上飞机。传教士

第七章
战争到底哪里好了?

都惊呆了,直到他解释说,他需要把石头从很高的地方砸向他在邻近村庄的敌人。

随着战争的日益频繁,战争开始在远离家乡的地方进行,无论是罗马人在苏格兰撞上了敌意之墙,还是拿破仑的士兵在俄罗斯的严寒中冻死。这种失配往往会导致糟糕的结果。一个重要的生物学机制就是主场优势。一只保护家园的知更鸟能进行比一只入侵领地的知更鸟更猛烈的斗争。攻击者也可以去其他地方尝试,但防御者却在为了它的巢穴和后代而战。这就是为什么有主场优势的国家能赢得许多战争的原因。到处肆意开战往往以失败告终。因为士兵离家乡越远,他们战斗的动机似乎就越低。

领导者角色的失配

当一个群体按照严格的等级制度组织起来,并且在一定距离内授权领导时,进行大规模的战争是最有效的。在祖先的历史中,领导人身先士卒在前线领导,但在第一次世界大战和第二次世界大战期间,将士兵派往战场的将军们是在远离冲突的安全距离上这样做的。从进化的角度来看,从后面领导是一种新现象,因为根据传统,亲临战斗的领导者比几英里之外的人更适合进行评估。从后方领导也造成了数百万不必要的死亡和历史上的错误。我们从第一次世界大战中了解到,在后方,英国将军们常常做出错误的决定,把士兵从战壕中派出去攻击德国人,造成成千上万不必要的伤亡。领导人没有亲身经历错误的后果,这是一种失配。如果你有可能被杀死，你在发动攻击之前就会三思。

在现代战争中，领导者承担的风险最小，而不是祖先时代的最大。现今当一位将军准备冒个人的风险或让他的后代承担风险时，我们会感到震惊。荷兰将军彼得·范乌姆（Peter Van Uhm）在阿富汗失去儿子时，人们对他赞不绝口。结果是，范·严显示了自己是一位准备好承担巨大牺牲的领导人，就像过去的领导人一样。这使他获得了他前所未有的地位，他是荷兰最著名的军人，如果他有进入荷兰政界的抱负，他将大有希望成功。

心理战抱怨的失配

1980年，DSM的第三版《精神障碍诊断与统计手册》（*Diagnostic Statistical Manual of Mental Disorders*）描述了创伤后应激障碍（post-traumatic stress disorder，PTSD）的症状。这是一种心理障碍，被归类为焦虑症。对PTSD的认识很大程度上与越南战争有关，许多退伍军人从越南战争中精神错乱地返回。相当多的年轻人染上了毒瘾，表现出不适应环境的行为，经常有犯罪行为，出现幻觉，并经常表现出对社会的不适应——以持枪的形式。这种疾病一被列入DSM，医学就开始研究它。科学期刊上发表的论文数量暴增，从1980年的43篇增加到1999年的1700篇。从那时起，关于这个话题的文章已经超过了6000篇，PTSD不再仅仅与战争引起的问题有关，而是与所有类型的侵略造成的创伤有关。

第七章
战争到底哪里好了？

战争是压力的一个重要原因，这在世界文学中早已为人所知。文学史学家认为，这种心理障碍的症状可以在《吉尔伽美什史诗》(Epic of Gilgamesh)、荷马（Homer）的《伊利亚特》(Iliad) 和希罗多德（Herodotus）的著作中找到。例如，《历史》(Histories) 描写了一名勇敢的战士在激烈的战斗后不得不面对失明。旧书中有许多战争神经症的例子。在一些美洲土著部落中，战士在杀死敌人后，必须在部落外生活一段时间，然后才能再次融入社区。目的是确保他们的精神已经恢复，以便再次和平地参与日常的群体生活。

当人们发现自己处于危及生命的情况下，或不得不与严重的身体伤害做斗争时，PTSD 就会出现。PTSD 有很多症状，包括疲劳、呼吸短促、心悸、出汗、胸痛甚至昏厥。PTSD 通常伴有复发性抑郁、焦虑、易怒、重新经历应激源、难以集中注意力、难以入睡、攻击、物质成瘾、难以形成和维持长期关系及社会孤立等问题。在这里，我们的进化史也在继续影响着我们。

即使无人机飞行员在内华达州的沙漠里制造远距离杀伤，杀人仍然是一种心理压力，当你没有和那个真正想干掉你的人面对面时，这压力甚至可能更大。在某种程度上，发动战争是一件非常个人化的事情。你可以看到、闻到和感觉到你的敌人；但现在他们是屏幕上的绿色斑点。

战争英雄仍然有一定的地位，但长期以来退伍军人没有得到应有的赞扬和经济补偿。这一章的开篇基于布兰登·布莱恩特（Brandon Bryant）的故事改编，他是美国空军的一名操作员，

错位的本能
古老的大脑是如何愚弄我们的

2012年，他揭示了自己帮助远距离杀人的秘密。在他担任无人机飞行员的六年里，他的中队要为不少于1626人的死亡负责。

当布莱恩特在一次袭击中杀死一个孩子时，他在日记中写道："在战场上没有交战双方，只有流血。全面的战争。我目睹了恐怖的每一幕。我希望我的眼睛烂掉。"部分由于这件事，他开始与朋友断绝来往。他长期脾气不好，几乎睡不着觉。有一天他摔倒在地，吐了血。医生诊断他患有PTSD。他已经不在部队，过着贫困的生活。换句话说，战争英雄并不存在。

原子弹和其他毁灭性武器

军备竞赛的最终结果，最惊人的失配，是原子弹的发展。那是一种事实上只使用了两次就成为一个可怕的且具有威慑性的武器，后来再没有人敢用它，因为意识到投下核弹等于自杀。军事专家和政治学家分析了我们之前讨论过的MAD战略：相互确保毁灭。确保攻击者和防守者都被消灭，这个想法已经被证明足以维持和平，但这仍然不是一个令人舒服的局面。

世界各地的军事基地拥有的核武器，足以摧毁地球上的所有生命（甚至可以多次摧毁）。目前，有七个国家拥有核武器。有两个国家（以色列和朝鲜）被认为拥有核武器，但事实并不清楚。有17个国家，包括英国、法国和荷兰，都有一些可能涉及核武器的核研究项目。几乎不需要说明但我们原始的大脑很难理解的是，有一些大国拥有的武器，能够一下子消灭大部分人类。

第七章
战争到底哪里好了?

体育运动是战争的替代品

进化史上的战争,很明显存在于我们对体育竞赛的迷恋之中。我们可以将团队运动视为一种仪式化的战争形式,一种积极的失配,因为它很少造成死亡。比赛中所有运动员必须遵守规则,以确保对抗行为不会恶化为真正的战争,而只是偶尔会让人悲伤。

2014年10月10日,塞尔维亚和阿尔巴尼亚之间的欧洲足球锦标赛资格赛在塞尔维亚首都贝尔格莱德举行。不知从哪里飞来一架无人机,上面挂着阿尔巴尼亚国旗。塞尔维亚球员斯特凡·米特罗维奇(Stefan Mitrović)试图抢夺国旗,而阿尔巴尼亚球员开始捍卫自己的国旗,于是爆发了一场打斗。这时裁判暂停了比赛。比赛结束后,阿尔巴尼亚总理的弟弟因涉嫌在看台上操纵无人机而被捕。

这些小冲突的根源是科索沃宣布独立。2008年,当地占多数的阿尔巴尼亚人违背塞尔维亚的意愿,宣布科索沃为独立共和国。当传教士将足球引入巴布亚新几内亚时,最初也导致了许多混战,有时以全面的部落战争告终。幸运的是,通过在比赛中引入新规则,我们找到了解决这个问题的方法。所有的比赛都以平局告终,这意味着两队有时要打很长一段时间。

体育是我们原始战争本能的宣泄:我们穿着部落的颜色,我们为奖杯而战,我们体验主场优势,在比赛中,许多激素的释放

> **错位的本能**
> 古老的大脑是如何愚弄我们的

与打架时相当。这些激素不仅会在球场上的球员体内释放，也会在观众体内释放（我们将在第九章看到）。研究表明，在足球球迷中，皮质醇（压力激素）和睾酮（状态激素）的变化是可以测量的。两队球迷的皮质醇水平在比赛中都会上升。睾酮水平在输掉比赛的球队的球迷中直线下降，而在获胜队的球迷中飙升。

在我们祖先的时代，战争没有很多观众，所以赛场上出现了错误失配，会产生一个假的线索。在两个部落之间的冲突中，每个人都参加战斗行动，那些没有参加的人被社会排斥或情况更糟。如今，我们坐在看台上观看"冲突"，往往伴随着压力上升、血压升高和心悸。参加体育运动可能是健康的，但观看体育运动会带来严重的健康风险。当我们陷入激战时，我们的"或战或逃反应"是有用的，而当我们的球队有输的危险时，我们却无处可去。足球暴力事件经常在看台上蔓延，这不是没有原因的。最著名的足球冲突可能是萨尔瓦多和洪都拉斯之间所谓的"足球战争"。1969年，在两国的一场比赛中，两国球迷之间爆发了骚乱，两国随后开战。有2000人在这场军事冲突中丧生。

折矛求和

现在我们应该很清楚，现代战争已经造成了各种失配。

在本章的最后，我们想讨论如何才能利用失配理论来促进和平。我们该拿这些男战士怎么办？我们可以从什么都不做开始。我们可以简单地接受，总有一代又一代的年轻人发现参与有组织

第七章
战争到底哪里好了？

的暴力活动是令人兴奋的，无论他们是流氓还是街头帮派。我们可以袖手旁观，看一个社会如何在某些时候变成《疯狂的麦克斯》(Mad Max)那样。如果我们不想让他们出现在我们的社会里，我们可以为他们安排一场战争，确保他们远离家乡，为我们而战。

问题是他们是否愿意这样做。正如我们所看到的，士兵主要是为他们的兄弟而战，许多人憎恨国家或派遣他们的政客，而且很大一部分人甚至不参加积极的战斗。

什么都不做也意味着我们必须用我们石器时代的大脑，学习使用越来越致命的武器，并且加害者和受害者之间的距离越来越远。为了不让自己冒任何风险，美国军队正在部署机器人士兵攻击敌人。但距离的增大会导致同理心的下降，从而增加过度暴力和错误决定的可能性。揭发者布拉德利·曼宁（Bradley Manning）——现为切尔西·曼宁（Chelsea Manning）决定向维基解密（Wiki-Leaks）泄露美国直升机对巴格达极端暴力袭击的秘密录像，原因之一是这种行为的过度和不人道。这个行动使曼宁被判35年监禁（尽管她后来被赦免）。这种野蛮力量的另一个后果是，敌人也开始更积极地战斗，以恢复力量的不平衡。因此，在非对称战争中，暴力只会增加，如通过自杀小队战斗或实施生物恐怖袭击。

第二个解决失配的办法是让和平变得更加重要。我们的祖先有与其他族群作战的适应能力，但他们也有制造和平的适应能力。雅诺马米人也不是一直处于战争状态。有时会有冲突，但村

错位的本能
古老的大脑是如何愚弄我们的

民们往往彼此相对和平地生活着。

如何维护和平？我们能从我们的演变中吸取什么教训？使社区更紧密的方式之一是通婚，这导致邻居的基因利益混合。这在狩猎采集者中也会发生，部分原因是为了扩大社交网络。在中世纪，这是将不同王国的王室家族联合起来的方式。社会对抗偏见和仇外心理的成功的方法之一，正是有子女的异族婚姻。

一种选择是让女性在政治和军队中发挥更突出的作用。如前所述，战争通常没有什么进化上的优势，通常只有劣势（例如，强奸）。因此，作为领导人，女性不会那么快发动战争。研究确实表明，作为一个国家的领导人，当她们必须在实验室环境中解决模拟危机时，她们发起战争的速度会慢一些。玛格丽特·撒切尔和果尔达·梅厄（Golda Meir）都是发动战争的女性领导人，但她们似乎都是例外。结果表明，在模拟实验室的战争中，女性参与者选择攻击的速度远低于男性，并且在开战前与"敌人"继续谈判的时间也长得多。

为什么不把所谓的"联合国妇女部队"派遣到世界的热点地区呢？女人在手里拿着武器时和男人一样致命，但她们有更强的同理心和更少的攻击性。同样的情况也适用于具有女性特征的男性。问题是，在与另一个国家的冲突中，我们更喜欢有男子气概的男人为我们战斗。

为美国军方工作的神经科学家也在研究是否有可能从战区上空的飞机上喷洒大量的催产素，一种黏合剂激素。它会使敌人成为朋友并中断行动。

第七章
战争到底哪里好了？

同样，女性也可以通过集体性罢工来改变发动战争的男性的想法。这种可能性在古希腊的喜剧阿里斯托芬（Aristophanes）的《吕西斯特拉忒》（*Lysistrata*）中被提出，作为雅典和斯巴达之间旷日持久的战争的解决方案。性罢工是真实发生过的。自20世纪70年代以来，分裂分子和菲律宾政府军在菲律宾第二大岛屿棉兰老岛一直交战。联合国难民事务高级专员办事处（UN-HCR）向交战的村庄提供了紧急援助，但收效甚微。直到勇士的妻子威胁说不做爱。去打仗的男人在他们的婚床上将不再受到爱的欢迎。事实证明，这是比联合国难民事务高级专员办事处的食品包裹和渔网更有效的补救办法。

非洲也有类似的情况，多哥妇女曾发起"性罢工"。属于多哥人权组织红色多哥的妇女模仿了利比里亚妇女的行动，在2003年，只有当她们的男人与敌人和平共处时，利比里亚妇女才会再次做爱。在多哥首都洛美举行的女性集会上，一位律师表示："在多哥，有很多方法可以让男性理解女性的想法。"

第三个解决战争失配的方法是让领导人自己更多地了解战争是什么样子的。从后方领导，导致领导人不再经历个人风险。他们几乎不知道自己的士兵经历了什么。也许这是一种选择，迫使将军们参加徒步巡逻，并且在战斗中领导，换句话说，从前线领导。这将让他们更了解战争的真正面目。

最后，我们可以进一步推动以和平方式取代战争。我们从研究中得知，就激素（睾酮、皮质醇和催产素的组合）和群体凝聚力而言，与一群兄弟共同战斗的效果类似于参加一场彩弹游戏或一场激动人心的体育比赛。而象征性的战斗没有人员伤亡。更多的运动意味着更多的人可以同时参加。为了防止作弊和操纵比赛,最好只用女性裁判。另一种战争的替代品已经来到了家里,男孩们在他们的电脑上玩《魔兽世界》,或者与来自世界各地的团队成员在线合作。与世界各地的人一起在网上做一些事情,可以增加人们的同情心和促进相互理解,减少战争的可能性。

第八章 人与自然

维克托咖啡馆供应的是世界一流的膳食,各种各样的美味佳肴从厨房里端出来:美味的开胃菜和用挪威大虾做的泰式炒河粉、意大利面、荷兰温室里的柠檬草、美国佐治亚州的花生及墨西哥的新鲜红辣椒,整个世界都摆在了一个盘子里。

餐厅温暖、舒适,法国的白葡萄酒是冰镇的,而南美洲的红葡萄酒则是室温的,来自利兹的地理老师彼得·罗杰斯(Peter Rodgers)和他的家人正在享用这顿丰盛的晚餐。如果我们不了解的话,可能会认为这家融合餐厅位于纽约、布宜诺斯艾利斯或哥本哈根的某个地方,而让维克托咖啡馆与众不同的可能是它拥有这个星球上最壮观的景色。

彼得·罗杰斯和他的家人从格陵兰岛的伊卢利萨特乘船旅行了三个小时后,于当天下午抵达维克托咖啡馆,之后他们一直惊奇地注视着可以从该咖啡馆眺望到的 Eqi 冰川。这座冰川墙绵延了 5 公里,正面高达 100 米,背面高达 250 米。

这家餐厅以法国探险家保罗-埃米尔·维克托(Paul-Émile Victor, 1907—1995)的名字命名,正是由于他的部分调查在冰盖下发现了三个岛屿,后来这里就成了以他的名字命名的餐厅所在地。彼得曾经来过这里,在 20 年前他参加了自己大学组织的

错位的本能
古老的大脑是如何愚弄我们的

一次学生考察。

当时，研究人员在"法国人小屋"的旁边搭起了帐篷，"法国人小屋"是保罗-埃米尔·维克托在前往 Eqi 冰川和内陆冰原探险时居住过的小屋的剩余部分。这片冰原是由雪组成的，在如此厚的雪层里雪已经变成了冰，由于雪被挤压在一起，冰层内部形成了薄片和气泡。当冰块从冰川上脱落时（这是一种经常发生的现象）会产生巨大的噪声，以至于旅行者们将这种巨响比作世界末日。

2001 年，人们在维克托咖啡馆周围的半圆形中建造了 15 间小屋——冰川小屋 Eqi。从小屋可以看到冰川，其中一些小屋有热水和地暖，游客可以从他们的房间、阳台或餐厅欣赏崩塌的冰，让自己沉浸在雷鸣般的音乐会中。或者就像文件夹上所写的那样："以一种独一无二的冥想方式来消磨时间，享受大自然的烟火。"

Eqi 冰川墙每天移动约九米。彼得一家看到巨大的冰块（彼得的孩子们的印象里这块冰"要比大本钟还高"）从冰川表面脱落下来。冰川一直在运动，彼得的一个孩子说这就像看一部慢动作电影：当一块巨大的冰块从冰川上剥落时，它开始沉入海洋，起初速度非常缓慢，然后形成高出水面数米的浪潮，覆盖着厚厚的冰块和冰山碎片。

当彼得在餐馆的阳台上抽着烟时，他和他的家人正在欣赏这一大片壮观的冰块。彼得作为一名教师是称职的，他解释说，如果冰融化，格陵兰冰盖的水量可以使整个海洋上升七米。

第八章
人与自然

"冰正在融化吗?"他的女儿关切地问。

他不得不承认这是事实,但没有补充说,他对 Eqi 冰川和格陵兰岛的其他冰层感到极度担忧,自从他加入了一个测量冰和融化条件的团队以来,情况发生了很大变化。格陵兰地处相对温暖的位置,有一个巨大的冰盖,其边缘的平均温度约为零摄氏度,这种温度使得研究气候变化变得更容易,因为冰的温度不能高于零度。彼得告诉他的孩子们,温度的微小变化会立即导致冰盖减少。当时,研究人员认为格陵兰冰盖或多或少处于平衡状态,或者说,新产生的冰与从边缘融化的冰一样多。

彼得现在亲眼看见了冰层是如何缩小的,是以怎样的方式缩小的,他已经阅读了关于这一点的各种报告和调查(99.9%的气候变化研究表明气候变化实际上正在发生),但亲眼看见这些变化确实打击了他(也许红酒也起到了作用)。当他还是一名学生时就使他震惊的 Eqi 冰川并没有失去它巨大的力量,即使它的宽度和高度明显缩小了。

"那很糟糕吗?"他的儿子问道。

"还没有,"彼得回答,"据估计,全球的海平面将在一个世纪内上升约 30 厘米,因此我们目前还可以应对。但冰融化得越快,海平面也会上升得越快。"

"所以在大约 100 年的时间里,这块冰就可能永远融化了?"他的女儿问道,"那么风景就不会这么好了……"

他们三人凝视着水面,无法想象这样令人印象深刻的东西会消失。然后,彼得的妻子敲了敲餐厅的窗户,维克多咖啡馆的丹

> 错位的本能
> 古老的大脑是如何愚弄我们的

麦厨师摆上了一道甜食。彼得和他的孩子们冲进温暖的房间，盘子里摆着美味的甜点：一份来自加利福尼亚州的昂贵的热巧克力酱正在融化成一条小路，穿过用从瑞士阿尔卑斯山空运来的奶油和巴西产的糖自制的香草冰激凌。当他们喝下第一勺时，他们幸福的咕哝声暂时压过了冰川的咆哮声。

早期的世界是什么样子的？

在第一章中，我们讨论了进化适应性环境（EEA）。我们的基因是在非洲大草原上形成的，那里恰好并没有过多的人类同胞。据估计，几千年前，整个地球上居住的人口不超过 100 万（而现在共有 75 亿），每个祖先都有大约 150 平方公里的土地供他使用。相比之下，荷兰的人口目前刚好达到每平方公里近 500 人。换句话说，早期人们几乎不妨碍彼此。

我们的祖先是游牧民族；他们从一个地方搬到另一个地方去寻找食物和水源。他们仅仅生活在此时此地，从短期考虑是实用的，因为他们不知道下个月他们是否还会在那里，更不用说下一年了。正如我们前面所解释的，我们的祖先生活在一片郁郁葱葱的土地上，就像英国或法国的部分地区一样。

问题是，当时人类是否要为零星的环境污染负责（本章的主题）。局部地区的情况肯定是这样的。每个人都知道在哪里排泄：不能是在人们吃饭或睡觉的地方。人们还认为，在食肉动物前来捕食之前，清除被吃掉动物的尸体是明智之举。

第八章
人与自然

我们的祖先一年有好几次（一些科学家认为有八次）搬到不同的营地，以及到不同的取食场所，他们可能制定了一种"可持续发展"的暂行模式。他们必须了解动物的生长周期；哪种动物不适合去狩猎，哪种动物会是好的猎物。林地偶尔会被烧毁；相对较少的树木被砍伐，野生作物被收割但没有大规模种植。在如此广阔的地区，只有这么少的人居住，他们的行为和生活方式对动植物几乎没有影响。简而言之，人类在地球生命中没有扮演重要角色。

环保野蛮人

当代的一个谎言，部分是由哲学家和环境保护人士传播的，就是我们祖先的极端"环保意识"。许多人都发表了著名的言论，认为"人类是大自然和一切生物的守护者"，包括美洲土著酋长西雅图（Seattle，一位来自美国西北部的领袖）。

作者之一的父母家中有一份演讲副本，是西雅图酋长在1854年回答一位地方长官时的发言，阿尔·戈尔（Al Gore）后来将其中部分内容收录在他的书《濒临失衡的地球》（*Earth in Balance*，1992年）中：

我们如何买卖天空、土地？这个想法对我们来说很荒谬。如果我们没有空气和流水的所有权，我们怎么能买到它们？地球的每一部分对我的人民都是神圣的。每一根闪亮的松针，每一片沙滩，每一片黑暗森林中的薄雾，每一片草地，每一只鸣唱的昆

错位的本能
古老的大脑是如何愚弄我们的

虫,在我的人民的记忆和经历中,一切都是神圣的……

如果我们把我们的土地卖给你,请记住空气对我们来说是宝贵的,空气与它所支持的所有生命共享它的精神。给我们祖父第一次呼吸的风也收到了他最后的叹息,风也给了我们的孩子生命的精神。因此,如果我们把我们的土地卖给你,你必须保持它的独立性和神圣性,人们可以在这里品味到风从草地上的花带来的芳香。

你会把我们教给我们孩子的东西教给你的孩子吗?那便是:地球是我们的母亲。发生在地球身上的事也会发生在地球的孩子们身上。这就是我们所知道的:地球不属于人类,人类属于地球。所有的事物都联系在一起,像血缘把我们全体联系在一起。人类并没有编织生命之网,每个人只是其中的一根线。我们怎样对待生命之网,就是怎样对待自己。

通过这次演讲,西雅图酋长表明了反对入侵者的立场,这些入侵者来到美国是为了杀死美洲野牛、水牛和博德瓦迪(Bodéwadmi)印第安人。他在演讲中说:"我在大草原上看到过1000头腐烂的水牛,都是入侵者从一辆驶过的火车上射杀的。"不幸的是,事实证明他所有的话都是杜撰出来的,据说这位美洲土著酋长提到的铁路在他那个时代还不存在。20世纪,一位好莱坞编剧全面改写并改编了他的花言巧语,以传达政治信息。可持续的狩猎采集者,也就是美洲土著人的谎言与20世纪60年代和70年代日益发展的环境保护主义紧密吻合在一起。

许多活动家和政治家回到启蒙运动哲学家的工作中,他们主

第八章 人与自然

张原始人类与自然和谐相处。这一哲学的基础是18世纪法国哲学家让-雅克·卢梭（Jean-Jacques Rousseau）奠定的，他认为我们的原始祖先比进化过度的18世纪的人有更积极的观点，生活得更好。就其精致程度而言，原始人处于野生动物和颓废现代人之间的中间位置。正如他在1754年所写：

> 之后，尽管人类变得不那么宽容，尽管与生俱来的怜悯已经发生了一些变化，但人类能力发展的这段时期，在我们原始状态的懒惰和我们利己主义的任性活动之间，保持着一种中间的地位，一定是最幸福和最持久的时代。
>
> 人们越是反思它，就越会发现这种状态是最不容易发生动荡的，对人类来说也是最好的，而人类离开这种状态一定是因为发生了某种致命的偶然事件，而为了共同的利益，这本不应该发生。用野蛮人举例，几乎所有被发现的野蛮人都在这个状态，似乎证实了人类应一直保持在这个状态，这个状态是世界上真正的青春，所有随后的进步，表面上都朝着个体的完美迈进了许多步，事实上也朝着物种的衰亡迈进了许多步。

物种的衰败，这是卢梭时代的观点。由于这些词语和思想，卢梭经常与"高贵的野蛮人"（他自己没有使用）一词联系在一起，即一个尊重自己生活环境的祖先，与之形成鲜明对比的是，他同时代的人已经完全毁坏了自然，以近乎可耻的方式滥用自然来牟取私利。

唉，在生态上高尚的野蛮人的想法是一种长期的误解，因为早期人类一点也不可持续，"和谐生活"等概念对他们来说毫无

> **错位的本能**
> 古老的大脑是如何愚弄我们的

意义。奢侈根本不存在，因为一开始就没有什么可积累的，人类也没有消耗自然的技术，没有枪炮射杀动物，没有巨大的渔网掠夺海洋。如果他们有这些技术和工具，他们的大脑肯定会促使他们使用它们。人类学研究表明，在传统社会中，自然对于人类的神圣程度（宗教仪式的数量证明了这一点）与人类的行为的可持续性之间没有任何关系，可持续性完全取决于人口密度和现代技术的存在等因素。

总而言之，我们的祖先生活在一个未经开垦的自然环境中，他们在这里四处游荡，不考虑他们留下了什么。他们凭冲动行事，日复一日地生活，不关心"公共利益"；他们也不认为"环境"或"气候变化"是一个问题，因为这不是一个问题。我们原始的大脑阻碍了我们解决现代人类面临的全球可持续性问题。密歇根大学的环境科学家乔尔·海嫩（Joel Heinen）和波比·洛（Bobbi Low）基于人类进化的知识勾勒出的灾难场景草图是："自然选择塑造了所有生物有效地利用资源。我们人类的问题是，通过智慧，我们创造了一个新的进化环境。我们现在拥有的技术，使得我们在进化过程中表现出的良好的行为最有可能毁掉我们。"

我们的大脑不是那么关心环保

本书的主题是我们的原始大脑不能很好地适应现代生活，导致了失配。我们原始大脑的五个方面共同创造了一个恐怖的场

第八章
人与自然

景,即我们作为一个物种正在造成的生态破坏。以前,这五个方面使我们能够在大草原上生存和繁荣,但在现代环境中,它们产生了失配。这导致了大规模的环境问题,像来自地狱的回旋镖一样向我们袭来——我们不知道如何解决这些问题。

原始大脑的第一个特征是它使我们聚焦自己的福利,或者至少是我们家庭的福利。我们以自我为中心、自私,忍受着这些观念在我们心中激起的负面情绪,这是理查德·道金斯提出的自私基因理论的出发点。我们自己和近亲的幸福感比基因上的陌生人更重要。我们愿意花多少钱在我们不认识的人身上?大量的心理学研究已经对人们在被要求分配一笔钱时的行为进行了调查。衡量慷慨程度的一种方法被称为"独裁者游戏",在该游戏中,参与者可以获得金钱,在自己和其他未知参与者之间进行分配(游戏有许多变体)。平均而言,人们捐出的钱只占他们收到的钱的28%,妇女和老年人捐钱更多,大部分钱都捐给了那些并非由于自身原因而陷入经济困难的人。

但大多数人把大部分钱留给了自己,他们只给陌生人一小部分,即使陌生人更需要钱。研究还表明,当接受者是家人和朋友而不是陌生人时,人们会变得更慷慨。我们给同事的比给陌生人的更多,给朋友的比给同事的更多,给亲戚的比给朋友的更多。在原始时代,我们对大草原另一边的部落不感兴趣,只是因为我们与他们没有往来,我们营地的另一边是我们的世界的尽头,那么我们为什么要关心营地之外的世界呢?

"公地悲剧"的故事,一个博弈论的概念,证明了这种原始的

错位的本能
古老的大脑是如何愚弄我们的

自我利益驱动的后果。数学家威廉·福斯特·劳埃德（William Forster Lloyd）早在 1833 年就描述了这个问题，但这个问题到了 20 世纪 60 年代才由于生态学家加勒特·哈丁（Garrett Hardin）的努力广为人知。"公地"是牧民可以集体放牧牛羊的公共土地，每个公共区都有一个固定的大小，只有这么多的草。如果一个牧民为自己增加了一头额外的牲畜，他会受益（一头额外的奶牛或绵羊意味着更多的牛奶或羊毛），但其他牧民则处于不利地位（因为留给他们的牲畜的草更少了）。他们转而试图增加牲畜的数量，导致过度放牧和公地的消耗，这意味着所有牧民都会吃亏，一个牧民的利益导致了所有牧民悲惨的毁灭。现在，我们在被捕捞过度的海洋和被污染的生活环境中看到了"公地悲剧"。我们有太多的孩子（遗传上的利己主义），因此全球人口在增长，这是地球无法负担的。生更多的孩子符合每个人的遗传利益，但环境成本必须由社会上的每个人承担，包括那些没有孩子的人。

原始大脑的第二个特征是它使我们持续关注此时此刻，而不是未来。我们想要即时的满足，许多科学研究已经证明了这种幼稚本能的存在，包括心理学家沃尔特·米歇尔（Walter Mischel）在 1972 年设计的著名的棉花糖测试。孩子们得到了一个棉花糖，他们可以立即吃，也可以选择推迟食用，在推迟食用的情况下，他们将在 15 分钟后得到第二个棉花糖。"如果你把这个放在一边，你可以在不久后自豪地享受第二个。"许多孩子表现出反应冲动，他们当时就抓起棉花糖；还有很多孩子能够推迟享受，后续研究表明这些孩子在以后的生活中更加成功。具有高度自控能力的人很可能更善于处理失配。自我控制已被证明是一个有用的指标，可以反映一个人的学校表现、压力应对和社交功能，他们是否能够控制体重、不吸烟、做出合理的财务决策并投资于养老金，以及他们是否会有成功的恋爱关系。

原始大脑的第三个特征是我们祖传的地位意识。我们的大脑倾向于获得地位，因为在原始时代，它与各种进化优势相关联。一直在人们脑海中浮现的问题是：谁带着最美味的角马生肉片回家了？谁是最好的猎人？谁收集了最多汁的水果？谁讲的故事最好？这群人中谁最受欢迎？这些人将获得最高的地位，并由此获得健康的性资源和稀缺的食物资源。这种与生俱来的获得地位的偏好意味着人们总是想要比周围的人更多、更富裕，并且导致当今经济中的巨大挥霍和浪费。为了衡量相对地位的重要性，美国经济学家罗伯特·弗兰克（Robert Frank）在他的研究中让参与者对两个世界进行选择。在世界一，他们年收入为5万美元，在一个平均年收入为6万美元的组织工作。在世界二，他们年收入为4万美元，在一个其他人的平均年收入为3万美元的组织工作。他们更喜欢哪个世界？那些更关心绝对地位的人会选择世界一，因为他们会挣得更多，而大多数人选择了世界二。结论是，人们想要比周围的人做得更好，即使这意味着要有他们不需要的东西，或者做一些违背常规利益的事情。

原始大脑的第四个特征是它使我们模仿周围人的行为。有一句格言是：多数人总是对的。在原始时代，这显然是一个很好的

错位的本能
古老的大脑是如何愚弄我们的

策略。如果约翰尼在大草原上出发时与其他人的方向不同,那他可能就会死亡。跟随团队得到保护,这被称为羊群本能。如果有十个人在街上仰望天空,你自己往上看一眼也不是个坏主意,谁知道呢,一架飞机没准就要撞上你了。

但这种模仿行为也意味着,如果我们看到周围的人在街上乱扔垃圾或不清理他们的狗的排泄物,我们同样倾向于效仿他们。一个经典的社会心理学实验表明,人们会顺从群体,即使他们知道群体是错误的。美国心理学家所罗门·阿希(Solomon Asch)的从众实验表明,人们倾向于服从群体中的大多数。在一个实验中,被试必须看不同长度的线条,他们被要求说出哪个是最长的,被试不知道的是,所有其他参与者实际上都是实验的一部分。如果大多数人的回答是某一线条更长,那么真实的被试就会效仿,即使他们知道这是错误的。这表明同伴压力对我们来说比逻辑更重要。

我们的原始大脑最后的一个特征是它主要关注直接的感官体验,这会影响我们对自然的认知。一股难闻的气味意味着部落成员刚刚排便,或者某些食物散发出强烈的气味,如果我们偶然闻到一股难闻的气味,我们就会避开这个地区。这是适应性行为,但这意味着我们容易忽略我们无法直接用眼睛看到、用耳朵听到或用鼻子闻到的信息。因此,我们可能会在报纸上读到关于冰盖融化、烧毁的雨林和干涸的水库的报道,但这并不能打动我们;我们的后花园看起来很不错,鲜花盛开,干净的饮用水从我们的水龙头流出。我们的大脑想:有什么好大惊小怪的?

第八章
人与自然

一句话，我们的大脑如何工作影响着我们与自然和地球的相互作用。使我们的祖先能够在人少且空间又大的大草原上生存下来的遗传特征，现在对我们非常不利。

露营很有趣

显然，事实上我们的大脑在自然环境中进化，也产生了积极的效果。以我们喜欢的露营度假为例，我们喜欢"远离一切"而专注于原始的必需品：我在哪里搭帐篷，如何获得食物，在哪里找到篝火用的木材，以及如何与排队上厕所的其他人建立关系？对露营的渴望是一种原始的需要，类似于狩猎采集者的活动。不用说，我们露营时没有奢侈享受，不够好的卫生条件还会增加感染的风险，但我们不会因此而退缩（这是一个失配，但我们稍后再讨论）。露营时，我们做的事情与我们的祖先几十万年来做的事情相同：为帐篷寻找一个高处的安全地点（在大雨中不会被淹没），标出我们的领地，尝试与邻居友好地接触（"我可以借用一下你的木槌吗？"），点燃篝火或烧烤（男人们烤肉，女人们准备沙拉），照顾彼此的孩子（"共同的父母控制"）。露营不是度假，而是一种原始的冲动。与众不同的是，荷兰人是这方面的专家，根据荷兰统计局2014年的一项调查，每年有360多万名荷兰人带着帐篷或大篷车到国内外度假探险。相比之下，据估计，英国约有120万人定期露营。

许多研究证实，体验大自然对我们有好处。看自然照片而不

> **错位的本能**
> 古老的大脑是如何愚弄我们的

是城市场景照片的人感觉更平静、压力更小，凝视绿色的图像让我们更快乐，像史基浦这样的机场会播放鸟和动物的声音来安抚人们。大脑研究表明，这确实是一种安慰，即使是一小块人造草也有镇静作用，因为我们的大脑无法区分真草和人造草。其他动物物种也是如此，鹿和兔子经常出现在有人造草坪的足球场上，咬了一口草后它们就会困惑地走开了。同样，蓝色的表面会产生一种平静的效果（我们将其与不会下阵雨的蓝色天空联系在一起）。

1981年，生理学家罗杰·乌尔里克（Roger Ulrich）在医院进行了一项著名的研究，该研究表明，比起只能从房间看到一面无窗墙的情况，当患者的房间可以看到树木时，患者在手术后恢复得更快。进化科学家称我们对自然的本能偏好为"亲生物"，研究人员向来自不同文化背景的人展示了不同风景的照片（城市、农村、沙漠、山脉、起伏的绿色田野），结果表明，所有人都对后面的几种风景照片有强烈的偏好。我们从进化适应性环境的风景（大草原）中提炼出这样的信息：我们可以在这里找到食物、隐匿处、警惕危险而不被发现。我们今天所体验到的这种美丽的、令人赏心悦目的风景是一种根深蒂固的偏好，它塑造并保持了我们成千上万年的生命力。

改变自然

在引入农业之后，以及后来的工业革命之后，我们的地球发

第八章 人与自然

生了怎样的变化?我们祖先的大脑是如何应对这种变化的?更好的说法是:人类对地球有什么影响?可持续性是否突然成了焦点?曾经是游牧民族的人类开始在村庄和城镇定居,在相对较短的时间内地球人口激增。在农业出现之前,一小群人会移居到有食物的地方,而不用担心他们要如何离开周围的环境。我们的大脑适应了在基本上所有人都有充足食物的环境中的生活,人们定居在固定地点后,突然面临如何满足大量需求的问题。

在地球上的一些地方,早期的农民将土地分成小块种植农作物,森林和天然植被变成了耕地。过了一段时间,人们试图驯化一些野生动物种类(水牛、猪、山羊),并把它们放在庄稼附近,这样他们就不必追赶它们了。在很短的时间内,农业变得更加集约化,灌溉渠道被挖掘,河流被疏通,整个地区被清理和焚烧。人类对自然环境的影响呈指数式增长,世界人口也是如此。

尽管小规模的游牧民族对自然和环境几乎没有任何影响,但农民和城市居民却并非如此。他们干预自然环境,并对其进行调整,以满足他们对地位、私利、浪费和奢侈的进化渴望。因此,人类对自然的影响是巨大的(尤其是在最近几个世纪):污染、材料的过度使用、农业用地的耗竭、过度捕捞、物种大规模灭绝、用于农业和饮食的淡水短缺、海洋中的塑料废物及许多地区空气质量的惊人下降。很多个人的微小贡献共同导致了一个不可逆转的问题———一个"公地悲剧"的教科书般的例子。

例如,我们是大规模能源和水的自私消费者。我们的短视思维导致了冲动的购买行为:购买各种我们实际上并不需要的东西

错位的本能
古老的大脑是如何愚弄我们的

来维持自己的生命，而这些东西中的大部分最终都被扔进了垃圾场。我们对地位的渴望在一小群狩猎采集者的时代产生了积极的影响，现在它促使我们想要比我们的邻居得到更多。我们每年都会自豪地展示我们最新的更先进的汽车、时尚的厨房设备、浴室设备和几套新衣服。我们是地球上最奢侈的动物，模仿彼此的废物处理行为（例如，将罐头和塑料包装袋扔在人行道上）。

许多没有人预料到的灾难正在逼近我们，威胁着地球上的生命：全球变暖、海平面上升、海洋中的塑料、物种灭绝和土壤污染。我们原始的大脑没有足够的能力来处理这种性质的问题，我们的祖先所面临的环境问题是局部的，他们可以用自己的感官感知到。如今，我们不再亲自观察和感知事物，因此我们无法做出适当的回应，更不用说提出解决方案了。

以气候变化为例，99.9%的科学家认为气候变化正在发生。在美国，仍然有一些美国政客（甚至是目前在白宫的某些人），一旦出现异常寒冷的天气，他们就否认全球变暖的存在，并声称科学家提出的任何缓解气候变化的措施都是在浪费钱，把钱花在武器上、拯救银行或汽车行业会更好。我们的原始大脑每天都在运作，并且对即时体验（如极端寒冷的冬天）做出反应，这使得我们很难了解未来可能会发生什么。我们知道气候变化确实正在发生（世界各地收集了几代人的数据）；这是一个新的进化挑战，我们的心理几乎不受影响，我们"知道"它，但没有"感受"它。

第八章
人与自然

环境的失配

看看这个失配：我们正在逐渐摧毁我们子孙后代的星球，因为我们的大脑认为我们仍然是生活在大草原上的游牧民族，我们并不认为全球环境问题是我们的问题。生态系统正面临崩溃的威胁，会给地球上的生命带来各种可怕的后果，这一事实并没有被我们的原始大脑记录下来。

是什么导致了我们现在的环境问题？让我们用我们大脑的五个原始特征来看看今天的世界：

1. 私利第一
2. 短视
3. 痴迷于比别人"做得更好"
4. 模仿我们周围的人
5. 对即时的感觉线索做出反应

环境问题对我们来说并不紧迫，因为我们的感觉正在误导我们。以气候变化问题为例，人类行为很可能是全球温度波动的主要原因。人类应该对食品、石油和煤炭行业排放的温室气体负责，但我们在自己的直接外部环境中感觉不到、看不到、闻不到这些排放物，所以不采取任何行动。天空看起来很晴朗，水可以饮用，几天的阳光明媚之后一定会下雨。科学家们已经收集了压倒性的证据来证明一切都很不正常。工业革命以来，二氧化碳（主要的温室气体）的浓度急剧上升，地球上的平均温度已经上

错位的本能
古老的大脑是如何愚弄我们的

升，海洋温度和海平面也在上升。根据2008年的一项研究，大气中的温室气体含量是80万年来最高的，由这些气体引起的温度上升导致了气候变化，这从一系列证据中可以明显地看出来。深呼吸……

极端天气正在增加。平均而言，极热的日子较多，极冷的日子较少。全球范围内热浪的数量正在增加，强降水、龙卷风和飓风也是如此。许多冰川和北极的海冰正在融化，树木的界线正在改变，今年的春天开始得更早。而这仅仅是个开始。

化石燃料的使用（特别是生产水泥和钢铁等高耗能产品）是气候变化的主要原因之一，但集约化农业、不断扩大的畜牧业和森林砍伐也在帮助升温。

有些人从核能中找到了答案，这是我们石器时代的大脑对奢华和舒适的短期渴望所促成的解决方案。建造核电站被认为是我们大规模使用化石燃料的解决方案，它能生产零碳排放的廉价能源，但没有人认真考虑这项技术的后果，特别是废物处理。放射性废料的问题正在传给后代，而且只要发生一次大的核灾难（比如切尔诺贝利或福岛），所有被感知到的优势就会像被伽马射线击碎的雪一样融化殆尽。

地位竞争

我们并不觉得自然资源短缺，因为一切似乎都取之不尽、用之不竭，我们的大脑告诉我们要继续消费，所以我们就这么做

第八章
人与自然

了。我们买东西是为了配合对地位的竞争，模仿周围人的奢侈行为，而不仅仅是买我们真正需要的东西（在这一过程中产生大量的废弃物并耗尽自然资源）。对地位的竞争是进化赋予我们的，这给我们留下了一个失配，因为这种特征影响我们的行为，从而对地球造成了损害。我们从环境中得到的信息不足以表明资源正在耗尽。我们在报纸上读到它，在电视上看到它，但我们的印象是它并不直接影响我们。我们的行为就好像用于生产和消费的资源是取之不尽、用之不竭的。

但由于我们的消费模式，森林正在消失，土壤和栖息地正在干涸，土壤酸性增加。过度使用化肥是一个问题。例如，人们用硝酸盐和磷酸盐浸没地表水，渗入土壤，导致一种特定的植物物种（特别是藻类或高等水生植物）在一个被称为富营养化的过程中超过其他物种。基本上，营养物质的泛滥让某些植物（通常是藻类）在牺牲其他物种的情况下茁壮生长，破坏了生态系统的正常功能。如果你从太空俯视地球，你会看到一个似乎有足够土地供全世界人口居住的行星，但这只是第一眼看到的。地球上的土地分布是不平衡的：两极和高纬度地区不适合养育各种各样的动植物，而赤道周围则有大片干旱的沙漠。土壤贫瘠是经常发生的事情，即使在人类仍然以小群体的形式在非洲的一部分地区游荡时；现在，由于世界人口和大众消费的惊人增长，我们正在为之做出巨大贡献。

贫瘠是指整个地区的土壤暂时或永久地枯竭或含养分少。我们在太短的时间内在一个地方进行了太多的生产，抽取了太多的水,导致许多地区的地下水位下降到使土地干涸的程度。这将给我们留下越来越少的肥沃土地,越来越多的国家和民族将觊觎这些土地。不太富裕的国家(十分正当地)开始要求分享蛋糕,导致对可用土地的使用越来越密集。

渡渡鸟的命运

由于我们祖先对私利、冲动、地位的需求,我们彻底改变了自然环境。到目前为止,我们一直专注于我们自己用原始大脑造成的环境破坏。这只是故事的一个方面。我们也在为地球上的其他生命形式制造各种失配,有时会产生巨大而突然的结果。

尽管有环保野蛮人的概念,但人类一直以来,尤其是对大型动物物种的生存有着明显的影响,几个世纪以来,我们的祖先捕获并毁灭了许多动物。1973,亚利桑那大学的保罗·马丁(Paul Martin)发现了某些地区智人的崛起与体重超过40公斤的动物的消失之间的因果关系。他提出了祖先过度捕杀假说,该假说假定人类(而不是地理或气候环境的改变)是猛犸象和披毛犀等动物物种灭绝的原因。巨猿(Gigantopithecus,3米高,540公斤重)在中国无法与"匠人"匹敌。我们的祖先穿越白令海峡后,北美的短面熊和南美的巨型美洲虎就消失了。然而,与现代人相比,人类祖先对动植物存亡的影响仍然算是小的。

荷兰作家库斯·范·佐梅伦(Koos van Zomeren)曾说过,灭绝是一种极其残酷的死亡方式。真正的灭绝有两种方式:第一

第八章 人 与 自 然

种是一个物种从地球上消失,第二种是一个物种在野外消失。有些动物物种只在人类圈养环境中才能找到,生物地理学家(想知道为什么某些物种只出现在一个地方而不是另一个地方的科学家)使用了相当官腔的术语"功能性灭绝"。

人类对动物物种消失的影响是什么?灭绝是经常发生的事情,大多数物种灭绝于疾病、捕食者的袭击,或者是因为它们赖以生存的气候有变化,极大地改变了它们周围的动植物群。科学家们怀疑,在地球上生活过的所有物种中,99%以上已经消失。人们通常认为大多数物种的"保质期"约为1000万年,这就意味着被称为智人的动物物种还能存在相当长的一段时间,因为我们只有大约10万年的历史。然而,地球上的最新发展表明,人类在地球上的生存时间可能比1000万年要短得多。

1998年,400名顶尖生物学家被问及他们对动物灭绝的看法,绝大多数认为我们正处于大规模灭绝浪潮的早期阶段,其中70%的生物学家认为地球上现有的动物物种中有20%将在30年内(功能性)灭绝,这是一个糟糕的观点。另一个充满毁灭性的预测来自著名的生物学家爱德华·威尔逊,他预测在100年内,地球现有物种的一半将因人类活动而消失。

作家大卫·奎曼(David Quammen)在其杰出著作《渡渡鸟之歌》(*The Song of the Dodo*)中描述了这一过程是如何发生的。对生物的兴趣曾将奎曼带到关岛,当时那里正在上演一场生态灾难:在很短的时间内,岛上一半的鸟类物种灭绝。对灾难原因的调查持续了很长时间,因为事实证明,生态系统几乎没有受到影响,最后发现罪魁祸首原来是一种40年前来到岛上的蛇类。奎曼震惊于一个事实,即一个物种可能是造成大量鸟类灭绝的原因,他开始寻找关于岛屿上脆弱生态系统的书籍,但由于找不到,他决定自己写一本,一本关于岛屿上的动物如何及为什么灭绝的目录。

奎曼写道:"让我们从想象一块精美的波斯地毯和一把猎刀开始。"他命令我们把地毯切成36块,并把它们一块一块地放在一起。"我们有36块漂亮的波斯地毯吗?"他问道,"不,我们只剩下30多块破烂的碎片,每一块都一文不值。"

这个比喻是《渡渡鸟之歌》的精髓所在。这个曾经如此富饶和繁荣的大陆现在变得如此支离破碎,以至于小块的自然环境看起来像是岛屿,它成了这些孤立岛屿的集合,随着"灭绝"和"岛屿"这两个概念不可分割地联系在一起,奎曼得出结论,在这种日益分裂的情况下,大陆上主要的动物物种也注定要消失。人类似乎是不可避免地已经启动了一个全面的动植物"最终解决方案"。

奎曼的故事的要点是,岛屿勾画出了进化,而且,看似矛盾其实更简单的是,岛屿的生物地理比大陆的生物地理更为独特。奎曼解释说,岛上的生物地理充满了刺激,"世界上许多华美的生命形式,包括植物和动物,都出现在岛屿上。这里有巨人、侏儒、跨界艺术家、各种各样的不墨守成规者"。

这是因为岛屿由于与世隔绝,缺少许多大陆上的捕食者,也因为动物物种之间不需要很多的竞争,所以导致了"生态幼稚"

第八章
人 与 自 然

(ecological naïveté): 由于动物物种从来不用保护自己免受敌人的攻击,它们已经发展成为最奇妙的生物。它们也很容易灭绝,随着时间的推移,它们失去了对捕食者和厨师的恐惧。

毛里求斯的渡渡鸟也许是最著名的例子。它们非常快乐地四处跳跃,直到任由自己被人类消灭。这种动物是由荷兰探险队发现的,最初被称为肮脏之鸟(walckvögel)或恶心的鸟。渡渡鸟被证明是印度洋旅行者极为有用的新鲜肉类来源,奎曼不乏讽刺地说明:"与巨型乌龟不同的是,它们并没有被活生生地储存在船上,在坚忍的休眠状态中度过数周甚至数月。相反,当供应过剩时,一些渡渡鸟被腌制或熏制;其他的被趁新鲜吃了……我们可以想象船上的菜单——煮渡渡鸟、烤渡渡鸟、腌渡渡鸟、熏制渡渡鸟、渡渡鸟碎肉。"在它们被发现 64 年后,最后一只活的渡渡鸟被人类目击,在荷兰人和后来的英国人的领导下,所有的渡渡鸟都被杀死了。

渡渡鸟的特殊之处在于,它的灭绝标志着在人类历史上,人类第一次意识到自己导致了一个物种的灭绝,渡渡鸟是被人类灭绝的动物物种中的亚当。奎曼引用一位生物学家的话说,渡渡鸟的灭绝是人类意识觉醒的一个极其重要的转折点。

然后,他想象出最后一只孤独的渡渡鸟。

把这个逃亡者想象成一个女性。她体型庞大,不会飞,而且很迷糊,但她也足智多谋,能够在其他鸟无法逃脱的时候逃脱,并忍受其他鸟忍受不了的,或者她很幸运……想象一下,她最后一次孵出的幼鸟是被一头野猪吃掉的,她最后一个受了精的蛋被

> 错位的本能
> 古老的大脑是如何愚弄我们的

猴子吃掉了，她的伴侣被一个饥饿的荷兰水手用棍棒打死了……她不再跑了，而是摇摇晃晃地走着。最后她失明了，消化系统运作迟滞了。假设在 1667 年的一个黑暗的清晨，在一场暴雨中，她躲在黑河峭壁底部一块冰冷的石壁下。她把头靠在身体上，抖着羽毛取暖，痛苦地眯着眼睛，她等待着。她不知道，其他人也不知道的是，她是地球上唯一的渡渡鸟。暴风雨过后，她再也没有睁开眼睛。这就是灭绝。

濒危物种

美洲野牛（拉丁学名：Bison bison）也差点遭遇渡渡鸟的命运。由于我们干扰了它们的生活环境——用马匹、铁轨、火车和枪支——美洲野牛只剩下 3 万个样本，分布在三个自然保护区里，这与从北向南，然后沿着所谓的野牛轨迹回来的数以百万计的样本形成了鲜明的对比。认为屠杀野牛的只有殖民者是一种误解，美洲土著人也用自己的方式屠杀（尽管是在欧洲人到来之后）。从 19 世纪初开始，这些动物就被系统地屠宰，它们偷吃给奶牛提供的食物，被视为寄生虫。每个角落都有野牛被猎杀，因为它们有在欧洲特别流行的优良兽皮。美国铁路公司憎恶野牛，因为野牛有一种习惯，会无意识地接触火车头，造成火车损害和延误。它们无法避开火车的原因与如今汽车造成如此多人员伤亡的原因相同：我们对冲向我们的机器没有任何适应性。1884 年，野牛几乎灭绝了。几年后，尼尔·杨（Neil Young）唱道："有

第八章
人 与 自 然

一天枪声响彻宁静的山谷，上帝泪如雨下，在铁路从堪萨斯城到来之前，子弹从火车上击中野牛。"

除了通过狩猎（野牛）和食物消费（渡渡鸟）之外，人类还以不同方式为其他动物物种制造了失配。新技术也会导致失配。通过控制光，我们决定了飞蛾的命运。千百万年来，飞蛾已经适应了利用月光导航，千百万年来，这种方法也都非常成功。直到人类出现，人们学会了控制光，我们在晚上点燃篝火，后来打开街灯、阳台灯和体育场灯。这些可怜的飞蛾做了大自然促使它们做的事情：它们飞向这些光源。结果，它们中的许多飞蛾自愿地被炙烤了。

一些动物物种通过在基因上适应受人类影响的自然环境，成功地保住了自己。一个很好的例子就是所谓的胡椒蛾，这也许是生物学上最著名的飞蛾。这种夜飞蛾有两种主要形态：一种是带黑斑的白色，另一种几乎全是黑色。在英国工业革命期间，胡椒蛾只以椒盐色的外貌出现：白色带黑色斑点。出生的胡椒蛾中只有1%是全黑的，这些飞蛾的存活率要低得多，因为它们和兄弟姐妹一样，大部分生活在白桦树的树干上。

然后，这些有桦树附近的工厂开始排放大量的煤烟，使许多树木（以及房屋和街道）变成漆黑一片。结果是黑胡椒蛾的生存机会增加了，而白色型对它们的天敌来说变得更加明显。白蛾与黑蛾的比例本为99∶1，而在城市化地区，这一比例则翻到了1∶99。当新的法规要求减少工厂的烟尘排放，黑胡椒蛾的数量也随之减少。这证明人类文化活动会对其他动物物种产生意想不到的直接后果，许多动物的命运掌握在人类手中——这导致了许多失配和痛苦。

　　火车、汽车、灯具、烟囱、工厂、化肥、灌溉、土地开垦、树木砍伐、集约化农业、拖网、游艇……人类（通常是在无意中，在很短的时间内）通过创造一个一些动物无法适应的、它们的动物大脑无法应对的新环境，戏剧性地改变或终结了许多动物的生命。

环保的开端

　　我们能做些什么来减轻我们用原始大脑对地球母亲造成的伤害？我们可以从什么都不做开始，也许事情会顺其自然，可能会出现有关环境破坏的人类特征的自然选择，如短视。也许进化会选择具有高度自控能力的人（正如我们在棉花糖实验中看到的那样），因为他们更成功。如果这种情况持续下去，最终将只有具有长远眼光的人，这会有利于环境。但我们并不能单纯地等待，因为利益和地位敏感性等根深蒂固的特征似乎很难改变。尽管如此，我们还是可以做一些事情来推动行为朝着正确的方向发展，我们很快就会看到这一点。

　　政治能提供解决方案吗？政治家的一个特点是，他们的任期不会超过下次选举，这对于根本性的变革来说太短了。京都和哥本哈根气候会议的失败是一个生动地说明了怎样不去做的例子，但也许2015年巴黎国际协议能够在某种程度上扭转这一威胁全球的问题，即使没有污染国之一美国。当然，也有一些政治干预的正面例子，以臭氧层的空洞为例。我们的大气层通过吸收太阳的有害辐射来保护地球上的所有生命，臭氧层确保我们的大气环境受到这层薄膜的保护。所谓的 CFC（氯氟烃）或推进剂会破坏臭氧层，特别是在温度极低的地区。在南极和北极上空的平流层中，臭氧层出现了空洞，这导致有害的紫外线辐射能够到达地球。

这个问题是在 20 世纪 70 年代发现的，迅速采取行动至关重要。1987 年 9 月 16 日，国际社会签署了一项名为《蒙特利尔议定书》的条约，其中包括保护臭氧层的措施。此后，推进剂和其他有害气体的排放迅速减少。2005 年，英国皇家气象研究所预测，受影响最严重的南极上空的臭氧层将在 2050 年左右恢复。换句话说，国际社会完全有能力在需要时承担责任。

拉近未来

在我们努力与这种灾难性的情况做斗争时，应该考虑那些帮助我们在大草原上生存了 200 万年的特征。回顾一下（在这种情况下重复肯定会强化信息）：我们的祖先专注于此时此地，他们的首要任务是照顾自己和家人，他们为地位而竞争，模仿他人，受感官的即时感知的引导。

我们决不能让自己被全球环境问题的巨大影响所压倒，而应该寻求小型的、个人的解决办法。生活在当下，我们需要让当前

错位的本能
古老的大脑是如何愚弄我们的

环境和气候问题的后果离我们更近。阿尔·戈尔的关于全球变暖的电影《难以忽视的真相》(*An Inconvenient Truth*, 2006)让许多人大开眼界。在这部电影中,他用载人升降机的上升将温度和大气中二氧化碳浓度的急剧上升可视化了。他指出,自工业革命开始以来,有害的温室气体水平一直在直线上升,如果再不改变,在未来的几年里,载人升降机将上升几米。

这种可视化非常有用。它已经被用于公共卫生运动,一个很好的例子是计算机程序,它可以预测如果你继续吸烟或喝酒,20年后你的脸和身体会是什么样子。不仅是电影,电脑动画和3D程序都可以清楚说明,如果一半的动植物物种灭绝或大量淡水被污染,世界将会是什么样子,以及这对我们的影响。一张我们家附近空水库的图片比一百张非洲已干涸的河流的图片有效得多。

我们如何利用利己主义来防止失配?进化论告诉我们,人类受基因利己主义的引导,这意味着人们关心自己亲属和子女的福利。因此,如果你想让人们在屋顶上安装太阳能电池板,你可以通过指出对他们子孙后代的好处来说服他们,比如他们将生活在一个更美好的世界。研究表明这是有效的,如果人们被要求做一些有益于环境的事情,如果强调这是对他们的孩子的积极影响,而不是对整个人类的益处,他们更有可能这样做。

配置与你相似的榜样也很有效。人们更愿意为长得像他们的人做点什么,因为这是亲属关系的象征。计算机可以用来将人们和与他们相似的替身联系起来,要求他们为环境做些什么吗?这听起来像科幻小说,但得益于2016年推出的名为Oculus Rift的

第八章
人与自然

特殊虚拟现实头盔，没有什么是不可能的。在离家较近的地方，你可以让邻居为环保事业捐献资金。研究表明，如果你熟悉或至少认识的人出现在你家门口，你就更有可能慷慨解囊。

我们还可以利用互惠原则，即我们前面提过的善有善报的观念。这是一种利己主义的形式，在酒店毛巾的重复使用方面已经取得了一些成功。如果酒店客人被要求为了保护环境而重复使用毛巾，那么只有少数人这样做。但如果他们被告知，酒店会为每一条重复使用的毛巾向慈善机构（比如，世界自然基金会）捐赠一定数额的资金，那么就会有更多的人参与其中。更有效的方法是，告知酒店客人大多数人已经在重复使用他们的毛巾了。

环保是性感的

我们的地位本能是更大的全球环境问题的另一个助推器，除非我们能够通过给予环保行为更多的地位来扭转局势。许多人喜欢模仿莱昂纳多·迪卡普里奥（Leonardo DiCaprio）这样的榜样。因此，当迪卡普里奥和其他好莱坞明星，如卡梅隆·迪亚茨（Cameron Diaz）、哈里森·福特（Harrison Ford）、威尔·费雷尔（Will Ferrell）、罗宾·威廉姆斯（Robin Williams）、汤姆·汉克斯（Tom Hanks）和凯特·哈德森（Kate Hudson），被拍到驾驶混合动力车丰田普锐斯时，这种昂贵但环保的汽车名声大噪。名声产生销售。在美国和欧洲，它都被评为年度汽车。类似的事情似乎也发生在电动车特斯拉身上。这款汽车在欧洲也越来越受欢

错位的本能
古老的大脑是如何愚弄我们的

迎，尽管标价约为 7 万欧元。商界人士喜欢别人看到他们的车，它发出了一个强有力的信息：我很富有，但我在乎环境。这是最佳的孔雀尾巴。

每天，许多名人都会参与到与环境相关的好方案中。网站 Looktothestars 记录了哪些明星参与了哪些公益事业。不少于 800 名国际名人奉献于 181 个国际环境组织，如海洋环境保护组织［尼古拉斯·凯奇（Nicholas Cage）和格伦·克洛斯（Glenn Close）］，联合国基金会［调音师大卫·库塔（David Guatta）］，克林顿基金会［凯文·史派西（Kevin Spacey）和奥普拉（Oprah）］，绿色和平组织［麦当娜（Madonna）、平克（Pink）和 REM 乐队的迈克尔·斯蒂普（Michael Stipe）］，全球绿色组织，世界野生动物救援协会，等等。

还有其他方法可以让环保产品更具地位。矛盾的是，这可以通过提高价格来实现，因为这提高了它们的地位。研究人员要求人们在一种产品的两种版本中进行选择，一种是环保的更便宜的版本，另一种是环保的更昂贵的版本（例如，洗衣机或汽车）。除了被认为是"地位导向型"的人以外，调查对象平均倾向于更便宜的版本。实现这一目标的方法是存在的，研究人员可以告诉被试他们正在争夺一件有性吸引力的东西。性动机也会使男性以地位为导向，如果一个异性恋男性看到一系列迷人的女性面孔，他会更频繁地选择更昂贵的环保产品。我们的答案是：环保必须变得更性感。性产生销售。我们可以推出一款价格昂贵的竞赛自行车，作为敞篷车的替代品，让男性在街上骑行以吸引女性

第八章
人与自然

的注意力。我们可以将这种干预——销售昂贵、有性吸引力的环保产品——称为"傻瓜效应"。世界上昂贵的竞赛自行车之一是意大利的奇波利尼 CB1000，用前意大利自行车冠军的名字命名。这辆自行车只要 5.3 万欧元就是你的，但话又说回来，它的质量非常好，仅仅是徽标就由 40 克 18k 黄金、12 克白金和 17 克拉钻石组成。

另一个想法是"环保约会网站"。像 Treehugger 这样的环保网站可以提供一个约会选项，人们可以在这里见面，谈论自然和爱情。我们从研究中了解到，女性认为身体健康的男性更具吸引力，在这些网站上以精力充沛的自行车手或回收利用的环保者而不是耗油的 SUV（运动型多功能汽车）司机的形象出现的男性更有可能获得成功。荷兰有一个环保约会网站 Crusj，为受过高等教育的单身人士提供环保的假日旅行。根据其网站介绍，住房的床单和毛巾不会每天更换，空调和照明只有在客人在房间时才会启动，单身人士还必须为他们的航班支付额外费用以抵消他们的二氧化碳排放。收益将捐给 GreenSeat——一家投资于可持续能源项目的组织。

我们还应该鼓励公司以地位为基础进行环保投资。投资越环保，公司就越吸引人。目前已经存在各种各样的根据环保水平对公司进行排名（以道琼斯可持续性指数或绿色和平组织的绿色能源供应商年度排行榜为例）的排名表。然而，这里潜伏着"漂绿"的危险（例如，大众汽车排放丑闻），公司和权威机构倾向于以比实际更环保的方式展示自己。

> 错位的本能
> 古老的大脑是如何愚弄我们的

更环保的社会标准

因为人们无意识地模仿周围人的行为，社会标准需要改变。如果不这样做，问题只会增加。心理学家鲍勃·西奥迪尼（Bob Cialdini）描述了亚利桑那州国家公园的一个问题，即大量硅化木被偷走。公园发布了以下公告："你的遗产每天都被硅化木的失窃和损失所损害。"因为这个通知，硅化木的失窃率上升了300%。为什么？因为人们认为偷它是正常的，由于很多人显然已经这样做了，在硅化木变得真正稀少之前，人们想为自己带一块回家（这又是"公地悲剧"的一个例子）。一个更好的方法是指出恶劣行为只属于少数人，我们可以说服狗主人清理他们的"行走的造粪工厂"的粪便，方法是让他们了解到只有少数狗主人表现出不清理的行为。如果这没有任何效果，可以采用大数定律，说已经有多达3万人拼车出行，而不是说只有12%的人在拼车。我们石器时代的大脑无法区分非常大的数字，30000和300000之间的差异对我们来说意义不大，许多传统文化的计数是这样的：1、2、许多。

美国客户参与平台OPOWER提出了一项有趣的创新，利用社会标准来减少用电量。在电费单中，该公司不仅提供了账户持有人自己的使用情况，还提供了该地区的平均使用情况，这样，客户就可以看到他们的得分是高于平均水平还是低于平均水平。此外，如果人们得分更好（意思是：使用量低于平均水平），公司会给他们一个笑脸；如果他们最终超过平均水平，公司会给他们一个皱眉。这似乎有帮助，那些发现自己消耗的能量超过平均水平的人一下子变得更加节俭，这些措施最终减少了的能耗相当于 15 万户家庭的用电量。社区力量是荷兰能源公司 Enexis 与居民协会联合发起的一项当地的倡议，当地人可以通过网站比较他们的能源账单，人们希望这将鼓励大家节约能源。2013 年在伦敦北部的卡姆登进行的一次类似试验表明，煤气费和电费支出减少了 6%。然而，能源公司将不得不超越自我来支持这些计划，因为存在失配。从财务上讲，如果家庭使用更多的能源，那么对这些公司更有吸引力。因此，政府将必须进行干预。

百闻不如一见

如果在过去有环境问题，我们会看到和闻到这些问题。我们不想污染自己的生活环境，这就是为什么我们在专门的洞穴里排便。我们将问题转移到其他地方，因为这样问题就超出了我们的视野，超出了我们的鼻子、耳朵和眼睛所能及的范围。太平洋和大西洋的海床上散落着来自荷兰、比利时、英国和美国的装满核废料的容器。这是一种失配，因为这些问题超出了我们的视野，我们的大脑无法对其做出反应，我们也不会做任何事情来解决它。眼不见，心不烦。我们如何防止这种情况？聪明的市场营销人员也能想出办法使环境问题更加能被感知到，例如，在无铅汽油等对环境有害的东西中添加一种难闻的气味。当我们看到某些

错位的本能
古老的大脑是如何愚弄我们的

地区的人们戴着口罩来抗击雾霾时,我们会想:有些事情不太对劲。一种人造气味被添加到煤气中,以提醒人们煤气已经打开,为什么我们不能为迫在眉睫的环境问题这样做呢?我们可以在饮用水中添加一种物质来显示它是干净的还是被污染的,污染越严重,颜色越红。毕竟,我们的原始大脑会对具体线索做出反应。

我们能不能用对自然、对生物根深蒂固的偏爱做些什么?像之前提过的,自然线索对我们的健康有益,但它们能让人们更环保吗?在一项研究中,我们要求人们观看自然或城市的图片,然后要求他们做出一些财务决策。例如:你可以现在得到 10 欧元,或者可以 10 天后得到 15 欧元。结果如何?看过自然的图片的人倾向于追求长期的回报,看过城市的图片的人则更加冲动。与自然直接接触可以促进自我控制,这正是我们使保护环境免于全面崩溃所需要的,这是我们可以培养孩子拥有的东西。我们参与了一个项目,研究学校操场"绿化"的效果及其对儿童社交、情绪和智力发展的影响,初步结果显示,男孩在绿色的操场上休息后更能集中注意力,而灰色的操场似乎对女孩更有效。

第九章 虚拟现实

2006年7月4日是非常炎热的一天。巴士司机赫尔穆特·豪斯曼（Helmut Haussmann）对这种天气很不满意。今天早上，赫尔穆特在他的家乡巴伐利亚州慕尼黑附近的菲尔斯腾费尔德布鲁克市中心散步。他买了几份报纸来了解今晚九点在多特蒙德的威斯特法伦体育场举行的比赛。德国必须击败意大利才能进入足球世界杯的决赛。赫尔穆特对在主场赢得奖杯的可能性感到非常兴奋，整个德国也和他一样，除了赫尔穆特的妻子。洛蒂·豪斯曼（Lotti Haussmann）对足球毫无兴趣，更重要的是，她很恼火，她的丈夫和整个德国怎么会完全沉迷其中。包括赫尔穆特在内，每个人都在谈论这一切。

在一个咖啡馆的露台上，赫尔穆特阅读着赛前准备材料，并和几个路人聊天。整个国家都痴迷于世界杯，每个人都认为德国的球队将轻松击败"蓝衣军团"。预兆还不错：没有一支德国队在多特蒙德被击败过。有人轻蔑地说："意大利佬（吃意大利面的人）。"

回家之后，赫尔穆特在互联网上浏览着有关球赛的信息。他观看视频片段，并在网上押注25欧元，赌自己的国家将获胜。他将得到的钱微不足道，但重要的是信念。

错位的本能
古老的大脑是如何愚弄我们的

正如赫尔穆特的行为激怒了洛蒂,洛蒂也同样让她的丈夫愤怒。她说的风凉话越来越多了。赫尔穆特购买了一张叫作《54、74、90,2006》的 CD,它是由隔壁镇上的德国独立乐队 Sportfreunde Stiller 演奏的。赫尔穆特以前从未买过专辑,更何况是这样一支另类的乐队的专辑。这首歌描绘了在 1954 年、1974 年和 1990 年之后,德国人将在 2006 年再次成为世界杯冠军,它成了本周音乐排行榜的冠军。

当他连续第六次播放这首歌时,洛蒂关掉了 CD 播放器。
"如果他们没赢呢,呆子?"

与此同时,在 30 公里之外,慕尼黑大学的一个医学科学团队正在全神贯注地准备着他们当晚将监督的一项研究。他们已经做好了准备工作,仔细地检查了 2003 年和 2004 年的数据。在过去的几个月里,巴伐利亚州的 15 家大型急诊医院彼此之间建立了联系。其他研究人员,包括来自荷兰乌得勒支大学医学院的科学家,在前几年通过深入地调查以前的档案,也进行了类似的研究。德国人已经决定采取更严格的方法,并在现场——即比赛现场,进行调查。

赫尔穆特太紧张,以至于吃不下东西。洛蒂为他准备了一些美味的食物,但他真的无法吞咽。他甚至不知道她都端上来了什么。

比赛开始时,赫尔穆特的精神仍然很高涨。洛蒂假装在读书,但实际上偷偷地看了一眼比赛,赫尔穆特不断地鼓励着电视屏幕上的德国球员。

第九章
虚 拟 现 实

"德国、德国!"他独自喊道。有时,气氛对他来说太过于紧张了。

"他们只是一群送比萨的!"当意大利人向德国的球门前进时,他尖叫着。随着比赛的进行,这群"送比萨的"看起来却在比赛中表现得更好;他们拿到了更多的控球权,并更频繁地到达德国人的球门线。

与此同时,慕尼黑的科学家们仍与 15 家巴伐利亚医院保持联系,并且传递信息,分析第一个数据。尽管还早,一个趋势似乎已经开始变得明显了。

在常规时间结束时,比分仍然是 0 比 0,这让赫尔穆特很沮丧;他曾希望敌人被打得措手不及。现在已经是加时赛了,形势瞬息万变。赫尔穆特一整天都没吃任何东西,他告诉洛蒂,他开始感到饿了。然后,在第 118 分钟,意大利球星皮尔洛以一个精彩的盲传将球传给法比奥·格罗索,后者从一个很远的位置踢进了首球。整个德国都陷入了沉默。就在意大利前锋设法完成第二个进球时,洛蒂给了她的丈夫一盘食物。他沮丧地看着盘子里的东西:意大利面。他的脸变成了红色。

20 分钟后,赫尔穆特被救护车送往菲尔斯腾费尔德布鲁克诊所的急诊科进行紧急心脏治疗。不到一个小时,他被准许加入了某个德国科学家的研究之中。当研究结果在 2008 年公布时,这个结论令人震惊。对于 45 岁以上的德国球迷来说,在德国队的国际比赛中,心脏病发作的风险平均增加了 2.66 倍。通常情况下,在巴伐利亚州,每天只有不到 15 人心脏病发作,但在德国球队有比赛的日子里（慕尼黑大学的研究显示）这个数字的平均值达到了惊人的 43 人，并且都是男性。研究人员格哈德·斯坦贝克（Gerhard Steinbeck）在《新英格兰医学杂志》（*New England Journal of Medicine*）上毫不留情地说："观看一场压力很大的足球比赛使得发生急性心血管事件的风险增加了一倍多。"

赫尔穆特从世界杯半决赛中存活了下来。现在，在观看一场刺激的比赛前，他都会服用一粒 β-受体阻滞剂。洛蒂仍像往常一样给他做意大利面吃。她还是叫他"呆子"。

媒体

根据《牛津英语词典》（*OED*），媒体是"大众传播的主要手段"。维基百科将媒体分在"通信"组，并将其定义为"用于存储信息或数据的工具"。依据其所使用的技术（印刷，电子）和信息的感觉方式（听觉，视觉），媒体可以被进一步区分。我们所说的沟通和交流手段是广义的，从烟雾信号、口语、洞穴艺术、陶土板、法规、故事和书籍到摄影、电影、电视、互联网和移动电话。

在人类进化的过程中，对直接经历的交流（"你昨天看到那只大狮子接近营地了吗？"）已经在很大程度上被虚拟体验的交流所取代（"你昨天看关于那只大狮子的纪录片了吗？"）。在一个真实的世界中，如果我们把手指伸得离火太近，手指就会被烧到，然后我们会惊慌失措地撞在低垂的树枝上；但也有一个虚拟

第九章
虚拟现实

世界，在其中想象力是主导，发生的事情并不是真实的。我们所生活的现实世界正变得越来越虚拟。我们不断地阅读、听到和看到那些对我们的日常生活几乎没有任何影响的东西。我们看的多数电影不是真实的故事，我们从书上读到的大多数故事是虚构的，我们关注的新闻是发生在遥远地方的事件。我们在社交媒体上互相关注，而不像我们的祖先那样面对面地相见。

生活在虚拟环境中会造成各种各样的失配发生，会对我们的身体和精神健康造成潜在的有害后果。我们的想象力是如此强大，它总是误导我们的原始大脑。广播、电视和互联网等新媒体的影响有时非常大，它会影响我们的身心健康，甚至会缩短我们的寿命。问题是如何将这种失配变成匹配。更进一步，我们能否利用媒体的力量来使我们更加健康安乐，并解决真正的问题（比如，气候变化）？这就是这一章的主要内容。

从石器时代说起

在之前的部分，我们粗略描述了我们的祖先们的生活方式。那时许多现代的信息传递手段还不存在，所以这可能会让我们认为媒介在史前并不存在。然而，这是不正确的：我们的祖先本身就是媒介。人们吸收了可以通过感官直接感知到的信息。如果灌木丛中有沙沙声，我们的一个祖先目睹了这一点，他的大脑会立即做出反应。没有虚拟现实：我们的祖先闻到、听到、感觉和看到的一切，都是直接的信号或真正的威胁。我们的整个系统过去

错位的本能
古老的大脑是如何愚弄我们的

（和现在）旨在检测我们环境中的危险、新事物、吃喝及性的机会。我们的感觉系统一直专注于增加我们的生存机会，并确保危险被避免。在进化心理学中，这被称为错误管理理论。我们总是要保持谨慎。如果我们听到灌木丛中有沙沙声，看到了有什么在移动，我们的第一个想法是有一条蛇，而不是一根小树枝。它增加了我们面对最糟糕的情况时生存下去的机会（"它是一条蛇"），因为当我们确实遇到一条蛇时，假设它是一根小树枝是会使得我们付出很大代价的。错误管理的科学术语是 EM（Error Management），它可以识别两种类型的错误。第一类是指怀疑是蛇，结果发现不是蛇，而是一片沙沙作响的树叶；或者法官在刑事案件中认定一个无辜的人有罪。第二类是，一片沙沙的叶子被证明不是一片沙沙的叶子，而是一条毒蛇；或者法官宣告罪犯无罪。第一种错误可能会让我们心烦意乱（尤其是处理一个无辜的被定罪的人），但没有伤害。第二类错误则可能是致命的（尤其涉及释放一个很可能再次突然袭击其他人的家伙）。我们可以有把握地说，人类的大脑对危险非常敏感。

但这种机制在现代有多有用呢？错误管理使我们对通过现代媒体接触到的危险的反应也非常极端，即使我们自己几乎没有处于直接危险之中。当数千英里外，两架飞机撞向摩天大楼时，我们的警报系统立即警铃大作。我们全神贯注地盯着电视机，渴望得到关于犯罪者、受害者、动机等的信息。它让我们晚上睡不着。9·11事件已经变成了一个"闪光灯记忆"：每个人都记得他们当时在哪里。我们原始的大脑犯了过于谨慎的错误，并认为

第九章
虚拟现实

这种恐怖行为也可能在我们城市的任何时候发生。这种危险有多真实？你应该取消那个去罗马的航班吗？你会避开高楼大厦吗？

在史前，我们是事件的直接见证人，因为我们能够亲眼看到，或者亲耳听到。直到"语言"出现。这使我们的祖先能够传递信息，并成为事件的间接目击者。所以一个部落成员可以告诉我们的祖先，他在某个地方曾看到过一位猎人同伴的头骨。这个可怜的家伙显然是被暴力杀害的。这意味着危险！当探险队到达这个地方时，他们必须记住周围有杀手。更好的做法是先发制人地消灭敌人，所以，他们会毫不犹豫地对邻近部落进行突袭。

在本书前面的一些章节，我们讨论到科学家认为我们的祖先在10万年前学会了使用语言，但事实上，关于这个话题还存在很多争论，因为对于我们到底是在20万、10万还是6万年前开始学会说话，科学家们始终没能达成共识。此外，还有一个问题是：语言到底是先天固有的还是后天习得的。先天阵营似乎赢了，因为尽管语言是一项极其复杂的技能，但是，全世界的孩子们在大致相似的年纪几乎都能毫不费力地学会说话。

英国进化考古学家史蒂文·米森（Steven Mithen）在他的著作《史前人类简史》（*After the Ice*，2003）中指出，在5万年前，智人刚出现后不久，人类历史就取得了巨大的飞跃。语言飞速发展，人类开始雕刻图像、制作串珠、在洞穴里绘画，制作初级的乐器。那个时代被称为"创造力大爆发"的时代。它几乎在同一段时间内发生在世界各地，这表明智人有一些特别之处。在这期间，据说"符号大脑"开始出现，这是一种典型的人类特质，

错位的本能
古老的大脑是如何愚弄我们的

即能够利用语言和想象力创造一个已知世界之外的世界。

最古老的书面资料只有约 5000 年的历史，但口语显然要古老得多。1977 年，出现了一项关于语言起源探索现状的研究。关于语言的起源，有不少于 23 种关键的理论。在过去的几十年里，大量关于这些主题的科学文章出现了，数量过多，以至于人们往往因小失大。试图解释语言起源的科学被称为"语言起源学"（这个词汇的英文来自希腊语的"语言"和"世代"二词的组合）。这一科学分支相对年轻，而且极具推测性。我们可以想象到一种语言可能是如何进化的，同时也得明白实际过程可能是完全不同的。所有的动物都会发出声音来互相交流。马嘶鸣，狗咆哮，鸟儿歌唱。动物发出的多种多样的声音包含着意义的传输。动物们可以惊慌地尖叫，大吼大叫地把对方赶走（咆哮总比打架要好），或者用声音求爱：歌声优美的长尾小鹦鹉比它的那唱歌跑调的表弟可能有更好的基因。人类也没有什么不同。

我们的声音系统可能通过许多不同的方式发展出了产生良好短语的能力。任何一种语言起初都很简单，之后慢慢得到改进；或者语言以一种复杂的形式突然出现，然后秩序再逐渐被引入。无论如何，语言都是人类的一种进化特征。就像其他动物一样，在我们的祖先还没有语言时，当他们看到捕食者走近，会发出频繁的单音节的喊叫声和尖叫。也许，某些不断变化的身心环境使他们能够获得模仿声音的能力。象声词可能是我们祖先能够说出的第一个"词"。一根树枝从一棵树上折断，"咔咔咔"这个词就诞生了。"嗯，嗯"，意思是附近有一只野山羊。经过好几个

第九章

虚拟现实

世纪后，随着人类智力的发展，人们设法用一种基本的语法形式将各种象声词联系起来。Oe（你）ñoe（角马）knak（脖子），这（显然）是一个完全虚构的句子，意思是："去打那头角马的脖子。"

语言成了交换信息、八卦的社交工具。多亏了语言，史前时期的信息传递呈指数级增长。重要的事件和发展可以传达给他人。与分享一块肉不同，信息的分享很容易扩散，并进行大范围的传播。如果大卫告诉了汉娜一些事，她可以传给保罗和玛莎，而后者又告诉吉姆和威尔。

但是新的组成部分也可以被添加到这些信息中。使用语言可以创造出全新的世界。语言的出现引领人们走向一个虚拟的世界。这使人类历史上最重要的发明——想象力——诞生了。得益于这种能力，一句话不再只是一句话，它包含了更多的意义。祖先们很有可能夜复一夜、年复一年、一世纪又一世纪地在篝火旁用故事和八卦来娱乐（如第四章所说）。语言成为构建一个强大的群体文化的最有力的工具。

唱歌的猿猴

歌唱伴随语言而来（也有另一种可能，歌唱先于语言出现）。在史前时期，我们的祖先就发现了节奏和旋律的乐趣。重要的活动伴随着歌曲且被传唱着。歌曲成了一种媒介，人们通过这种媒介理解和传授有关物理和社会环境的信息。重要的问题总

错位的本能
古老的大脑是如何愚弄我们的

是那些：我们是谁？我们从哪里来？我们将去哪里？我们的身份是什么？这些歌唱活动是围绕着篝火进行的，正如我们之前所看到的那样，篝火在祖先的生活中占据了一个非常重要的位置。当人们唱歌的时候，也会伴随着运动、跳舞、跳跃和奔跑。歌中的信息总是与运动结合在一起。

布鲁斯·查特文（Bruce Chatwin, 1940—1989）在其1987年的著作《歌之版图》（*Songlines*）中解释了澳大利亚土著是如何利用歌曲在他们的生活环境中站稳脚跟的。澳大利亚的土地上有成千上万条看不见的小路，土著人称之为"我们祖先的足迹"。歌曲不仅能帮助他们穿越广阔的无人区，也能帮助他们辨认出其他的部落和他们的仪式——通过他们那悠久的咏唱。查特文描述了最初的居民是如何从一个地方走到另一个地方的：边走边唱，这样去命名他们周围的世界。每个地方都有自己的"圣曲"和圣地。对于现在的许多游猎民族来说，歌曲仍然是传递信息和加强群体联系的重要手段。歌曲和音乐之所以进化出来，也许是为了促进一个群体内的人团结协作，从而加强群体文化。在重要场合，人们唱国歌；球迷们会因为足球俱乐部的队歌而彼此认同，就像利物浦队的《你永远不会独行》（*You'll Never Walk Alone*）。在压力之下、危机或战争爆发的时候，音乐创造了一种激动人心的联系和团结的情感。2001年9月12日，美国国会在国会大厦的台阶上唱了《上帝保佑美国》（*God Bless America*）。没有什么比音乐更能使我们相聚并给予我们慰藉。我们是唱歌的猿猴。

第九章
虚拟现实

语言，孔雀的尾巴

不言而喻的是，语言带来了生存的优势，比如关于危险和特定人群的信息交换，以及增强社会凝聚力和群体认同。但进化心理学家杰弗里·米勒认为，在关于语言进化的争论中，有一个功能没有被探索：性吸引力。在他发人深省的书《求偶心理》(*The Mating Mind*, 2000) 中，他提出口头追求在人类的性选择中起着核心角色。"尽管在说话之前，人们可能会被肉体吸引，但即使是最热情的追求者，也会在寻求身体交流前进行至少几分钟的语言交流。"

正如我们在第三章中所看到的，爱情乍一看有点让人迷惑，因为在爱情到来之前必须有一些交谈。一般来说，若想被爱神之箭射中，潜在的一见钟情伴侣也需要一个小时左右、大约一万字的交流（如果他们以平均每秒三个字的速度说话的话）。在坠入爱河之前，女人可能比男人更需要实质性的语言交流。米勒相信，口才可以被看作是男人的孔雀尾巴，男人用语言向女性展示他们是多么聪明和有教养的人，以及他们有多少地位和权力。根据这一理论，语言是女性对（男性）语言艺术家进行性偏好选择的结果。在我们的文化中，人们非常欣赏语言，这是有原因的；因此，那些在体格方面没有太大吸引力的男人，试图成为聪明的演说家，以保护他们的基因的未来。令我们惊讶的是，一些看起来其貌不扬的作家和独角喜剧演员总能和最漂亮的女人交往

错位的本能
古老的大脑是如何愚弄我们的

（请自己想一想关于这一现象的突出例子）。

用米勒的话来说："人类复杂语言的进化是通过男性演说家在雄辩中竞争社会地位而来的，因为高的社会地位会给他们带来生殖优势。"只要这一点在人类进化过程中保持正确，语言就会进化得更加复杂。

米勒发现，一对夫妇在孩子出生前平均会说100万个字。谈话的目的是互相了解对方、开玩笑、进行激烈的争论，并且确定这个人是否真的足够适合与之生育后代。一个人越善于表达，他就能越好地展示自己。

2009年，新西兰文学科学家布莱恩·博伊德（Brian Boyd）出版了他有争议的一本书《关于故事的起源》（*On the Origin of Stories*），从进化的角度看待小说和文学。他提出的核心问题是：为什么我们要花这么多时间来阅读小说，这似乎并没有给我们提供任何直接的生物学优势？博伊德的回答是：因为它让我们的祖先更善于社交、更有同理心、更有创造力。现在的问题是：我们现在的时代提出的要求是否不同于祖先的时代？讲一些虚构的故事还有什么意义吗？

为了回答这个问题，博伊德提到了一些人类的特质，它们一开始是为了满足特定的功能而进化出来的，但后来逐渐获得了一些额外的、不同的适应功能。以我们的眼睛为例。我们不仅用眼睛去看，还通过它展示出一些东西。我们可以用目光恐吓他人，我们可以通过巩膜建立一个群体的社会凝聚力，因为它告诉我们人们在向哪个方向注视。语言一开始是用来传递信息的。然后，

第九章
虚拟现实

它成了思考故事的工具，这使得我们可以加强进化方面的优势。因此，能言善辩者往往能够获得很高的地位。

象征性的思想

　　说话，唱歌，跳舞，音乐。这些都是史前信息传递的机制。对于进化来说，合乎逻辑的下一步是开始使用艺术，从身体艺术开始。有证据表明，10万多年来我们一直使用红赭石在我们的身体上弄出符号和信息做装饰。已知的最古老的洞穴绘画（至少根据本书出版前10分钟的最新研究状态）已经超过42000年的历史，但在墙上画画可能可以追溯到50000年前。在西班牙和法国的洞穴（猛犸象、野牛、披毛犀、马）和印度尼西亚的苏拉威西岛上的洞穴（鹿豚）中都有关于动物的绘画。除了南极洲，所有大陆都发现了洞穴绘画。

　　就像科学的所有分支一样，洞穴绘画也有许多理论，许多科学家团体为他们的发现辩护。一些人认为洞穴绘画是为了减轻对动物的恐惧，另一些人则认为它们是狩猎、死亡或生育仪式的一部分，还有些人认为这些画是在精神恍惚状态中创作的；有科学家认为这不过是信息的传递。无论如何，这些画的创作一定是因为人们想要表达自己，而且能够表达自己。洞穴绘画可能是现存最古老的自我表达方式，即心理学所谓的"身份认同"。许多地方都发现了所谓的手形图，包括"阳刻"（手沾上颜料印的手印）和"阴刻"（颜料中空出来一个手的形状）。用当代术语说，

错位的本能
古老的大脑是如何愚弄我们的

这被称为"手的自拍"!

我们的象征性思维在 5 万年前的创造力大爆发中迅速发展,这使我们很容易用高度简化的符号进行思考。我们的交通标志可能是这些简单的洞穴壁画的遥远的后代吗?"在这个地区有巨大的雄鹿,但要小心乱跑的熊!"

创造故事

许多部落使用语言来制造他们存在的理由。他们建立了一个创世的历史,并将其传给后代,这是在全人类范围中都会出现的行为。维基百科的创世故事列表包含来自地球各地的 100 多个不同的神话,而这只是冰山一角。从科学的角度来看,创世神话一个比一个奇异。这些神话中有这样的描述:鸟类试图将天空向上撑起,祖先们被困一片漆黑中,隐藏在树里的火之精灵,神接受最奇怪的供奉物,至高无上的力量,巨孩,混乱,天空和大地的性爱,从岩石和海洋诞生的人。

多亏了语言,想象力才得以表现。我们将对事件的直接描述转为间接描述。不用说,幻想的角色,以及狡猾和狡诈的角色,变得更多了。也许是出于私利,人们开始编造一些不真实的故事:"当心玛丽,她四处留情,和她以前部落的许多男人私通。琼可能是一个更好的恋爱对象。"

我们都知道传话游戏。一群人围成一圈,一个人对着他旁边的人耳语,这个人把它又传递给他旁边的人,直到这个短语传回到开始这个游戏的人那里。结果发现传回来的话和原来的短语相差甚远。2013年，该游戏推出了一个大型的国际版本。来自17个国家（还包括南极洲）的730名玩家用至少六种语言耳语，总共传递了151926.9公里。五个分支出现了，最初的短语是"玩耍是对意想不到的事情的训练"，长时间的传话后变成了"我爱这个世界""僵尸""云环绕世界""发光、发光、花生酱果冻"和"伊恩需要帮助"。毫无疑问，口语可能是错误和欺骗的来源。

农业与手稿

农业的出现导致了更大、更社交化、更复杂的社会。语言有了更大的扩展，因为在口语外添加了一个重要的元素：手稿。写作意味着阅读。写作和阅读是我们进化史上的最新发展。这意味着失配要来了。手稿因为贸易而产生，因为签订的所有协议都需要保存记录。当人口变得太多时，口头协议就不够了，所以人们开始记录交易。这是通过在木头、骨头或陶器上制造刻痕来完成的。

约6000年前，苏美尔人生活在今天的伊拉克东南部，他们被认为是第一批写出真正手稿的人。他们在黏土板上雕刻符号，这是一种在该地区很容易获得的原材料。苏美尔人将他们的国家称为基恩吉尔或贵族的土地，他们引入灌溉技术，将他们的村庄扩展为大城市。黏土板被用于记录法律和商业协议。考古学家发

错位的本能
古老的大脑是如何愚弄我们的

现了他们的一个王朝时期（公元前2100年至公元前2000年）的10万块黏土板，它们被用作统治者管理的一部分。除了商业交易，大事件也开始被记录下来：历史事件，万物起源，关于世界的信息，时事。苏美尔人开始给他们的黏土板编号；换句话说，书的一种史前形式诞生了。

我们要感谢埃及人提供的莎草纸，以及适合书写的扁平的石头。其他国家（希腊，罗马）也采用了这种技术，并开始使用羊皮纸，或者处理好的动物皮。与此同时，公开演讲的艺术也得到了完善，特别是希腊人，他们是将"口头世界"和"书面世界"这两种虚拟世界的表现形式进行融合的大师。莎草纸和羊皮纸的优点是比黏土板更容易运输。罗马人采用了所谓的蜡板，这是一种边缘凸起的木片，并且边缘用蜂蜡抹平。使用尖笔（一块有尖尖的顶端和锥形顶部的木头）可以制作和删除笔记。这使得写作被广泛普及；每个罗马学生或研究者都有自己的蜡板，就像学生和研究者现在都有自己的笔记本式计算机一样。有时两个或更多的蜡片被连接在一起，创造了一种古老的书的形式。

在我们这个时代的初期，可能有人萌发了把羊皮纸卷轴切成条状并把它们绑在一起的想法。这才是真正的书的诞生。把羊皮纸用结实的皮革和方形木头捆在一起，这就是"书"这个词的起源，它很可能来自日耳曼语中的"山毛榉"。

现在来做一个实验来证明一些东西试着阅读这句话而不回到句子的开头书的早期阶段的特点是缺乏单词之间的空格以及和语法相关的断句而这些本可以使得阅读更加容易。这是相当难的。

第九章
虚拟现实

想象一下你必须这样读一整本书。大约 1000 年前，由于这种"连续的书写"，最初的书籍的读者们并不轻松。书不是用来放在角落里的，文本是用来存储信息或供人阅读的。但到了中世纪末，文本的可读性也变得越来越重要。

在 11 世纪，中国拉开了印刷业的序幕，在 1450 年左右的欧洲，约翰内斯·古登堡在欧洲也开创了这一技术，这使得书本的生产得以激增，不再只有那些通过费力的抄写和复杂的技术才能被生产出来的孤本。中国人还发明了纸张，取代了欧洲昂贵的羊皮纸。美国作家尼古拉斯·卡尔（Nicholas Carr）在他 2010 年出版的《浅薄》（*The Shallows*）一书中指出，科学家们计算出，古登堡推动印刷业后 50 年出版的书的数量等同于此前 1000 年在欧洲出版的书的总数。书籍成了让人能买得起的大众产品，其生产的规模越来越大，书本的尺寸越来越小。在相对较短的时间内，书籍改变了人们看待世界的方式。欧洲受到了一波知识能量的冲击。卡尔以时钟尺寸的缩小进行类比；由于手表和小型时钟的到来，每个人都成了一名计时员。口袋大小的书的普及使阅读成为日常生活的一部分。在 15 世纪末，欧洲共有多达 1200 万本书（在约 6000 万人口中）。这正是"信息革命"的开端。

由于印刷媒体的迅速传播，文化、宗教、科学，以及最重要的政治的迅速发展，不仅出现了许多书，小册子也开始在一切的发展上留下同样重要的印记。小册子通常是一次性的临时出版物，但并不是关于专门主题的出版物。在 16 世纪和 17 世纪，特别是在动荡时期，荷兰各省的传单上充斥着对各种东西的支持和

错位的本能
古老的大脑是如何愚弄我们的

反对的言论。官方通知、诉求、笑话、匿名八卦、错误信息、指控、指责、嘲笑……小册子正是他们那个时代的推特。大议长约翰·德·威特（Johan de Witt，可以说是荷兰最伟大的政治家）和他的兄弟科尼利厄斯（Cornelius）被谋杀的故事证明，小册子并不是一些毫无内涵的闲言碎语。1672 年 8 月 20 日，星期六，海牙到处都是要求谋杀他的小册子。这些煽动性文字是由公证人、律师、敬畏上帝的牧师和想要掌权的奥兰治（Orange）家族的追随者写的。民众被这些小册子煽动起来，在血腥和暴力的狂欢中投身于对这对兄弟的谋杀。

一直到 20 世纪初，印刷字都处于支配的地位。数以百万计的书籍、报纸和杂志被发行，但在 20 世纪一种完全不同的交流形式诞生了：电子媒体。摄影、电话、广播、电视、计算机、互联网和移动通信的出现在很大程度上取代了书面文字，使其不再无处不在。1964 年，加拿大媒体哲学家马歇尔·麦克卢汉（Marshall McLuhan）在其备受争议的著作《理解媒介》（*Understanding Media*）中提出了这样一种论点，即世界永远无法从科技媒体的控制中解放出来。

麦克卢汉最出名的是他的一句话"媒介即信息"，其含义是用来传达信息的手段会影响这一信息。如果一个特定的媒介只允许 140 个字符来传递一个消息，那么这 140 个字符将部分定义消息的内容。据麦克卢汉说，一种特定媒介（电视、电话、互联网）的内容是"窃贼携带的用来分散大脑守门人注意力的多汁的肉"。

第九章
虚拟现实

叙述性的大脑

媒体提供了无穷无尽的机会来让我们达到进化目标（生存、保护、性、获得地位、竞争和食物）。在电视上，我们观看新闻节目、犯罪连续剧、体育节目、约会节目、烹饪和健康节目及智力竞赛节目，因为它们为我们提供了重要的信息。2016年谷歌上搜索最多的词是"王子"（Prince）、"大卫·鲍伊"（David Bowie，已故的流行歌手）、"奥林匹克"（运动，我们对发动战争的升华）、"飓风马修"（自然灾害）、"马来西亚航空公司"（害怕发生事故）、"口袋妖怪"、"劲球彩券"、"贪吃蛇"（游戏）、"特朗普"（Trump）、"选举"和"希拉里·克林顿"（Hillary Clinton，对领导人的痴迷）。通过观察我们在互联网上搜索的东西的流行度和我们在电视上看的内容，我们能够发现我们的祖先认为什么是重要的。

通过看犯罪连续剧，我们试图辨认我们中间的杀人凶手。在电视广告中嵌入广告歌或打油诗会得到更好的效果。我们给孩子们讲童话故事以提醒他们生活中的潜在危险。小红帽的故事教孩子们要警惕陌生人，不要太过轻信他人，否则会有意想不到的危险发生。生活的智慧也体现在睡美人（保持警惕）和灰姑娘（小心邪恶的继母）中。但是"杰克和豆茎"所传达的进化信息是什么呢？

进化文学专家，如安德烈·拉迪诺斯（André Lardinois）教授（奈梅亨拉德博德大学）和前面提到的布莱恩·博伊德，正在对叙事性的大脑进行研究。他们发现，故事存在于各种不同的文化中。在世界各地，童话、神话和寓言被讲述给儿童和成人，从而给予他们重要的进化信息。如果你像拉迪诺斯那样研究小说中主人公的行为，你会看到，总体上，它可以归结为生物性动机。

文学可以通过夸张的手法，极大地放大我们的原始动机。故事和小说总是关于性、权力、暴力、恐惧、欲望和冲突的。在小说《包法利夫人》（*Madame Bovary*）中，一名医生的妻子为了逃避她沉闷的乡下生活，选择了婚外情。这个典型的主题在当时非常令人震惊，以至于在1857年，作家福楼拜（Flaubert）被迫就他所谓的淫秽罪接受法官的传唤。由美国作家布雷特·伊斯顿·埃利斯（Bret Easton Ellis）撰写的小说《美国精神病人》（*American Psycho*）包含了大段对无辜生物的暴行的描写，描述得十分生动，并且没有任何道德上的解释。以上两本小说的例子很好地说明了我们的大脑会对夸张的线索迅速做出什么反应：快乐或厌恶。

胜过千言万语

我们的大脑处理我们从各种媒体中接收到的信息，就好像它来自我们当前的生活环境，因此与我们相关。我们并没有与电视、摄影、电影或互联网一起进化。这种虚假的线索会造成失

第九章
虚拟现实

配。在我们的大脑进化的数百万年里是没有照片的,照片只存在了不到200年。看照片的误导之处在于,我们的大脑会认为照片中的人实际上和我们在一起,直到大脑意识到它在凝视的是一张照片。在《论摄影》(*On Photography*,1977)一书中,苏珊·桑塔格(Susan Sontag)称这些虚假的线索是"伪存在"。这就是人们把他们亲人的照片装在钱包里的原因;制造一种短暂的认知和幻想,让他们想起生活中美好的事情。它是在"使世界走向不朽"。人们改变或死亡,风景消逝,建筑倒塌,但照片捕捉的是曾经存在却又永远不会存在的永恒。记录日常生活和熟悉的环境对于一个长途跋涉的人来说或许是有利的。照片让我们更关注那些没有直接进入我们视野领域的人。一幅照片胜过千言万语,特别是如果这张照片能唤起同理心的话。为了获得对接收难民的更多支持,救援组织展示了难民的图片,妇女和儿童乘坐小艇穿过地中海的照片是最完美的。

我们的大脑对感官体验有强烈的朝向性——俄罗斯神经学家伊凡·巴甫洛夫(Ivan Pavlov)早在1927年就将其描述为"定向反射"——特别是针对视觉线索。对新的视觉线索产生反应时,我们会感受到短暂的生理反应,比如脉搏减速、我们无法察觉的皮肤电生理反应、血管收缩和瞳孔扩张,这就是为什么电视是吸引我们注意力的一个极好的媒介。在打开的电视面前和别人谈话是非常困难的。我们的大脑在视觉上会集中于我们所看到的和正在移动的东西。"只要物体移动,人们就会看见"这句话是真的。

错位的本能
古老的大脑是如何愚弄我们的

如前所述，危险的威胁总能立即吸引我们注意，即使我们在电视上看到或在报纸上读到的事情发生在遥远的地方。发生在大城市的袭击对我们是很有吸引力的，尽管我们离它们很远。我们立即问自己以下问题：世界上发生了什么？我们有危险吗？我们应该提高我们的威胁等级吗？这是恐怖袭击还是意外事故？为了安全起见，我们的大脑认为这是一种攻击（第一类错误）。就失配理论而言，大多数新闻报道都被夸大了，有时我们甚至对一些过时的信息也反应剧烈。1930 年，奥森·威尔斯（Orson Welles）在广播中报道了外星人的入侵，内容改编自《世界大战》（*The War of the Worlds*），许多美国听众认为火星人已经登陆，他们惊慌地给警察报了警。

我们的大脑不能区分真实的危险（在汽车前过马路）和不真实的危险（孟加拉国的洪水）。我们很少根据客观的数据来预测风险。由于 24 小时新闻频道，如福克斯、CNN 和 BBC，我们高估了遭遇飞机失事的概率，因为这些事件被媒体广泛地报道，然而，说到底，你在骑自行车或开车时发生事故的可能性比飞机失事要大多了。以 2001 年 9 月 11 日的美国世贸中心恐怖袭击事件为例。官方公布的死亡人数为 2996 人，其中包括 19 名恐怖分子。在接下来的几个月里，去美国机场的乘客比前几个月减少了 12%，而同时道路使用者的数量增加了 20%。德国风险沟通专家格尔德·吉格伦泽（Gerd Gigerenzer）教授计算出，这次恐怖袭击额外造成了大约 1600 名美国人的伤亡。这是因为人们太害怕坐飞机了，所以即使是在城市之间的长途旅行也倾向于开车。开

第九章
虚拟现实

车旅行比乘飞机旅行危险很多倍。这些道路伤亡是失配造成的结果。正如吉格伦泽在一次采访时所说:"人们从煎锅里跳进了火里。"9·11之后,荷裔美国专家马尔滕·范·罗塞姆(Maarten van Rossem)在电视上被问及第三次世界大战是否已经开始。他咕哝道:"这只是一个小插曲,是一群疯子的行为,对荷兰的局势没有任何影响。"这为他带来了来自全国的嘲笑和怒火,以及无数的仇恨邮件。这种攻击只会导致我们认为"危险降临,我们必须采取行动",即使这场灾难发生在世界的另一边。

虚拟的社交世界很重要

如果你通过电视和互联网就能与世界的其他地方取得联系,你还为什么要离开你的房子或卧室呢?心理学研究表明,墙上有贾斯汀·比伯照片的女孩实际上确实爱上了这个海报中的明星。英国的一项研究显示,看《伦敦东区》(*EastEnders*)或《加冕街》(*Coronation Street*)等肥皂剧的人通常积极地认为这些演员是他们的私人朋友。毕竟,他们每天都能看到这些人出现在客厅里。在有电视之前,每天在家里看到一个人意味着你很了解他。所以,你会和这些人强烈地共情,即使他们是剧中的演员。肥皂剧成瘾者最终会被孤立,因此他不再能够维持真正的友谊。另一项研究告诉我们,真正的友谊有利于我们的心理健康。每个人都允许自己被欺骗,但一项英国研究表明,智商低于平均水平的人首先对这种电视和电影明星的伪存在感到困扰。

| 错位的本能
| 古老的大脑是如何愚弄我们的

脸书也存在失配。哥德堡大学开展的一项关于脸书使用影响的研究表明,人们更容易与其他网站用户建立社会关系。但频繁的脸书互动可能会损害人的自我价值感和心理健康。脸书用户通常把他们的生活描绘得比实际情况更美好、有更多的朋友。他们开始把自己与其他用户进行比较,那些用户拥有更令人兴奋、更冒险的生活。这导致了一场大规模的地位竞争,并对他们的自我印象产生影响。女性尤其表示,她们在脸书上花的时间越长,就会感到越痛苦。其他研究表明,总的来说,脸书是一个"以自我为中心"的网络。它号称是社交性的,但这个网站也有自恋和精神病态的一面。研究表明,你越自恋,你在脸书上拥有的朋友就越多,你就会发布越多关于你自己的信息。但当你和伴侣分手时,或者花光了钱的时候,你未必会从脸书的朋友那里得到帮助。

高频率的上网和长期看电视导致了不受限制的地位竞争。让我们想象一个史前的男孩或女孩。在一个大约有 100~150 名成员的部落中,青少年几乎没有同龄人可以与自己进行比较。有些人更漂亮,有些人不那么漂亮,有些人很幸运,拥有更多的肌肉,有些人则少些。由于当代媒体的泛滥,男孩和女孩不再只是与 100 人竞争,而是与 1 万人竞争。只要点击一下,我们就可以看到各种身材的模特。因此,许多人总是对自己的外表或伴侣的外表感到不满意,因为在虚拟世界中,总是有人更有趣、更美丽。研究人员向年轻人展示了 10 张异性的照片,这些人都比现在他们的伴侣或多或少地更有吸引力。结果是什么?那些看到更

第九章
虚拟现实

有吸引力的选择的人报告他们对自己现在的伴侣的满意度更低。今天,由于大量的、夸大的线索,人们对自己的地位和外表会一直不太满意。媒体引起了全球竞争,别忘了过去的竞争可是会导致战争的啊。这种对自己的地位的长期检查会导致抑郁和低自尊。因此,精神病学和化妆品行业正在蓬勃发展。

色情作品

在过去的 200 万年里,我们的大脑已经发展成为身上最有活力的器官。几百个世纪以来,我们的大脑学会了对日常的冲动做出反应,比如对树林里疯跑的鹿、不同群体之间的冲突或一个兴奋的人类同胞的反应。无论如何,性产业都从中获得了利润。

无论我们是男人还是女人,当我们看到色情图片时,我们那来自石器时代的大脑会想:这是一个赤裸的人,我可以接触到这个人,我必须为此做好生理上的准备。过去,当我们看到性感的裸体时,它是真实出现在我们面前的。这意味着实现一次关于性的接触的可能性是很大的。正如我们在第三章中所展示的,当时的性,就像现在一样,是一件私事。

性是隐秘的,色情作品也是如此。色情作品可能早在我们的祖先在洞穴里绘画时就已经存在了。"色情"(porno)可能源于希腊语的"porne"一词,指的是"卖淫者",是"淫乱"(porneia)一词的变形,有非法性关系的意思。"图形"(graphy)来源于希腊语中表达"描述""说明"的词汇。所以,色情作品

错位的本能
古老的大脑是如何愚弄我们的

（pornography）从字面上看，其实表达的是卖淫者或淫乱行为的文字形式或形象。如今，这种描述就有些局限了：在商店和互联网上，可以找到十亿计的电影和照片，描绘人们以各种可能的方式发生性行为。

与此同时，色情作品已经占据了世界各地，并且成了新媒体技术背后的驱动力。让我们来看看一些有启发性的数字。据估计，全球35%的下载内容都是色情性质的，另一个关于这个数字的估计是70%。在21世纪头十年末，每天有70万个色情词条在搜索引擎中被搜索，占所有搜索条目的25%，其中"性"这个词是被搜索次数最多的。巴基斯坦、印度和埃及对这个词的搜索次数排在世界前列。在对"性"的搜索最多的前十个国家中，只有克罗地亚和印度是非伊斯兰国家。2000年，估计有60%的网站访问与性有关。2006年，成人页面的"独立访客"数量大约为每月7200万。色情网站的总数量约有4.2亿个。

2006年，性行业的全球营业额超过970亿美元，是微软同期的两倍！在韩国，平均每人在色情作品上花费525美元，创造了纪录。美国、巴西和荷兰在色情产业方面位居榜首。在美国，收入和观看色情片之间有明显的相关性。一个人赚得越多，就可能看越多的色情片：拥有最高收入的人群（7.5万美元或更多）占观看色情片总人数的35%。2007年，加拿大有1/3的13岁男孩观看了色情图片或电影。2006年，87%的美国学生使用网络摄像头、MSN或电话"发生"了性关系。35~44岁的人群观看色情片最为频繁。

第九章
虚拟现实

还有更多的数据。2004 年，44% 的美国雇员（男女皆有）承认曾搜索过色情内容。在大学用户中，这一比例高达 59%。17% 的女性声称自己在与色情成瘾做斗争。色情网站的 1/3 用户是女性。59% 的成年人认为有性幻想在道德上是可以接受的。38% 的人认为观看色情图片在道德上是可以接受的。好吧，上面的数字并不是 100% 可靠的，因为互联网是胡言乱语、夸大、误解和恶意的来源，但有一件事是肯定的：你绝不是色情片的唯一观众。

我们的问题是，失配在哪里？答案是：媒介是失配的。我们正接受大量的虚假线索，并且对此我们有强烈的物理反应。特别是男性的大脑，他们允许自己被色情片操纵来手淫，而不是真实的性交。荷兰语中的手淫一词是"onaneren"，源自圣经人物俄南，他惹怒了上帝，因为他宁愿把他的精子射到地上。你不应该在这件事上欺骗上帝！造物主愤怒地把俄南杀死了。

如今，手淫不会杀死我们，但有一些问题意味着潜在的失配。性成瘾是一个严重的问题，因为，例如，男人用于"射到地上"的时间和贡献并没有用于生育后代。看色情作品的冲动使一些男人无法进行日常正常工作。看太多色情片或手淫太多的男性会遭遇 SADD（性注意缺陷障碍）的困扰。这种病症由美国性治疗师和作家伊恩·克纳（Ian Kerner）命名，他发现一些（年轻的）男性已经习惯了"视觉刺激"和网络色情日益强烈的刺激，以至于他们不再能够和一个真正的女人发生实际的性行为。被 SADD 困扰的男性在性爱过程中往往难以保持勃起。他们在床上似乎很快就感到无聊了。

　　因为色情作品可以通过互联网免费和大量地获得，许多男性无意中获得了对性的扭曲看法。克纳认为，他们已经发展出了一种典型的手淫方式，即看色情片手淫，而这种方式与正常生活中的性只有微弱的关系。对于那些对色情作品上瘾的男人，克纳有一个简单的解决方案：不要再看色情片了！性学有时就是这么简单。它可能会消除性领域的失配。

　　说到色情作品，它和足球之间也存在着联系。巴西世界杯在一段时间前（2014年）举办，但有些人仍沉浸在余韵中。例如，一些色情视频分享网站的数据管理者。世界最大的色情视频分享网站的博客上有关于该网站使用的研究、分析和惊人的数据。该网站的访问者来自世界各地。当有全球性赛事举办，比如世界杯决赛时，意想不到的联系就出现了。

　　荷兰德伦特省的一家水务公司曾报告说，在阿根廷和荷兰的比赛过程中，用水量大幅下降，在中场休息时间则急剧上升，因为每个人都要去厕所。世界最大的色情视频分享网站的研究团队也看到了类似的效果。当一个国家在世界杯决赛中进行一场比赛时，这个国家访问该网站的人数比起其他国家大幅下降——当大家都在电视机前为国家的球队欢呼时，你也不会去看色情片。与葡萄牙和英国等国家相比，荷兰脱颖而出。在橙衣军团的比赛日，荷兰的色情片观众的平均人数下降最大。一场涉及荷兰足球队的比赛显然是如此的一个高潮，以至于使得其他的高潮相形见绌。

第九章
虚拟现实

然后，奇迹发生了！在荷兰和巴西的比赛之后，荷兰人对该网站的访问次数比平时增加了40%。换句话说，荷兰队让荷兰变得更加疯狂。比利时人更进一步：在战胜美国队后，该网站的访问数激增近100%。这其中足球功不可没。

该网站对世界杯期间的搜索词的分析也很明智。似乎许多人使用流行语进行搜索来寻找直白的视觉乐趣。结果如何？当一个国家与另一个国家竞赛时，人们对敌对方的好奇心明显增加，不仅是针对敌对方，还表现在对世界其他国家上。例如，该网站的统计学家看到，当荷兰对阵阿根廷时，搜索词"荷兰"增长了195%，"荷兰运动员"增长了55%。因此，足球在几个方面上将世界团结起来。

一段时间前，我们在奈梅亨市听到了两个少年之间的谈话。他们正在准备 A-level 考试，并面临着下一步该做什么的选择。其中一个人说："我最想做的是成为一名色情演员。"

"哇哦！"另一个男孩幸灾乐祸地喊了起来。

哦，好吧，孩子们。我们可以放心地认为，当这个孩子的父母听说他的职业选择时，他们并不会感到开心。色情演员的职业并不是特别体面（大概介于毒贩和骗子之间），而至少在美国，人们可以靠在镜头前进行性表演谋生。在色情电影行业，女性的收入比男性要高得多，她们完全能够依此养活自己（女性的报酬在 10 万到 30 万美元之间，而男性在 4 万到 10 万美元之间）。

姑且不论色情明星在他们的职业生涯中遇到的不愉快的副作用（社会孤立、性麻木），还有另一个理由可以更深入地思考这

错位的本能
古老的大脑是如何愚弄我们的

一职业举动：色情演员可能具有相当大的自我破坏性。具有讽刺意味的是，色情女演员被培养得尽可能看起来有生育能力，行为举止也尽可能表现得有生育能力，但研究人员发现她们的孩子比普通美国人少得多，而且她们的寿命也更短。

在2007年至2010年期间工作的1500名色情明星中，有51人过早地死亡（他们感染了艾滋病、自杀或被杀害）。比较一下，2009年发行了近10万张音乐专辑和1.3万部色情作品。然而，在音乐行业，2007年至2009年间只有9起与毒品相关的死亡事件和2起自杀事件。换句话说，为了你的健康，做一个音乐人比做一个色情演员要好。

有少数（令人讨厌的）基督教网站对色情演员的高死亡率津津乐道。这些网站称这是上帝的惩罚，即色情明星的平均预期寿命只有37.4岁，而美国人的平均预期寿命为78.1岁。抛开统计漏洞这一事实不谈，色情明星很可能比其他人死得更早。他们中的许多人来自破碎的家庭，被忽视，并与（性）暴力打交道。无论成为一名色情演员的想法对奈梅亨市的一个少年多么有吸引力，他都应该更加深思熟虑。

模仿错误

我们的大脑关注榜样，以及谁最能在大草原上生存的问题。数千年来，良好的狩猎技术和战略洞察力总会被热切地追随和模仿。那些被高度尊敬的人经常被大量模仿。因此，我们现在也会

第九章
虚拟现实

对名人产生迷恋，因为我们认为名人是优秀的榜样。如果我们看到一个时尚名人戴一副太阳镜，我们很可能在两周后也戴上。

正如布法罗大学的心理学家希拉·加布里埃尔（Shira Gabriel）所证明的那样，崇拜名人对健康也有一些好处。想到我们崇拜的人会提高我们的自信和社交技能。一点点的钦佩是健康的，但作用也是有限的。正如许多研究证实的那样，人类的大脑并不能很好地区分真正的关系和心理学家所称的"准社会的"或"想象中的"关系。英国的一些研究表明，对著名榜样的钦佩可能会导致所谓的"名人崇拜综合征"，即人们真的会沉迷于他们的钦佩对象，这将会带来种种痛苦。

事实是，如今，榜样不再是那些具有有用的品质或最能引起他人兴趣的人，这可能会产生一些后果。此外，他们能够在社交媒体上通过一个行动得到数百万人关注，这有时会产生灾难性的结果。在第一章中，我们讨论了模仿自杀的现象，即那些因为名人或自杀者身边的其他人自杀而选择自杀的现象。媒体可以通过不关注这类事情以发挥自己的作用，比如英国酗酒女歌手自杀（可能是意外的）。

当出现自杀的"群组效应"时，科学就会提到"自杀传染"。据报道，一个人的自杀可能会"导致"其他人自杀。有一些名人的自杀引起自杀浪潮的例子——这被称为维特效应，以歌德的《少年维特的烦恼》（*The Sorrows of Young Werther*）中的主角命名，据称，这本书引发了一系列的自杀，尽管没有证据证明这一点——著名的案例有中国女演员阮玲玉（1910—1935）、日

错位的本能
古老的大脑是如何愚弄我们的

本歌手冈田有希子（Yukiko Okada，1967—1986）和美国的玛丽莲·梦露（Marilyn Monroe，1926—1962），据说后者的死亡导致了200多人自杀。在更近一些的时间，突尼斯街头小贩穆罕默德·布阿齐齐（Mohamed Bouazizi）在2010年放火自杀。媒体的报道导致其他国家的人们也纷纷效仿。为了提前一步阻止这种模仿行为，许多国家都有法律禁止媒体报道自杀和自杀意图，比如挪威和土耳其。而这种法律在荷兰和英国并不存在。

但这种媒介造成的失配还有更多的种类。学生们说，比起学习，他们更想出名，像金·卡戴珊（Kim Kardashian）或乔伊·埃塞克斯（Joey Essex）一样，而他们根本不清楚这些人的内在品质是什么。那些因为他们的偶像整容而花大价钱去整容的也是这样的人。

媒体和成瘾

我们已经不必为了体验一些东西而走出家门了，因为电视、互联网、虚拟现实技术提供了我们在虚拟环境中需要的一切：兴奋、感觉、信息、参与全球性的事件、与朋友的社交联系、运动和性。早些时候，我们必须起床，出门，去一个地方，才能见证一些事情或参与冒险，获得必要的经验，在这个过程中还会燃烧大量的卡路里，但这已经不再是必要的。已经有许多关于与看电视有关的健康问题的研究了。一般的结论是，我们花在电视机前的时间越多，我们就越不健康。美国每个家庭平均有2.7人，平

第九章
虚拟现实

均有 2.9 台电视机。这就说明了电视机对人们有多重要。美国人平均每月看 242 小时电视,儿童看电视的时间甚至更多。再加上每月上网 27 小时,其中 YouTube 电影的观看次数最多。

长期看电视对我们的思想和身体都有害。花大量时间看电视的孩子,阅读、数学和智商测试分数也较低。我们看电视消耗的热量仅仅比躺在床上多一点(好吧,你最好在床上看电视)。在这些研究中有一个"先有鸡还是先有蛋"的问题,也许懒惰和愚蠢的人才是看过多电视的人。但很明显,他们的业余爱好并没有给他们带来任何好处。

当一个人过于依赖某种物质或习惯,以至于他的身体或精神健康可能会受到损害,我们就可以说这个人成瘾了。有些人似乎已经对电视、电子邮件、脸书或推特上瘾了。他们真的离不开媒体,这些媒体以一种掠夺他们思维的方式控制了他们的生活。他们的强迫性行为降低了他们的生产力和幸福感,因此他们不再追求其他与进化更相关的目标。

另一个失配问题是,互联网上的信息在到达我们身边之前几乎没有被过滤过,这导致我们做出错误决定的可能性增加。在著作《有组织的思想》(*The Organized Mind*)中,神经科学家丹尼尔·列维丁(Daniel Levitin)展示了我们是如何被淹没在信息的海洋中的。我们的大脑本身并不是用来存储大量的信息的。这意味着我们正近乎永久地处于信息超负荷状态,并产生不好的后果。多亏了神奇的互联网,以前那些需要专家帮助才能完成的事情,我们现在可以自己做到了,比如预订一场旅行、出版一本相

错位的本能
古老的大脑是如何愚弄我们的

册、订购自行车、编辑影片、安排抵押贷款、汇编医疗信息。我们做了太多的事情,在这个过程中失去了太多的时间,犯了太多的错误。我们的父母曾经非常尊重他们的全科医生,无论他们说的是否合理。我们的大脑按照决策规则"信任一个穿白大褂的人"来运作。有时家里有人不舒服,人们会打电话寻求医生的帮助,或者等到疾病自行消失。腹痛、流感、发烧、在奇怪的地方出现皮疹:大多数不适最终会自行痊愈。只有在几天后你仍然感到不舒服,才会去医生的诊室。全科医生会用平静的声音问几个问题,摸摸你感觉不适的身体部位,安静地坐在他的办公桌前写处方,这样你就满意地、近乎治愈地离开诊所了。这就是"看医生"的意义。医生的权威从未受到过质疑,人们往往严格遵守医疗指导("完成整个疗程")。

如今,病人是善于表达的、批判的自我治疗者。如果有人感到不舒服,他会立刻到谷歌去搜索。许多关于健康和自我治疗的应用程序正在被开发,结果如何还遥遥无期。人们更喜欢根据在互联网上搜索到的信息进行诊断,但这些信息往往是未经过滤的,并且完全是断章取义的。如果你自己做出错误的诊断,然后继续自我治疗,你就会面临健康风险。最著名的例子也许是苹果公司的史蒂夫·乔布斯,他认为他能够制订针对自己的胰腺癌的治疗计划。当结果不如他期望的那样好时,他决定通过常规的医疗渠道(根据科学方法运作)寻求治疗,但为时太晚,因为他的癌症已经大面积扩散了。

第九章
虚 拟 现 实

曝光的隐私

在小说《圆环》(The Circle) 中，戴夫·艾格斯（Dave Eggers）描绘了一个不久的将来：隐私将不复存在。或者更确切地说：隐私必被盗窃。这将是失配的极致。整个世界都可以随时了解每个人的一切。生活已经成为"你与××的 24 小时"节目，其中摄像头起到大部分的作用。这种毁灭性的世界观几乎已经是一个事实。我们的智能手机一直在运行，这意味着一天的每一刻都在被记录。我们的停车地点被记录，付款信息被记录，我们拍摄的照片被存储在云端（并不知道谁可能看到它们），到处都有闭路电视摄像头，应用程序和 cookies 跟踪我们的互联网活动，我们的邮件伴随着与我们的邮件内容相关的广告，如果你冒险在一棵树下撒尿，总会被某个人拍下来发布在网上。女性不会再想全身赤裸地做日光浴，因为担心她们的胸部会出现在色情网站上。躺在阳光下是很好的，但如果它最终出现在互联网上就不太好了。所有这些都是失配的。在我们祖先的小群体里，人们彼此非常了解，一个人的声誉永远受到考验。但为了保持群体的团结，避免冲突，人们必须给对方空间，一个人的隐私和自主权非常重要。因此，刚生下孩子的母亲可以自己决定是否给孩子一个生存的机会。如果一个成年人不同意一件事，他可以去找另一个营地。我们对隐私的需求被现代社交媒体以前所未有的方式侵犯，从而导致我们的声誉受到损害。

错位的本能
古老的大脑是如何愚弄我们的

例如，2006年，荷兰布森镇普尔咖啡馆的一个夜晚有点失控。两位身着虎纹衬衫的中年女士享受着一小群快乐的学生的注意，其中一位女士允许自己被其中一个小伙子爱抚。他叫奥利弗（Oliver），他之所以和这个女人发生一夜情，是因为一场50欧元的赌约。所以，你可能会说，每个人都可以自由地做他想做的事，只要它在法律的范围之内。一个恶棍忽然产生了一个想法：把这个女人和学生的性事拍摄下来。当然，这也没有什么问题，直到这些照片出现在互联网页面上，上面提到了这个女人的工作地点，即布森的一所学校。互联网爆炸了。这名女子遭到公开抨击，这对她的工作和人际关系造成了严重后果。显然，问题立刻出现了，这个可怜的女人遭受这样的羞辱，谁是"有罪"的呢。这些问题是她自己造成的吗？这些血气方刚的学生会受到指责吗？还是发布照片的网站？或者也许是那些带着强烈的厌恶观看了这些照片的公众群体？事实是，这位女性的声誉在未来几年将成为一个问题，即使在法律上她没有做错任何事。

几年前，当时25岁的美国博客作者亨特·摩尔（Hunter Moore）在旧金山被一名年轻女子用刀刺向了肩膀。之前，摩尔未经她的允许就在他的博客上发布了她的裸照。摩尔每天都会发布许多陌生人的裸照，其中一些是由陌生人自己提供的，但更多的时候是来自前情人、寻求关注者或嫉妒的伴侣。除了这些照片之外，摩尔很享受自己作为一个"邪教人物"的名声，因为他也在自己的网站上发布了自己的淫秽照片和视频，还发布了他的帖子引发的一些通过电子邮件的交流、愤怒的反应和死亡威胁。

第九章
虚拟现实

当时对摩尔采取法律制裁是很困难的，因为他只发布了所谓的第三方内容，这意味着他不对此事负责。他的网页引起了很多人极大的痛苦。女人们看到自己的照片被发布出来，有些人甚至再也不敢迈出家门一步。但无论摩尔的行为多么卑鄙，网民们还是大量浏览他的网站。每个月他都能吸引 3000 万访客，净赚大约 1 万美元。

"色情报复""网络强奸"和"仇恨色情"都是在被涉及者不知情的情况下发布的，其目的是羞辱或造成社会危害，通常是指被涉及者的前男友在一段关系破裂后，在网上发布露骨的图片进行报复。一个报复性色情网站的研究显示，大约 1/10 的前伴侣曾威胁要公开私人色情照片。90% 的仇恨色情受害者是女性，其中近一半的女性在照片发布后，在网上遭到她们认识或不认识的人的骚扰。仅在英国，据称就有 20 个网站发布隐私色情图片。

色情报复可能会产生严重的后果：受害者失去工作，患上抑郁症，发现自己被社会孤立。在某些情况下，色情报复会导致自杀。比如 15 岁的阿曼达。她被说服对着网络摄像头展示自己的胸部，然后这些照片被分发给她的同学和朋友。据称说服她这样做的人是一个名叫奥丁·C（Audin C）的荷兰人，据说他以裸照威胁了约 40 名年轻女性。阿曼达自杀了。来自巴西的 17 岁的茱莉亚在一段她自己和另外两个未成年人的性爱视频被传到网上后自杀。我们的原始的大脑无法想象到我们的情人在智能手机上给我们拍一张裸照的后果。

目前，在许多国家，法律禁止发布复仇性色情内容。对特定

| 错位的本能
| 古老的大脑是如何愚弄我们的

媒体的审查制度也可能是一个解决方案。从互联网上删除它们应该更容易。如果色情报复的受害者能够通过一次点击就抹去这类图片，这将是朝着正确方向迈出的一步。谷歌和必应：你们在读这篇文章吗？

电子戒断期

由于书籍、广播、电视和互联网等从进化的角度来看崭新的媒体的力量，现代人类生活的世界越来越虚拟。数字革命正在全速进行，这可能会导致我们的大脑越来越多地对不真实的线索做出反应，或者没有对真实的线索做出反应。我们担心肥皂剧中角色的命运，就好像他们是我们真正的朋友一样。我们潜意识地模仿名人的行为，即使这对我们没什么好处。我们的大脑把色情片和真实的性爱混淆了。有时我们忘记了有一个真实的世界，有愉快的交谈、真正的友谊和令人满意的恋情。危险通过电视屏幕和互联网接触到我们，提高了我们的压力水平，我们体验它们，就像我们参与其中一样。一个遥远城市的遇袭震惊了我们，好像我们亲眼看见了。

人类用媒体扰乱环境的程度已经非常严重，正如马歇尔·麦克卢汉所指出的那样，人们已经无法逃避。我们如何将现代媒体变成匹配的媒体？或更进一步，我们如何利用媒体和"我们生活在一个日益虚拟的世界中"的事实来解决我们周围的问题？我们如何防止物理世界被虚拟世界接管，停止创造一个人们不再需要

第九章
虚拟现实

离开家、不再形成正常的关系、只能通过互联网获得性满足（在日本这已经是一个主要问题）的环境？如果人类完全停止繁殖，地球上所有其他生物可能会欢呼雀跃，但我们相信还有其他的选择。毕竟，仍然有很多人不看电视，不对脸书上瘾，也不知道媒体的无所不在。

我们能暂时远离社交媒体，重新开始现实的生活吗？荷兰乌得勒支省的年轻摄影师西蒙娜·恩格伦（Simone Engelen）邀请作家和其他艺术家来安排她一天的生活。西蒙娜要求他们提供一种简短的、不同的存在，一种她将用照片捕捉的全新生活。有人让她拿着镜子出去吃饭，另一个人想让她成为一个活跃的同性恋派对的焦点。一个作家问她是否会和年迈的母亲一起旅行，而另一个人想到让西蒙娜独自在一个没有窗户的白色房间里待24个小时，没有书籍、报纸、艺术、照片、Wi-Fi、电脑、电话或其他任何形式的人类交流渠道。这个任务是花24个小时只专注于她自己。西蒙娜完全孤身一人地待到了最后。她受这个实验的影响很大，当晚就报名参加了为期十天的冥想课程，该课程包括放弃任何形式的交流。她的目标是完全地戒断电子产品。

人类对静思和安宁的渴望可以追溯到史前时代。我们的祖先会在森林里静思，退出日常生活一段时间。对电子产品的戒断可能是这一行为的现代化版本。本书的作者之一有一位英国大学同学，在Wi-Fi出现之前，他沉迷于电脑，以至于星期五下午，他不得不拔掉插头，把电缆自己保管好。他必须等到星期一到来，才能恢复他的虚拟生活。

错位的本能
古老的大脑是如何愚弄我们的

"无屏幕周"（以前叫关掉电视周和数字戒断周）是个一年一度的活动，鼓励人们关闭电子设备，"开启他们的生活"。各种各样的倡议鼓励大家暂时或永久地拔掉电源插头。许多企业开始认为发送和接收电子邮件应该被限制在办公时间，并且当然不是在周末。还有一些智能手机应用程序可以显示你在社交媒体上花了多少时间。

想象力的力量

现代媒体足够强大，能够改变我们的生活方式，将失配变成匹配。正如荷兰足球传奇人物约翰·克鲁伊夫所说："每个不匹配项都有其匹配项。"世界各地的医疗专业人员都在利用媒体促进健康的行为，包括一种电脑程序，能够显示一个人继续吸烟或饮酒 20 年后会是什么样子，也可以鼓励他们用任天堂 Wii 在电视前运动，或者在脸书上分享他们慢跑了多少公里。媒体也可以被用来让我们看到环境污染的有害影响（正如在前一章提到的，阿尔·戈尔的电影《难以忽视的真相》以全球变暖警示了许多人）。

世界范围内的研究表明，阅读小说具有普遍的积极影响。例如，读书的囚犯会产生更强的同理心，再犯罪的可能性也会减小。意大利卡拉布里亚地区当局提出过一项规定，即囚犯可以通过阅读书籍来减少服刑时间。他们读的每本书将为他们减少三天的服刑期，一年最多 48 天。英国已经建立了许多监狱阅读小组；佛兰德斯正在进行一个试点项目，包括由部分被拘留者和部分普

第九章
虚拟现实

通公众组成的阅读俱乐部。他们一起讨论小说,促进囚犯们重返社会。就此看来,一些欧洲的政府决定废除监狱图书馆以削减支出的决定是令人苦恼的。

也许文学甚至可以成为实现世界和平的关键。加拿大和美国的研究表明,人们在阅读小说和诗歌时,能够更好地站在别人的立场上思考。读者从主人公的角度来看待世界,这增加了他们的移情能力。如果由我们决定,流氓、士兵、恐怖分子和帮派成员将获得免费的书籍和阅读课程。我们甚至可以在冲突地区投放小说(书),而不是炸弹!

第十章　失配测试

在本书中，我们详细地讨论和分析了失配的概念。当我们的大脑和身体没有很好地适应环境时，失配就发生了。失配会影响我们的行为，也会影响我们在营养、教育、性行为、政治和工作方面所做的选择，而这又反过来影响我们的生存、繁荣和成功繁殖的概率。

我们的大脑和身体能完美地适应史前时期（250万到1万年前）的环境。在那时，人类仍以小型狩猎群体的形式聚居在大草原上。而如今，我们的身体和行为仍然明显保留那时的印记。我们认为，环境上最彻底的变化发生在农业的引入之后。在那时，人类的定居地由村庄转移到了城镇，而后又变成了城市。从那时起，人类开始不断地干预环境，这就导致了失配。接着，工业革命发生了，而后又到了我们正在经历的数字革命时代，这使我们的生活在一些关键领域发生了改变，同时也让我们的生活与之前的时代渐行渐远。例如，我们的饮食改变了，我们旅行的方式不同了，现在我们都更不愿意进行面对面的交流，我们的工作和私人生活往往是分开的。由于我们所做的选择，其他动植物物种的生活环境也发生了翻天覆地的变化。有时，我们拯救了其他生物，使其免于灭亡；但更多时候，我们加速了它们的灭绝。

第十章
失配测试

失配会对我们的身心健康产生不利的影响。我们可以有把握地提出假设：每个人失配的程度是不一样的。这可能与你居住的区域有关。在某些地区，环境发生的改变过于剧烈，以至于这些地方已经不利于人类的繁殖。新加坡和中国香港等地区非常繁荣，但生育率已经不容乐观。而有些地区，自然环境受到严重污染（人类自己造成的），因此那儿出生的孩子都存在健康风险。失配的程度也受个体所做抉择的影响。有些人沉迷于毒品和网络色情，这些占据了他们整个生活；还有一些人选择了与祖先类似的饮食方式。有些人上班只开汽车，而有些人却骑自行车。

我们的假设是，个体的生活方式与环境越匹配，他拥有幸福健康生活的机会就越大。反之，当两者越失配，其在健康和幸福方面所受的威胁就越大。

在本书的最后，我们将会提出一些观点供你去思考：农业时代和随后的工业时代、数字革命时代都从根本上改变了我们的生活。这些剧变似乎在以前所未有的速度接踵而至。由农民变为工人，我们的祖先花费了1万年左右，但他们只在不到100年的时间里就完成了由工人到数字知识工作者的转变。而我们的未来又会发生什么呢？我们可以假设，就像你一样，许多读者把他们从本书中学到的东西铭记于心，并通过这些知识改善了自己的生活方式和所处环境的失配，那么结果会怎样？我们会变得更健康、更快乐，我们寿命会更长，并且最终会有更多的后代，我们会在学习、工作中占优势并能因此赢得更高的地位……而这些与我们在整个进化过程中发生的改变如出一辙。但这不会迅速引发下一

错位的本能
古老的大脑是如何愚弄我们的

个失配轮回吗？或许失配就是与进化一同到来的？当一种变异特征在整个种群中传播开来时，其在进化中的优势便会消失。而后竞争回到起点，只是这种特征保留下来了。就像《爱丽丝梦游仙境》（Alice in the Wonderland）里的红皇后所说，我们必须用力奔跑，这样才能使自己停留在原地。

正如历史学家尤瓦尔·诺亚·哈拉里（Yuval Noah Harari）就我们的智人文化所主张的那样，对一代人来说是奢侈品的东西对下一代来说却是必需品。当手机第一次出现时，许多人（我们也是）都说它的存在没有必要。看看我们现在的处境，没有它能行吗？你把手机看作是奢侈品还是必需品？为了让老年人在新髋关节、移植技术、药物和手术的帮助下能活动起来，我们的医疗保健机制全速运转。但尽管如此，许多老年人在精神上早就放弃了。我们的寿命在变长，但我们的大脑和免疫系统却几乎跟不上这一变化。阿尔茨海默病、痴呆症，在当今的狩猎群体中你都找不到这些疾病的存在。我们的身体能支持我们活到100岁以上吗？不管我们的大脑有多大，我们是否能够避免失配？

我们硕大的大脑是一个原始器官，在数百万年的进化中形成，它的出现仅仅是为了解决原始时代出现的问题。我们的大脑不能正确评估气候变化，也没有办法识别一个持有大量核武器的危险分子。当我们发现危险时，常常为时已晚。不夸张地说，人类离灭绝只差一次致命一击（问问恐龙就知道了）。

然而，上一次失配的消除并不一定会导致下一次的来临。首先，我们是社会性动物，拥有巨大的创造性大脑。所以很有可

第十章
失配测试

能,我们能够共同创造一个更快乐、更健康、更繁荣的社会。虽然从语言诞生起,这种讨论就一直在进行,然而直到现在,人们才能运用所掌握的知识深入探索这其中蕴藏的机制,从而实现这份美好的憧憬。这在一定程度上多亏了进化心理学的发展。

目前我们也没有找到终极方案,但终极方案的理念或许会鼓励个体享受社会分享、持有同理心、对所处地位感到满足。这个方案或许会主张每个人都能拥有足够的财富,这其中,"足够"是必须要强调的一点。

也许我们应该行动起来去抵抗我们的原始本能——不敢直面未来。根据未来学家的说法,我们即将面临一场基因革命,人类到那时就能够通过改变基因而改变自己,而人工选择也会战胜自然选择,那确实了不起。通过对基因组的干预,我们将能有效摆脱失配的处境。我们可以使导致肥胖、癌症、抑郁症或飞行恐惧等毛病的基因失效,我们可以根据基因兼容性来选择伴侣,我们可以改造那些已灭绝动物的 DNA,比如渡渡鸟或金蟾蜍,让它们重新活过来。

但生物革命很可能会导致新的失配和不幸。当父母能够对孩子的性别和性格挑三拣四时,会发生什么呢?我们会不会总是选择相同性别、相同性格的孩子?这又必然会导致他们之间激烈的竞争。如果一个人知道他可以克隆出另一个自己,他会如何应对风险?他还会以与目前同样的方式对威胁和危险做出反应吗?面对用生长激素长高的领导人和用兴奋基因打破世界纪录的运动员,人们会作何反应?如果一个小小的基因程序就能帮助你提升

错位的本能
古老的大脑是如何愚弄我们的

智力,你为什么还要在学习或工作中竭尽全力呢?对于我们,通过 DNA 改造,哪些原始特征能得到升级呢?对于战士、商人和群居动物们呢?通过进化心理学和文学(从《美丽新世界》到《1984》)的视角,我们也许能得到一些启发:哪些伦理问题正向我们袭来?我们如何共同处理这些问题?但可以预料到的是,它们会出现得悄无声息。当我们还没意识到时,它们就在我们眼皮底下了。

因此,在本书最后,我们会提供一些方法来帮助你更好地了解自己。方法有两种。首先,我们会给你一个方便执行的格言列表,用来调整你的生活方式。你可以了解一下用这张列表你可以做出什么改变,这些改变有多容易,对你又有什么好处。这张列表名为"失配十诫",你虔诚的原始大脑能够对这些线索做出良好反应:

汝当母乳喂养

汝当给予幼子足够的投资

汝当多去门外游玩

汝当多食水果和坚果

汝当引领而不应当管理

汝当回收利用垃圾

汝不应崇拜名人

汝当更多凝望彼此的双眼

汝当多读书,常给孩子们朗读

汝当汲取更多的科学知识

第十章
失配测试

　　最后，我们给你提供了一个测试。作为读者，你可以通过测试看看自己的生活方式和习惯与身体和大脑匹配得如何。在测试中，我们提出了一些问题，每个问题包括两个选项。左边的选项表示匹配，右边的表示失配。所以，右边的一栏打钩越多，失配程度就越大。请注意，这并非一项基于科学的测试，并不严谨。

　　但有趣的是，作为读者，你仍然能够发现失配会在多大程度上影响了你的生活。我们区分了失配在不同领域的表现，包括童年时期的失配，在居住、情侣关系、营养、习惯、工作、政治、宗教、环境和媒体方面的失配。把你在右边一栏打钩的项目加起来得到一个总分。但在某一特定领域得高分并不意味着你需要找医生、心理学家或营养师寻求帮助。

失 配 测 试

童年时期

你是在医院出生的吗?	否	是
你是母乳喂养的吗?	是	否
你年轻时住在城市还是乡村?	乡村	城市
你的父母离婚了吗?	否	是
你是否有两个或两个以上的兄弟姐妹?	否	是
你孩童时期经常在外面玩耍吗?	是	否
你经常和父母去露营吗?	是	否

居住

你住在绿色区域(公园、森林)附近吗?	是	否
你住在公寓里吗?	否	是
你家中有很多植物吗?	是	否
你倾向于购买新鲜产品吗?	是	否
你家中有壁炉吗?	是	否
长时间待在同一个地方会让你感到不安吗?	是	否

情侣关系

你在恋爱吗?	是	否
在与伴侣相遇时你(或对方)是否服用了避孕药?	否	是

你们有孩子了吗？	是	否
你们有不止两个孩子吗？	否	是
你们看色情片吗？	否	是
你的伴侣是否比你年长？		
—男性	否	是
—女性	是	否

营养

你喜欢烧烤吗？	是	否
你打过猎吗？	是	否
你捕过鱼吗？	是	否
你每顿都吃肉吗？	否	是
你吃水果和坚果多吗？	是	否
你能轻易抵挡一包薯片的诱惑吗？	是	否
啤酒和葡萄酒你更偏爱哪一个？	葡萄酒	啤酒

习惯

你经常锻炼吗？	是	否
你经常喝酒吗？	否	是
你吸烟吗？	否	是
你觉得自己超重了吗？	否	是
你使用日光浴床吗？	否	是

工作

你开车上班吗？	否	是
你工作压力大吗？	否	是

你是自由职业者吗？	是	否
你在工作中常爱闲聊吗？	是	否
你对权威敏感吗？	否	是
你喜欢开会吗？	否	是
钱会让你快乐吗？	否	是

政治和宗教

你迷信吗？	是	否
你（主要）支持左派还是右派？	左派	右派
政治领导人需要有强健的身体吗？	是	否
你是君主制主义者吗？	否	是
你是教会的教徒吗？	否	是

环境

你喜欢看自然类纪录片吗？	是	否
你是环保组织的一员吗？	是	否
在家你会回收垃圾吗？	是	否
你开的是电动汽车吗？	是	否

媒体

你是否有不使用社交媒体的日子？	是	否
你是否有只通过脸书或推特交往的朋友？	否	是
你和伴侣是通过网络认识的吗？	否	是
你经常自拍吗？	否	是
新闻会让你夜不能寐吗？	否	是

结果

首先,我们需要提及的是:这项测试没有经过科学验证,编制这一测试题纯粹是为了简化对失配这一概念的理解。在你的答案上打钩,左边一栏每个答案加 0 分,右边一栏每个答案加 1 分。计算出你的总分。

0~10 分

你的生活中几乎不存在失配。你可以轻易回归祖先时代。但是注意,不要错失过多技术和社会发展趋势带来的机遇。

11~20 分

你的状态相当稳定。现代社会几乎不对你造成困扰,但失配或多或少会对你产生影响。

21~30 分

一切进展顺利。你适应了现代社会,但也面临很大的风险。失配伺机而动。

31~40 分

显然,你处于危险地带,失配的风险增加。要小心,不要因技术和文化的发展迷失方向。

大于 41 分

失配让你陷入困境,现代社会显然掌控了你。小心不要让失配危害到你的幸福和健康。再读一遍本书,并将本书赠送给其他可能正在经历失配的人。

致　　谢

人类有表达感激之情（前面提到的互惠原则）的独特本能。我们衷心地服从于这一本能，并且想要感谢所有帮助撰写本书的人。我们想特别鸣谢 Mascha Lammes，Hannie van Hooff，Miranda Bruinzeel，Ruud Hollander，Inge Fraters，Jean-Paul Keulen，Stef Menken，Cécile Koekkoek，Bert Natter，Jeroen van Baaren，Anna Brinkman，Hannah Moore，Toon van de Put，Sander Pinkse，阿姆斯特丹自由大学，Merijn Hollestelle，Willemijn Lindhout，Joost Nijsen，Trisha de Lang，在 Podium 出版社工作的所有人，以及我们的孩子。

罗纳德·吉法特和马克·范·沃格特